LES MOTS POUR LE DIRE

LES MOTS POUR LE DIRE

MARIE CARDINAL

LES MOTS POUR LE DIRE

FRANCE LOISIRS
123, Boulevard de Grenelle – PARIS

Édition du Club France Loisirs, Paris,
avec l'autorisation des éditions Grasset et Fasquelle.

ISBN : 2-7242-1811-6

Au docteur qui m'a aidée à naître.

I

La ruelle en impasse était mal pavée, pleine de trous et de bosses, bordée de minces trottoirs en partie détruits. Elle s'enfonçait comme un doigt crevassé entre des maisons particulières à un ou deux étages, serrées les unes contre les autres. Au fond, elle butait contre deux grilles envahies par une verdure mesquine.

Les fenêtres ne trahissaient aucune intimité, aucune activité. On se serait cru en province et on était pourtant en plein Paris, dans le XIVe arrondissement. Ce n'était pas la misère ici, pas la richesse non plus, c'était la vie de la petite bourgeoisie qui cache ses précieux bas de laine derrière des lézardes, des volets édentés, des gouttières rouillées et des murs décrépis qui s'écaillent par plaques. Mais les portes étaient fortes et les fenêtres des rez-de-chaussée gardées par de solides barreaux.

Cette trouée calme dans la ville devait dater d'une cinquantaine d'années car il y avait des relents de modern'style dans les architectures disparates de ses demeures. Qui vivait là? A voir certaines verrières, certains heurtoirs de porte, certains vestiges de garniture, on pensait que c'était des retraités des arts qui terminaient leur carrière derrière ces façades, de vieux rapins, de vieilles cantatrices, d'anciens virtuoses de la scène.

Durant sept ans, trois fois par semaine, j'ai longé cette ruelle jusqu'au fond, jusqu'à la grille de gauche. Je sais comment tombe la pluie ici, comment les habitants se protègent du froid. Je sais comment, en été, s'y installe une vie presque rustique, avec des pots de géraniums et des chats endormis au soleil. Je sais comment est l'impasse le jour et la nuit. Je sais qu'elle est toujours vide. Elle est vide même quand un piéton se hâte vers une des portes ou qu'un conducteur sort son auto d'un garage.

Je ne peux plus me rappeler quelle heure il était quand j'ai passé la grille pour la première fois. Ai-je vu seulement les plantations abandonnées du jardinet? Ai-je senti les graviers du chemin étriqué? Ai-je compté les sept marches étroites du perron? Ai-je regardé le mur de meulière en attendant l'ouverture de la porte d'entrée?

Je ne le crois pas.

Par contre j'ai vu le petit homme brun qui me tendait la main. J'ai vu qu'il était très menu, très correctement vêtu et très distant. J'ai vu ses yeux noirs, lisses comme des têtes de clous. Je lui ai obéi quand il m'a demandé d'attendre dans une pièce qu'il a découverte en soulevant une tenture. C'était une salle à manger Henri II dont le mobilier complet — table, chaises, buffet, desserte — envahissait presque tout l'espace, imposant à la nouvelle venue que j'étais ses bois ouvragés, sculptés de gnomes et de lierre, ses colonnettes contorsionnées, ses plateaux de cuivre et ses potiches chinoises. Cette laideur n'était pas importante. Ce qui m'importait c'était le silence. J'ai attendu, aux aguets, tendue, jusqu'à ce que j'entende le bruit d'une double porte que l'on ouvrait, à droite de la tenture, ensuite un passage frôlant la tenture — un passage de deux personnes — puis l'ouverture de la porte d'entrée, une voix qui marmonnait : « Au revoir docteur », pas de réponse et la porte qui se fermait. Encore un passage feutré en direction de la première porte, quelques secondes supplémentaires, le parquet qui craquait sous le tapis, signe que la porte était restée ouverte, des mouvements incompréhensibles. Enfin la tenture s'est soulevée et le petit homme m'a fait entrer dans son cabinet.

Maintenant me voilà assise sur un siège, devant un bureau. Lui est au fond d'un fauteuil noir à côté du bureau, si bien que je suis obligée de me tenir de biais pour le regarder. Sur le mur qui me fait face il y a une bibliothèque pleine de livres dans laquelle s'encastre un divan marron avec un polochon et un petit coussin. Le médecin attend visiblement que je parle.

— Docteur, je suis malade depuis longtemps. Je me suis sauvée d'une clinique pour venir vous voir. Je ne peux plus vivre.

Il me fait signe des yeux qu'il m'écoute attentivement, qu'il faut que je continue.

Prostrée comme je l'étais, recluse dans mon univers, comment trouver les mots qui passeraient de moi à lui? Comment jeter le pont qui joindrait l'intense au calme, le clair à l'obscur, qui enjamberait l'égout, le fleuve gros de matières en décomposition, le courant méchant de la peur, qui nous séparait le docteur et moi, les autres et moi?

J'avais des histoires à raconter, des anecdotes. Mais l'histoire qui m'habitait, « la CHOSE », cette colonne de mon être, hermétiquement close, pleine de noir en mouvance, comment en parler? Elle était dense, épaisse, parcourue à la fois de spasmes, de halètements et de mouvements lents comme ceux des fonds marins. Mes yeux n'étaient plus des fenêtres. Bien qu'ouverts je savais pourtant que je les avais fermés, qu'ils n'étaient que deux tranches de globes oculaires.

J'avais honte de ce qui se passait à l'intérieur de moi, de ce charivari, de ce désordre, de cette agitation, et personne ne devait regarder là-dedans, personne ne devait savoir, pas même le docteur. J'avais honte de la folie. Il me semblait que n'importe quelle forme de vie était préférable à la folie. Je naviguais sans cesse dans des eaux extrêmement dangereuses pleines de rapides, de chutes, d'épaves, de tourbillons et cependant je devais faire semblant de glisser sur un lac, aisément, comme un cygne. Pour mieux me cacher j'avais bouché toutes les issues : mes yeux, mon nez, mes oreilles, ma bouche, mon vagin, mon anus, les pores de ma peau, ma vessie. Pour mieux obstruer ces orifices mon corps fabriquait en abondance les matières adéquates dont certaines s'épaississaient au point de ne plus passer, de faire bloc, dont d'autres au contraire s'écoulaient sans cesse, interdisant ainsi l'entrée à quoi que ce soit.

— Pouvez-vous me parler des traitements que vous avez suivis? Des spécialistes que vous avez consultés?

— Oui.

De cela je pouvais parler. Je pouvais énumérer les médecins et les remèdes. Je pouvais parler du sang, de sa présence douce et tiède entre mes cuisses depuis plus de trois ans, des deux curetages que l'on m'avait faits pour stopper son flux.

Cet écoulement, avec ses différences de régime, m'était familier. Cette anomalie était rassurante parce qu'elle se voyait, pouvait se mesurer, s'analyser. J'aimais en faire le centre et la cause de ma maladie. Comment, en effet, ne pas être effrayée par ces pertes constantes? Quelle femme ne se serait pas affolée à voir comme ça couler sa sève? Comment ne pas être épuisée par la surveillance sans relâche de cette source intime, gênante, voyante, honteuse? Comment ne pas expliquer par ce sang le fait que je ne pouvais plus vivre avec les autres? J'avais taché tant de fauteuils, tant de chaises, tant de divans, tant de sofas, tant de tapis, tant de lits! J'avais laissé tant de flaques, flaquettes, gouttes et gouttelettes dans tant de salons, salles à manger, antichambres, couloirs, piscines, autobus, et autres lieux! Je ne pouvais plus sortir.

Comment ne pas parler de ma joie les jours où le sang semblait se tarir, ne se montrait plus que par des traces brunâtres, puis ocre, puis jaunâtres. Ces jours-là je n'étais pas malade, je pouvais bouger, voir, sortir de moi-même. Le sang allait enfin se lover dans sa poche douillette et dormir là pendant vingt-trois jours, comme avant. Dans cet espoir je tâchais de faire le moins d'efforts possibles. Je me manipulais avec de grandes précautions : ne pas prendre les enfants au bras, ne pas porter les paniers du marché, ne pas rester debout trop longtemps devant le fourneau, ne pas faire la lessive, ne pas nettoyer les vitres. Au ralenti, au calme, pour que le sang disparaisse, qu'il cesse ses barbouillages. Je m'allongeais avec un tricot, tout en surveillant mes trois bébés. Furtivement, d'un geste du bras que l'habitude avait rendu très rapide et adroit, j'allais constamment surveiller mon état. Je savais faire cela dans n'importe quelle position, sans que personne s'en aperçoive. Selon les circonstances ma main glissait par-devant sur mes poils durs et frisés jusqu'à ce qu'elle rencontre le lieu chaud, doux et humide de mon sexe, puis elle se retirait aussitôt. Ou bien elle passait facilement la vallée entre la fesse et la cuisse et plongeait, d'un coup, dans le trou rond et profond pour en revenir vivement. Je ne regardais pas tout de suite le bout de mes doigts. Je me réservais une surprise. Et s'il n'y avait rien? Parfois il y avait si peu de chose qu'il fallait que je gratte fort, de l'ongle de mon pouce, la peau de mon index et de mon médius pour faire apparaître un suintement à peine coloré. Une sorte de félicité s'emparait alors de moi : « Si je ne fais plus le moindre mouvement ça va s'arrêter tout à fait. » Je restais figée, comme endormie, espérant de toutes mes forces redevenir normale, être comme les autres. Je refaisais indéfiniment ces comptes dans lesquels les femmes sont expertes : « Si mes règles se terminent aujourd'hui, les prochaines reviendront le... Voyons, est-ce que ce mois a trente ou trente et un jours?... » Perdue dans mes calculs, dans ma joie, dans mes rêves. Jusqu'à ce que me fasse sursauter la caresse forte et précise, très secrète, très douce, d'un caillot que le sang entraîne. Lave épaisse et pressée qui descend du cratère, envahit les creux, dégringole, chaude. Et le cœur qui se remettait à battre, et l'angoisse qui revenait, et l'espoir qui disparaissait, tandis que je courais vers la salle de bains. Le sang avait déjà eu le temps d'atteindre mes genoux ou même mes pieds, en minces dégoulinades d'un beau rouge vivant. Tant d'années vécues dans la perpétuelle attente, dans l'obsession de ce sang!

J'avais vu je ne sais combien de gynécologues. Je savais, à un millimètre près, comment mettre mes fesses au bord de la table à examen après avoir installé mes jambes écartées sur les hauts étriers. Les entrailles ouvertes et offertes à la chaleur de la lampe, aux yeux du médecin, aux doigts gantés de fin caoutchouc, aux beaux et effrayants outils d'acier. Je fermais les yeux ou je regardais obstinément le plafond pendant que s'effectuaient au centre de moi-même d'expertes perquisitions, d'indiscrètes explorations, de savants attouchements. Violée.

Tout cela justifiait — me semblait-il — mon dérangement, le rendait acceptable, moins douteux. On ne mettait pas en asile une femme parce qu'elle saignait et que cela la terrifiait. Tant que je ne parlerais que du sang on ne verrait que lui, on ne verrait pas ce qu'il masquait.

J'étais donc là, assise près du médecin, dans le calme de cette maison baroque, au fond de l'impasse silencieuse, obéissante et gentille, comme mon sang aurait dû l'être au creux de mon ventre. J'ignorais que ce lieu et cet homme allaient devenir le point de départ de tout.

Je me complaisais dans le récit de ma visite, quelques semaines auparavant, à un grand professeur en gynécologie.

Le spécialiste, habillé de blanc, petite veste et pantalon, style américain, avait enfoncé sa main droite en moi et, de la gauche il pesait sur mon ventre, d'un côté, de l'autre, au centre, poussant mes tripes vers le bas, là où ses doigts gantés palpaient. Un peu comme une ménagère qui s'apprête à vider son poulet d'un seul coup. Je m'attendais à ce que mes viscères se mettent à faire des bruits mous de vase, des « plouf », des « slop », des « splach ». Le plafond était blanc comme le mensonge. D'un blanc immense pour que s'y perdent les vagins difformes et usés, d'un blanc profond pour y engloutir les images ignobles de mon imagination.

Après le long examen le professeur s'était redressé, avait enlevé son gant et, tandis que j'étais toujours là, les jambes écartées sur la table, il avait déclaré : « Pour l'instant vous n'avez qu'un utérus fibromateux. Mais je vous conseille de vous en débarrasser au plus vite. Sinon vous allez avoir de graves ennuis et plus tôt que vous croyez. Prenons date pour l'opération. Vous verrez, tout ira bien après... Ne tergiversons pas, je vous opère la semaine prochaine... Voyons, quel jour préférez-vous? Lundi ou mardi? » J'ai dit « mardi ». Il m'a indiqué la marche à suivre pour les examens préopératoires et pour l'admission à la clinique. J'ai réglé ses honoraires, j'ai dit merci et je suis sortie.

J'avais près de trente ans. Je ne voulais pas qu'on m'enlève cette poche et ces deux boules. Je ne voulais plus que le sang coule par là mais je voulais garder ce paquet dans mon ventre. La « chose » s'agitait dans ma tête, s'agitait. J'ai dévalé l'escalier de marbre à colonnes, à tapis, à tringles de cuivre, à miroirs de paliers. Je me suis retrouvée dehors sur le large trottoir gris des beaux quartiers. J'ai couru, je me suis précipitée dans le métro où la chose m'a emplie, enfonçant cette fois précisément ses racines dans mon utérus fibromateux. Fibromateux. Quel mot! Caverne tapissée d'algues sanguinolentes. Pertuis monstrueusement boursouflé. Crapaud pustuleux. Pieuvre.

Pour les malades mentaux, les mots, de même que les objets vivent autant que les gens ou les animaux. Ils palpitent, ils s'évanouissent ou s'amplifient. Passer à travers les mots, c'est comme marcher dans la foule. Restent des visages, des silhouettes qui s'effacent vite du souvenir ou s'y enfoncent parfois, on ne sait pas pourquoi. Pour moi, à cette époque, un mot, isolé de la masse des autres mots se mettait à exister, devenait une chose importante, devenait peut-être même la chose la plus importante, qui m'habitait, me torturait, ne me quittait plus, reparaissait dans mes nuits et m'attendait à mon réveil.

J'ouvrais les yeux doucement, j'émergeais du sommeil lourd, chimique, pâteux que me procuraient les tranquillisants. Je sentais d'abord mon corps intact. Puis je sentais l'heure, le soleil. Ça allait. Je remontais à la surface de ma conscience. Une seconde, deux secondes, trois peut-être : FIBROMATEUX! Splach! étalé comme une grosse éclaboussure de peinture grasse sur un mur clair. Immédiatement venait le grelottement, avec le tambour du cœur et la sueur de la peur. C'était la journée qui commençait.

Il faut que je me souvienne et que je retrouve la femme oubliée, plus qu'oubliée, dissoute. Elle marchait, elle parlait, elle dormait. De penser que ses yeux regardaient, que ses oreilles entendaient, que sa peau sentait, m'émeut. C'est avec mes yeux, mes oreilles, ma peau, mon cœur que cette femme vivait. Je regarde mes mains, les mêmes mains, les mêmes ongles, la même bague. Elle et moi. Moi, c'est elle. La folle et moi nous avons commencé une vie toute neuve, pleine d'espoirs, une vie qui ne peut plus être mauvaise. Moi la protégeant, elle me prodiguant l'invention, la liberté.

Pour raconter le passage, la naissance, il faut que j'éloigne la folle de moi, que je la tienne à distance, que je me dédouble. Je la vois dans une rue, pressée. Je sais son effort pour paraître normale, pour stopper la peur derrière son regard. Je me la rappelle debout, la tête enfoncée dans les épaules, triste, absorbée à la fois par la montée de l'agitation intérieure et par l'installation du blindage des yeux. Que rien ne se voie! Surtout ne pas tomber dans la rue, ne pas être saisie par les autres, ne pas être conduite dans un hôpital. Imaginer qu'elle ne saurait plus juguler la folie, dont le flot grossissant romprait un jour les digues et déborderait, la faisait grelotter.

L'itinéraire de ses sorties était devenu de plus en plus court. Et puis, un jour, elle n'était plus allée dans la ville. Ensuite elle avait dû restreindre son espace à l'intérieur de la maison. Les pièges se multipliaient. Les derniers mois, avant d'être livrée aux médecins, elle ne pouvait plus vivre que dans la salle de bains. Pièce blanche carrelée de faïence. Pièce sombre, à peine éclairée par une imposte en forme de demi-lune presque totalement obstruée par le branchage d'un gros sapin qui grattait à la vitre les jours de vent. Pièce propre à l'odeur d'antiseptique et de savonnette. Pas de poussière dans les coins. Les doigts glissaient sur les carreaux comme sur de la glace. Pas de décomposition, pas de fermentation. Rien que de la matière qui ne pourrit pas, ou alors si lentement que l'idée de la putréfaction ne pouvait s'y attacher.

Entre le bidet et la baignoire, c'était là qu'elle était

le mieux quand elle n'arrivait plus à maîtriser la chose intérieure. C'était là qu'elle se cachait en attendant que les remèdes fassent leur effet. Recroquevillée, les talons contre les fesses, les bras serrant fort les genoux contre la poitrine, les ongles si enfoncés dans les paumes de ses mains qu'ils avaient fini par y creuser des plaies, la tête ballottant d'avant en arrière ou sur les côtés, trop lourde, le sang et la transpiration qui coulaient. La chose qui, à l'intérieur, était faite d'un monstrueux grouillement d'images, de sons, d'odeurs projetés en tous sens par une pulsion dévastatrice rendant tout raisonnement incohérent, toute explication absurde, toute tentative de mise en ordre inutile, se révélait, à l'extérieur, par des secousses intenses et une sueur nauséabonde.

Je pense que la première fois que je suis allée voir le psychanalyste c'était le soir. Ou alors ai-je gardé la nostalgie d'une de ces séances tardives, au fond de l'impasse, à l'abri du froid, des autres, de la folle, de la nuit. Une de ces séances où j'avais conscience que je mûrissais, que je venais au monde. De larges ouvertures se faisaient, le chemin s'élargissait, je comprenais. La folle n'était plus cette femme qui allait cacher ses tremblements dans les toilettes des bistros, qui fuyait un ennemi innommable, qui saignait sur les trottoirs, qui suait sa peur dans la salle de bains, cette malade qui ne voulait pas qu'on la touche, qu'on la regarde, qu'on lui parle. La folle devenait un être tendre, sensible, riche. Je me mettais à accepter la folle, à l'aimer.

Pour commencer j'étais venue dans l'impasse avec l'idée de me faire prendre en charge pendant quelque temps par un médecin qui ne m'hospitaliserait pas. (Je savais que les psychanalystes ne mettent pas leurs clients à l'hôpital.) J'avais peur de l'internement comme j'avais eu peur de l'opération qui aurait amputé mon ventre. Je m'étais sauvée d'une clinique pour venir dans l'impasse mais je croyais que je venais trop tard, que je retournerais dans une clinique psychiatrique. Je croyais que c'était inévitable, surtout depuis que la chose s'était enrichie de l'hallucination. J'étais d'ailleurs bien décidée à ne pas parler au docteur de cette hallucination. Je pensais que, si j'en parlais, il ne pourrait pas me soigner et me renverrait, immédiatement, d'où je venais. La présence, par instant, d'un œil vivant, me regardant, existant réellement, mais n'existant que pour moi (ça je le savais) me paraissait être le signe de la véritable folie, de la maladie incurable.

J'avais trente ans, j'étais en très bonne santé, je pouvais en avoir pour cinquante ans à être enfermée et peut-être que je me serais laissée aller complètement sans mes enfants. Peut-être que sans eux j'aurais cessé de me battre. Car la lutte contre la chose était épuisante et, de plus en plus, j'étais tentée par les remèdes qui me livraient à un néant pâteux et doux. Mes enfants étaient des êtres humains que j'avais désirés énormément. Ils n'étaient pas nés par hasard. Depuis que j'étais toute petite je me disais : « Un jour j'aurai des enfants et je fabriquerai avec eux et pour eux une vie de chaleur, d'affection, d'attention, de gaieté. » Tout ce dont j'avais rêvé quand j'étais enfant moi-même. Ils étaient venus au monde chargés de leur vie toute neuve, robustes, très différents les uns des autres. Ils poussaient bien. Nous nous adorions. J'aimais qu'ils rient, j'aimais leur chanter des chansons.

Et puis cela avait été le gâchis : la chose était venue, revenue et ne me quittait plus. Elle m'absorbait si totalement que j'en étais arrivée à ne plus m'occuper que d'elle. Il y eut une période, au début, où j'ai cru pouvoir vivre avec la chose comme d'autres vivent avec un seul œil ou une seule jambe, avec une maladie de l'estomac ou des reins. Certaines drogues reléguaient en effet la chose dans un coin d'où elle ne bougeait plus. Alors je pouvais écouter, parler, marcher. Je pouvais aller me promener avec mes enfants, faire des courses, leur préparer des desserts et leur raconter des histoires pour les faire rire. Puis les effets des drogues se sont écourtés. Alors j'en ai pris double dose, triple dose. Et, un beau matin, je me suis réveillée prisonnière de la chose. J'ai consulté des quantités de médecins. Le sang s'est mis à couler sans arrêt. Par moments ma vue baissait. Je vivais dans un brouillard, tout devenait imprécis et dangereux. Ma tête est entrée dans mes épaules, mes poings se sont serrés dans l'attitude de la défense. Mon cœur battait à 130, 140 pulsations à la minute, à longueur de journée, à croire qu'il allait défoncer ma cage thoracique et jaillir, palpitant, aux yeux de tout le monde. Son rythme trépidant m'épuisait. Il me semblait que les autres l'entendaient battre et j'en avais honte.

J'avais pris deux manies, deux gestes que je répétais mille fois par jour. L'un, que j'ai déjà décrit, qui consistait à aller vérifier où en était le flux de mon sang, et un autre par lequel je comptais mon pouls. Comme pour le sang, je faisais cela furtivement, sans que personne s'en aperçoive. Je ne voulais pas entendre quelqu'un dire, en me voyant tâter mon poignet : « Que se passe-t-il, vous ne vous sentez pas bien ? » Mon sang et mon pouls étaient les deux pôles sensibles, évidents, de ma maladie. Deux symptômes qui me permettaient de dire parfois, quand je n'y tenais plus : « Je suis cardiaque. J'ai un cancer de l'utérus. » Et la valse des docteurs recommençait. Et la mort devenait encore plus présente avec ses liquides puants, ses décompositions, ses vers, ses os grugés.

Maintenant que je me suis mis en tête de raconter ma maladie· Maintenant que je me suis accordé le suppliciant privilège qui consiste à décrire les images affreuses et les sensations douloureuses que faisait naître en moi le souvenir d'événements passés, il me semble que je suis un metteur en scène avec sa caméra qui, arrimé au bout de l'immense bras d'une grue, est capable aussi bien de descendre filmer en gros plan les détails énormément grossis d'un visage, que de s'élever au-dessus du plateau pour saisir l'ensemble d'une scène. Ainsi, pour cette première visite, je vois Paris avec ses lumières nocturnes d'automne (était-ce l'automne?) et, dans Paris, le quartier d'Alésia, et dans ce quartier l'impasse, et dans l'impasse la petite maison, et dans la petite maison le bureau éclairé doucement où parlent un homme et une femme, et cette femme, dans cet ensemble, sur un divan, recroquevillée, comme un fœtus dans une matrice.

Mais, à cette époque, je ne savais pas que je commençais à peine à naître et que je vivais les premiers instants d'une lente gestation de sept ans. Embryon gros de moi-même.

J'avais parlé au docteur du sang et de la chose qui me faisait battre le cœur. Je savais que je ne parlerais pas de l'hallucination. J'allais parler des derniers jours, de la clinique. Comme cela j'aurais tout raconté.

Le docteur écoutait avec une grande attention et cependant rien en particulier dans mon long récit ne le faisait réagir. Quand j'ai cessé d'évoquer la salle de bains et mes crises d'angoisse, il m'a demandé :

— Que ressentez-vous à ce moment-là, en dehors de vos malaises physiques?

— J'ai peur.
— Peur de quoi?
— J'ai peur de tout... peur de la mort.

A vrai dire je ne savais pas de quoi j'avais peur. J'avais peur de la mort mais j'avais aussi peur de la vie qui contient la mort. J'avais peur de dehors mais j'avais peur de dedans qui est l'envers de dehors. J'avais peur des autres mais j'avais peur de moi qui étais une autre. J'avais peur, peur, peur, PEUR, PEUR. C'était tout.

La peur m'avait reléguée dans le monde des aliénés. Ma famille, de laquelle j'étais à peine sortie, avait sécrété de nouveau son cocon autour de moi, de plus en plus serré, de plus en plus opaque, au fur et à mesure que la maladie progressait. Non pas seulement pour me protéger mais aussi pour se protéger elle-même. La folie se porte mal dans une certaine classe, il faut la cacher à tout prix. La folie des aristocrates ou du peuple est considérée comme une excentricité ou une tare, elle s'explique. Mais, dans la nouvelle classe des puissants elle ne s'admet pas. Qu'elle vienne de la consanguinité ou de la misère, passe, cela se comprend, mais pas du confort, de l'aisance, de la bonne santé, de l'équilibre que donne l'argent bien gagné. Dans ce cas-là, c'est une honte.

Au début on me ronronnait des « ce n'est rien, tu es nerveuse. Repose-toi et fais du sport ». Pour finir, ça avait été un impératif : « Tu vas voir le Dr Untel qui est un ami de ton oncle et un grand spécialiste du système nerveux. » Le grand spécialiste-ami avait ordonné un traitement « sous contrôle médical ». On m'avait retenu une chambre tout en haut de la clinique de mon oncle.

Une pièce aménagée dans le grenier, avec un grand lit, calme, tendue de toile de Jouy aux motifs champêtres reposants : la bergère avec ses moutons et sa houlette, l'arbre au tronc noueux et au feuillage d'olivier. La bergère, les moutons, l'arbre, la bergère, les moutons, l'arbre. Répétition paisible. Un paravent tendu de même tissu cachait un cabinet de toilette confortable en belle porcelaine blanche aux angles arrondis, rassurant. En face, une table avec sa chaise et ensuite une lucarne transformée en fenêtre qui ouvrait sur un paysage charmant d'Ile-de-France : une ligne de peupliers frémissants, des pommiers plantés en quinconce, des champs de céréales qui descendaient à peine, jusqu'à l'horizon. Le grand ciel.

Cette toile de Jouy, était-ce vraiment celle de ma chambre de clinique ou bien était-ce celle de ma chambre d'enfant? A la clinique la toile de Jouy n'était-elle pas imprimée de fleurs grosses aux tiges pulpeuses? Y avait-il de la toile de Jouy sur les murs ou simplement une peinture bleue, luisante? Je ne sais plus. Je ne sais plus comment je suis venue là, qui m'a conduite. Je revois parfaitement l'étroit escalier de bois qui menait à la chambre. Je revois les proportions de la pièce et son ameublement, la fenêtre, le cabinet de toilette.

Il a fallu que je me déshabille, que j'enfile un pyjama tout neuf, que j'entre dans le lit douillet aux draps frais, que je m'allonge, que je laisse quelqu'un prendre ma tension et compter mon pouls. Livrée à la médecine. J'ai fermé les yeux pour continuer mon combat à l'intérieur puisqu'à l'extérieur je me laissais aller : j'avais étendu mon corps de tout son long, mes bras reposaient sur les draps bien tirés, mes mains étaient ouvertes J'étais normale au-dehors· Dedans il fallait que je calme mes pulsations. On me passait un brassard, j'entendais le souffle court de la poire qu'on actionnait pour le gonfler, je le sentais me serrer de plus en plus fort, puis je me suis un peu crispée au contact du disque de métal froid qui s'installait au creux de mon coude. Le docteur avait bien insisté sur ma tension qui était très basse; il fallait la prendre toutes les quatre heures avant de me donner mon comprimé. Cela m'était égal que l'on constate que ma tension était si basse. Ce qui m'importait c'était mon pouls, les battements fous de mon cœur. L'opération de la tension me donnait un peu de temps pour essayer de le calmer. On a enlevé le brassard, on a bougé près de moi.

Qui était là ? Mon oncle ? Le professeur-ami ? Quelqu'un d'autre ? Je ne sais pas. A l'époque j'étais tellement occupée à me contrôler et à faire la guerre à la chose que je ne voyais pas vraiment, je me sentais devenir aveugle, je naviguais au radar, c'était plutôt une sorte d'instinct qui m'empêchait de me heurter aux choses et aux gens.

Enfin j'ai senti le bout des quatre doigts qui s'appliquaient expertement sous mon poignet. Quatre petites boules douces. Elles n'avaient pas eu besoin de tâtonner, à peine avaient-elles touché la zone du pouls que le sang, brassé, baratté par la chose, s'était mis à battre contre elles. A peine les doigts avaient-ils ressenti les battements qu'ils les avaient amplifiés et les avaient faits retentir dans tout mon corps, dans toute la chambre. 90, 100, 110, 120, 130, 140... J'avais beau cacher la chose et tout fermer pour qu'elle ne puisse pas sortir, elle savait bien se révéler comme ça, à travers mes veines et ma peau. La salope, elle était là, elle se moquait de moi, elle ne m'obéissait pas, elle cognait comme une forcenée contre les doigts qui se sont détachés. Désormais ils savaient. On a bougé de nouveau, on a fait de petits bruits pas effrayants, un inoffensif remue-ménage.

— Vous allez prendre votre comprimé maintenant. Un quart de comprimé seulement, quatre fois par jour pendant une semaine. Puis on augmentera la dose. Ça va vous faire du bien.

C'était une femme qui parlait, petite, mince, avec des cheveux blancs. J'ai vu dans ses yeux qu'elle avait enregistré le message transmis par la chose à ses doigts. Elle savait.

J'ai pris le minuscule quart de comprimé, le verre d'eau qu'elle me tendait et j'ai fait semblant d'avaler normalement. En fait il y avait des semaines que je ne pouvais plus avaler de comprimés non dilués. Ma gorge était si serrée que rien ne passait. J'avais l'impression de m'étouffer à chaque fois que je voulais déglutir. J'ai fermé les yeux et j'ai fait comprendre par mon attitude que tout allait bien, que je souhaitais me reposer. Le bout de comprimé était resté coincé dans ma gorge, énorme, comme un bloc. On est sorti.

Immédiatement j'ai bondi vers le lavabo pour expulser le remède, mes doigts enfoncés jusqu'à la glotte afin de provoquer les spasmes qui me délivreraient. Enfin le tout petit triangle jaunâtre est venu avec des glaires, de la mousse et des filandres visqueux. (Le comprimé était-il jaunâtre, ou rosâtre, ou nacré?) Je me suis assise sur le bidet, tremblant des pieds à la tête, le front contre le bord frais et dur du lavabo. Le temps ne durait pas. Je ne sais pas combien de temps je suis restée sans bouger. Je me souviens qu'ensuite j'ai enlevé le tampon qui arrêtait mon sang que j'ai alors regardé tomber doucement, goutte à goutte, pendant que je me balançais un peu d'avant en arrière, pour me bercer, sachant très bien qu'en même temps que moi je berçais la chose. Les gouttes de sang s'écrasaient et se diluaient un peu dans l'humidité de la faïence blanche, elles avaient fini par se faire un mince chemin sinueux jusqu'à la vidange. Cela m'occupait de voir le travail du sang sorti de moi, je pensais qu'il avait maintenant une vie qui lui était propre, qu'il découvrait la physique des choses de la terre, le poids, la densité, la vitesse, la durée. Il me tenait compagnie, livré lui aussi aux lois incompréhensibles et indifférentes de la vie.

La chose avait gagné. Il n'y avait plus qu'elle et

moi pour toujours. Nous étions enfin enfermées, seules, en compagnie de ce que nous sécrétions : le sang, la sueur, la merde, la morve, la salive, le pus, le vomi. La chose avait chassé mes enfants, les rues animées, les lumières des magasins, la mer à midi avec ses vaguelettes des beaux jours, les buissons de lilas, le rire, le plaisir de danser, la chaleur des amis, l'exaltation secrète de l'étude, les longues heures de lecture, la musique, les bras d'un homme tendre autour de moi, la mousse au chocolat, la joie de nager dans l'eau fraîche. Je n'avais plus qu'à me recroqueviller dans ce cabinet de toilette de clinique, là où c'était le plus propre, et à suer en tremblant. Je grelottais si fort que mes mâchoires en s'entrechoquant faisaient un bruit idiot de mécanique.

Heureusement, les marches du petit escalier grinçaient. Au moindre bruit j'allais me recoucher et je prenais une position normale. Je n'aimais pas la femme aux cheveux blancs et je ne lui parlais jamais. Elle m'apportait mes plateaux de repas et me donnait mes comprimés après avoir pris ma tension et mon pouls. Je ne pouvais pas manger. Je jetais dans le lavabo tout ce qui pouvait y passer, le reste je le lançais dans la gouttière qui bordait le toit en tuiles ondulées sous ma fenêtre. Je n'ai pas le souvenir d'un temps court ou long, pas plus que des nuits et des journées. J'étais prisonnière. J'avais regardé par la fenêtre pour savoir si je me serais tuée en me jetant de là. Oui, je me serais tuée, il devait bien y avoir quatre étages. Mais le toit me cachait la base de la maison et je ne savais pas où je serais tombée, sur une verrière peut-être ou sur des plantes. Je ne voulais pas me suicider de cette manière. D'ailleurs la mort me faisait peur, en même temps qu'elle s'offrait comme unique solution pour supprimer la chose.

Je ne sais pas combien de jours sont passés avant que je sois saisie par un besoin violent de fuite. En tout cas au moins huit puisque, ce matin-là (c'était un matin, j'en suis certaine), la dame m'avait fait prendre un demi-comprimé et j'avais bien retenu que je devais en prendre un quart pendant une semaine, puis un demi.

Je me suis rendu compte tout à coup que j'étais dans mon lit, couchée normalement sur le dos, le visage découvert. Cela m'a surprise : il y avait tant de mois que je ne pouvais vivre que recroquevillée, que je ne pouvais dormir que couchée en chien de fusil, la figure enfouie dans mon drap. En même temps que je constatais ce changement, je ressentais une lourdeur dans la nuque, comme si le fond de mon crâne était pesant, comme si mon cervelet était de plomb. J'ai pris conscience alors que cette lourdeur, moins précise toutefois, existait déjà depuis quelque temps. Au même moment j'ai reconnu que la chose n'était plus la même, agitée, haletante, véloce; elle était devenue épaisse, gluante, poisseuse. Ce n'était plus tellement la peur qui m'habitait maintenant mais plutôt le désespoir, le chagrin, le dégoût. Je ne voulais pas de ça. Je ne sais quel instinct m'a fait préférer la lutte exténuante avec la chose en furie plutôt que la coexistence avec la chose molle, collée à moi avec un abandon nauséeux.

Au cours de la matinée — ma tête de plus en plus pesante et douloureuse, enfoncée dans l'oreiller — j'ai établi une relation entre mon état présent et les comprimés. Je me suis souvenue d'une conversation entre le psychiatre-ami et mon oncle. Ils parlaient d'un nouveau traitement, d'un « électrochoc chimique », difficile encore à manier mais dont les résultats étaient bien meilleurs que ceux de l'électrochoc habituel. Ils s'entretenaient devant moi comme si j'avais été une potiche. Et le fait est que, sur le moment, je n'avais prêté aucun intérêt à leurs discours. Je pensais simplement que la boucle était bouclée, que j'allais être internée et que c'était normal puisque j'étais incapable de vivre comme les autres, incapable d'élever correctement mes enfants. Et puis je n'en pouvais plus, je voulais qu'ils me délivrent de la peur, de la chose, à n'importe quel prix.

Pourtant ce matin-là, à la clinique, j'ai deviné que leur prix allait être énorme et que je ne voulais pas le payer.

Je ne prendrais plus leurs comprimés dégueulasses, c'était décidé! Quand la dame viendrait je ferais semblant d'avaler le comprimé mais je ne l'avalerais pas, je cracherais tout par la fenêtre. Dans la gouttière!

Et c'est ce que j'ai fait.

En cherchant les souvenirs de cette période, je suis étonnée de ne rencontrer dans ma mémoire que de grands terrains vagues pleins de débris de gens et d'objets, des plages jonchées de morceaux indistincts de mes jours et, tout à coup, des constructions nettes, précises, entières, parfaitement équilibrées et brillantes. Au cours de ma maladie j'ai été, à certains instants, plus intelligente, plus lucide, que je le serai jamais. J'en garde un souvenir poignant. Pendant que j'étais folle j'ai découvert des chemins de mon esprit que je n'aurais jamais découverts sans la folie. J'étais capable d'une incroyable agilité intellectuelle. J'avais, par périodes, des pensées aiguës, subtiles, claires, qui me conduisaient à une plus grande connaissance, une plus profonde compréhension de ce qui m'entourait. Je considérais les autres et je les voyais employer des routes si différentes de celles que j'avais découvertes, si contraires même, si mauvaises pour eux que je voulais les arrêter, les prévenir du danger. Mais je ne le faisais pas car, me croyant malade, je pensais que mes trouvailles n'étaient que pure démence. Comment pouvais-je trembler à l'idée de voir les autres se perdre alors que j'étais folle!

Ainsi, ce jour-là, ai-je prévu clairement ce qui allait m'arriver. Pourtant je n'avais encore jamais rencontré des « guéris » de la psychiatrie. Depuis, j'en ai vu quelques-uns : empaillés, inoffensifs, précautionneux d'eux-mêmes, des humains aux mains moites et au regard double : une flamme, de la cendre, une flamme, de la cendre... Je crois que la chose ne les fait plus souffrir mais qu'elle est restée en eux, vivante. C'est encore elle qui conduit leur attelage.

Avec ma tête malade, lourde, douloureuse (ce cervelet que la drogue m'arrachait!), j'avais tout compris. Je ne voulais pas de ce sort-là! J'ai alors échafaudé un plan parfait pour m'échapper. J'en ai prévu les moindres détails. D'abord, ne plus prendre la plus petite miette de comprimé. Ensuite, manger un peu parce que j'allais sortir et que j'avais besoin de force. Obtenir qu'on me laisse aller dans le parc. Après, ce serait facile. Mais surtout j'ai prévu que, la drogue n'agissant plus, la chose allait attaquer de nouveau; elle allait m'assaillir avec l'angoisse, les frissons, les grelottements, la peur, la sueur. Je recommencerais à y voir mal, à saigner comme un bœuf. Tant pis, je devais foutre le camp! Je savais que je n'avais que vingt-quatre heures pour jouer ma comédie. Après, je ne pourrais peut-être plus partir, toutes mes forces seraient de nouveau mobilisées pour la bagarre avec la chose. Car je me doutais que je ne pourrais pas me faire rendre mon sac rempli de tranquillisants, de somnifères et de tous les gris-gris qui servaient habituellement à ma lutte : morceaux de sucre pour combattre les crampes d'estomac, pastilles de menthe pour rendre la langue moins pâteuse et la gorge moins serrée, aspirine pour apaiser la chaleur de ma tête, déodorant pour ne pas être envahie par la puanteur de ma transpiration, tampax, kleenex, coton hydrophile pour endiguer le sang, lunettes noires qui cachaient mon regard aux autres et qui protégeaient mes yeux de la lumière insupportable. Ce sac contenait aussi de l'argent dont j'avais besoin puisque j'étais en pleine campagne, impossible donc de prendre un autobus, un train, un taxi. Il fallait que je trouve une autre solution. Je la trouverais. J'irais au village et je téléphonerais à un ami. (Ils me connaissaient à la poste : " La nièce du directeur... elle paiera demain. " Je l'avais déjà fait.) Demander mon sac c'était me perdre, j'en étais certaine. Il ne fallait pas qu'ils aient le moindre soupçon. Heureusement je connaissais bien le parc où je venais jouer quand j'étais petite et où j'avais souvent promené mes enfants depuis. Je connaissais des brèches dans la clôture par où je pourrais sortir sans être vue des gardiens. Ils ne savaient pas pourquoi j'étais là, cette clinique n'était pas spécialement réservée au traitement des malades mentaux. Il n'y avait sûrement que mon oncle, ma tante et l'infirmière à être dans le secret. Mais les gardiens auraient pu parler et mon oncle aurait pu apprendre que j'étais sortie du parc. Tout mon plan aurait été ruiné. Pour les gens de la poste ce n'était pas pareil, ils n'étaient pas en rapport constant avec le personnel de la clinique.

J'allais faire cela demain. Après-demain je m'en irais. La seule chose qui pouvait me trahir c'était mon pouls. Est-ce que le remède allait agir assez longtemps?

Pour le comprimé de midi j'étais assise dans mon lit. L'infirmière est entrée.

— Bonjour.

— Bonjour, on dirait que ça va mieux aujourd'hui.

— Oui, je me sens mieux.

La tension, le pouls, le verre d'eau et le demi-comprimé sur un petit plateau de métal. Depuis quelques jours ce n'était plus la peine de le délayer, j'avalais normalement. La demi-lune adroitement coincée sous ma langue contre mes dents, l'eau qui passe.

Un sourire, elle est partie. Le comprimé dans la gouttière.

Dans l'après-midi, cette fois, je suis debout dans le cabinet de toilette.

— Il fait beau aujourd'hui.

— Oui, c'est une belle journée.

— J'aimerais bien voir mon oncle, j'ai envie de sortir.

— Doucement, doucement, je pense que ce n'est pas possible. Comme ça, en plein traitement!

— Est-ce que je pourrais voir mon oncle? J'ai envie de lire.

— Certainement.

La tension, le pouls, le comprimé dans la gouttière. Quelques instants après mon oncle apparaît :

— Alors, il paraît que ça va mieux, que tu as envie de lire! Je t'ai apporté des magazines et des romans policiers.

— J'aimerais bouger un peu. Est-ce que je ne pourrais pas faire un tour dans le parc demain?

— Il faut que je le demande à ton médecin traitant.

— Téléphone-lui. Je sais que ça me fera du bien, j'en ai une envie folle.

— Je vais l'appeler, en principe il doit venir te voir après-demain.

— Je ne vais pas rester tout ce temps sans bouger. Tu sais, ça va beaucoup mieux.

Un grand sourire. Il est assis au pied de mon lit. Il ose à peine me regarder. Pour se donner une contenance il inspecte ma fiche sur laquelle on indique chaque jour ma tension, mon pouls et les doses de médicaments que l'on m'administre. Il connaît cette fiche par cœur. Chaque matin l'infirmière la lui descend.

— Tu as l'air d'aller mieux en effet, c'est parfait. Je te dirai tout à l'heure ce qu'en pense ton médecin.

Mon médecin! Je ne sais même pas comment il s'appelle!

En attendant le retour de mon oncle je décide de faire ma toilette. Je brosse mes cheveux longtemps, en avant et en arrière et puis je me brosse les dents. C'est fatiguant, je suis à bout de souffle. Je guette la chose mais elle ne s'agite pas. Alors je m'installe pour regarder mon sang couler dans le bidet. C'est mon occupation préférée depuis que je suis à la clinique. Cela me fait penser à la mer et à ses vagues qui viennent faire leur révérence sur la plage, avec un soupir. Je pense aux planètes qui tournent régulièrement.

A la première marche qui craque je remets ma culotte et je m'installe assise sur la chaise, devant la table, un magazine ouvert devant moi. Il y a Gina Lollobrigida en grand décolleté qui sourit de toutes ses dents. Mon Dieu, comment cette femme fait-elle pour être heureuse à ce point!

Mon oncle est entré, toujours vêtu de sa blouse blanche qui bride un peu son estomac et coiffé de la petite toque blanche qu'il porte en salle d'opération.

— Ton médecin est d'accord. Tu pourras aller te promener demain. Il est très satisfait de la rapidité à laquelle ton état s'améliore. Il paraît que ce nouveau produit fait quelquefois l'effet contraire sur les patients, il les rend apathiques, leur donne des migraines. L'infirmière t'accompagnera. Ta tante demande si tu veux venir dîner chez nous.

— Non, pas ce soir, merci. J'ai déjà dîné et je vais dormir. Je viendrai demain si ma balade s'est bien passée. Remercie-la de ma part, elle comprendra que je ne vienne pas.

— Bien sûr. Tu sais, elle n'a jamais douté une seconde que tu t'en sortirais très vite. Ce n'est pas le genre de la famille. Tu t'es trop fatiguée à vouloir élever tes enfants toute seule. Un point c'est tout. Elle se fait surtout du souci pour ta mère qui est folle d'inquiétude. Tu sais comme elles s'aiment toutes les deux. Elles sont toute la journée pendues au téléphone. Ta pauvre mère ne tient plus sur ses jambes. Les enfants la fatiguent.

— Je vais guérir très vite. Il faut la rassurer. Ça ne va pas traîner.

— Tu sais, ce que j'en dis... c'est surtout pour ta mère. La pauvre femme en a assez vu, elle mérite de se reposer... Enfin, je te parle comme à une... grande. Tu ne vas pas en faire une montagne.

— Non, non. Je te comprends mais je vais en finir, je le sens, ça va mieux.

— Bonsoir ma grande.

Il m'embrasse sur le front, il sort.

Je ne veux pas penser à ma mère. Je ne dois pas penser à mes enfants...

Ensuite, tout est confus. Mon empoignade avec la chose a été féroce. Je ne me sentais pas la force de me battre longtemps avec elle, à mains nues, sans la moindre drogue pour m'aider, sans rien. Et pourtant j'ai tenu le coup. Je suis sortie sans l'infirmière. J'ai couru dans les champs. (Je cherche à me rappeler si les blés étaient hauts mais je n'y arrive pas.) J'ai eu mon copain au téléphone.

— Tu me promets de venir demain à la même heure? A l'angle de la nationale et du petit chemin, là où la plaque indique la clinique, un kilomètre avant le village, à gauche.

— Tu peux compter sur moi, je serai là.

Le soir, assise devant la télévision, entre mon oncle et ma tante, il me semblait que nous étions dans un gros aquarium. Eux étaient de gentils poissons broutant paisiblement des algues et moi, j'étais une pieuvre.

Surtout ne pas les agresser, ne rien faire pour leur déplaire, pas un mot, pas un geste.

Je ne savais pas que j'allais les quitter pour toujours. Je savais seulement que j'allais les tromper et cela me bouleversait. Surtout eux, ils étaient ce qu'il y avait de plus réussi dans la famille. En m'éloignant d'eux je m'éloignais du Bien. Mais c'était le chemin que j'avais décidé de prendre. A y penser, je n'avais jamais été normale, je n'avais jamais su vivre normalement, comme eux. Autant disparaître, autant les délivrer de moi.

Le lendemain l'auto était là. Nous avons démarré tout de suite et j'ai pu me laisser aller à trembler et à claquer des dents.

— Ça ne va pas? Qu'est-ce que tu veux que je fasse?

— Rien. Rien. Tu ne peux rien faire pour moi. Mène-moi chez Michèle. Ne t'inquiète pas, ça va me passer. Téléphone après à la clinique, tu diras que je suis en sécurité, qu'ils ne me fassent pas rechercher. Mais ne leur dis pas où je suis. Je ne veux plus les voir.

Le lendemain j'allais dans l'impasse pour la première fois.

Qui a téléphoné au docteur? Est-ce moi? Est-ce Michèle? Je ne sais plus. Elle le connaissait et moi j'en avais entendu parler. Il est possible que ce soit moi. (Chez Michèle j'avais retrouvé des tranquillisants et j'avais pu juguler la chose.) Je ne sais plus.

Voilà, j'avais tout raconté.

Je voulais parler du sang et c'est pourtant de la chose dont j'avais surtout parlé. Est-ce qu'il allait me renvoyer? Je n'osais pas le regarder. Je me sentais bien, là, dans ce petit espace, à parler de moi. Est-ce que c'était un piège? Le dernier? Peut-être n'aurais-je pas dû lui faire confiance.

Il a dit : « Vous avez bien fait de ne pas prendre ces comprimés. Ils sont très dangereux. »

Tout mon corps s'est détendu. J'ai ressenti pour ce petit bonhomme une profonde reconnaissance. Peut-être y avait-il un chemin entre moi et quelqu'un d'autre. Si cela était vrai! Si je pouvais parler à quelqu'un qui m'écoute vraiment!

Il a poursuivi : « Je crois que je peux vous aider. Si vous êtes d'accord nous pouvons commencer une analyse ensemble à partir de demain. Vous viendriez trois fois par semaine pour trois séances de trois quarts d'heure chacune. Mais, dans le cas où vous accepteriez, j'ai le devoir de vous avertir d'une part qu'une psychanalyse risque de bouleverser totalement votre vie, d'autre part que vous devrez cesser dès maintenant de prendre tout médicament, que ce soit pour vos hémorragies ou votre système nerveux. Même pas de l'aspirine, rien. Enfin, vous devez savoir qu'une analyse dure au moins trois ans et que cela vous coûtera cher. Je vous demanderai quarante francs par séance, c'est-à-dire cent vingt francs par semaine.

Il parlait sérieusement et je sentais qu'il voulait que je l'écoute et que je réfléchisse. Pour la première fois depuis longtemps quelqu'un s'adressait à moi comme à une personne normale. Et pour la première fois depuis longtemps je me comportais comme une personne capable de prendre des responsabilités. Je me suis alors rendu compte qu'on m'avait, petit à petit, enlevé toutes ces responsabilités. Je n'étais plus rien. Je me suis mise à penser à cette situation et à ce qu'il venait de dire. Quel bouleversement pouvait-il se produire dans ma vie? J'allais peut-être divorcer, car c'était à partir de mon mariage que la chose s'était installée. Tant pis, je divorcerai, on verra bien. A part cela je ne voyais pas ce que l'on pouvait changer d'autre dans ma vie.

Pour l'argent, c'était plus difficile, je n'en avais pas. Je vivais avec l'argent que gagnait mon mari et avec celui de mes parents.

— Docteur, je n'ai pas d'argent.

— Vous en gagnerez. Vous devez payer vos séances avec de l'argent que vous avez gagné. C'est préférable.

— Mais, je ne peux pas sortir, je ne peux pas travailler.

— Vous y arriverez. Je peux attendre trois mois, six mois que vous trouviez une situation. Nous pouvons nous arranger. Ce que je veux c'est que vous sachiez que vous devez me payer et que cela doit vous coûter cher. Les séances que vous manquerez seront dues, comme les autres. Si cela ne vous coûte pas d'une manière ou d'une autre vous ne prendrez pas l'analyse au sérieux. C'est reconnu.

Il me parlait assez sèchement, sur le ton d'une personne qui est en train de traiter une affaire. Aucune commisération dans sa voix, aucune attitude doctorale ou paternelle. Je ne savais pas qu'en acceptant de commencer tout de suite il venait de prendre trois heures par semaine de plus sur sa vie déjà envahie par ses malades. Il n'a fait aucune allusion à ce surcroît de fatigue ni au fait qu'il agissait ainsi exceptionnellement, parce qu'il me voyait très malade. Pas un mot de tout cela, au contraire. En apparence, il ne s'agissait que d'un simple marché. Il prenait le risque, il me laissait choisir. Pourtant il savait que, hormis lui, il n'y avait que deux solutions pour moi : l'hôpital psychiatrique ou le suicide.

— Je suis d'accord, docteur· Je ne sais pas comment je ferai pour vous payer mais je suis d'accord.

— C'est bien, nous commencerons demain.

Il a sorti un petit calepin et il m'a indiqué les jours et les heures où je devais venir.

— Et si j'ai une hémorragie, docteur?

— Ne faites rien.

— Mais on m'a déjà hospitalisée pour cela, on m'a fait des transfusions, des curetages.

— Je le sais. Ne faites rien, je vous attends demain... Je vous demande pourtant une chose : essayez de ne pas tenir compte de ce que vous savez de la psychanalyse, tâchez de ne pas vous référer à ces connaissances, trouvez des équivalents aux mots du vocabulaire analytique que vous avez appris. Tout ce que vous savez ne peut que vous retarder.

C'était vrai que je croyais tout savoir de l'introspection et que, dans le fond de moi, il me semblait que ce traitement me ferait le même effet qu'un cautère sur une jambe de bois.

— Mais, docteur, qu'est-ce que j'ai?

Il a fait un geste vague, comme pour dire : « A quoi bon les diagnostics? »

— Vous êtes fatiguée, troublée. Je crois que je peux vous aider.

Il m'a reconduite jusqu'à la porte.

— Au revoir madame, à demain.

— Au revoir docteur.

II

La nuit qui a suivi cette première visite a été difficile. La chose grouillait en moi. J'avais, depuis longtemps, pris l'habitude de ne m'endormir qu'assommée par une dose massive de drogue. Or il avait dit : « Vous devez cesser de prendre tout médicament. »

J'étais dans mon lit, oppressée, à bout de souffle, couverte de transpiration. Si j'ouvrais les yeux je vivais la décomposition de l'extérieur, des objets, de l'air. Si je fermais les yeux je vivais la décomposition de l'intérieur, de mes cellules, de ma chair. Cela me faisait peur. Rien ni personne ne pouvait stopper, ne serait-ce qu'une seconde, cette dégradation de tout. Je me noyais, je n'arrivais plus à respirer, il y avait des microbes partout, des asticots partout, des acides rongeurs partout, des enflures de pus partout. Pourquoi cette vie qui se nourrit d'elle-même? Pourquoi ces gestations repues d'agonies? Pourquoi mon corps vieillit-il? Pourquoi fabrique-t-il des liquides et des matières puantes? Pourquoi ma sueur, ma crotte, ma pisse? Pourquoi le fumier? Pourquoi la guerre de tout ce qui vit, de toute cellule, à qui tuera l'autre et se gavera de son cadavre? Pourquoi la ronde inéluctable, majestueuse, des phagocytes? Qui dirige ce monstre parfait? Quel moteur inépuisable conduit la curée? Qui agite les atomes avec cette vigueur? Qui surveille chaque caillou, chaque herbe, chaque bulle, chaque nourrisson, avec une attention sans faille, pour les conduire jusqu'à la pourriture de la mort? Qu'y a-t-il de stable à part la mort? Où se reposer sinon dans la mort qui est la décomposition même? A qui appartient la mort? Quelle est cette chose énorme et molle, indifférente à la beauté, à la joie, à la paix, à l'amour, qui se couche sur moi et m'étouffe? Qui aime également la merde et la tendresse, sans faire de différence? Où les autres trouvent-ils la force de supporter la chose? Comment peuvent-ils vivre avec elle? Ils sont fous! Ils sont tous fous! Je ne peux pas me cacher, je ne peux rien faire, je suis livrée à la chose qui vient lentement, inexorablement, qui me veut, moi, pour se nourrir!

Un courant de vie putréfiée m'entraînait, que je le veuille ou pas, vers la mort absolument obligatoire qui était l'horreur même. Cela m'inspirait une peur épouvantable, insupportable. Puisqu'il n'y avait pas d'autre destin pour moi que de tomber dans le ventre ignoble de l'infect autant y tomber le plus vite possible. Je voulais me suicider, en finir.

Finalement je me suis endormie au matin, épuisée, enroulée sur moi-même comme un fœtus.

A mon réveil je baignais dans mon sang, ça avait traversé le matelas, le sommier, et ça gouttait sur le parquet. Il avait dit : « Ne faites rien, je vous attends demain. » Encore six heures à attendre, je ne tiendrai pas le coup.

Je restais immobile dans mon lit, raide comme une morte, j'attendais le pire. Deux souvenirs d'épouvante revenaient à ma mémoire avec leurs moindres détails, deux débâcles, deux cauchemars que j'avais vécus éveillée. Une fois le sang avait coulé par caillots si gros qu'on aurait dit des tranches de foie que je débitais l'une après l'autre, avec une obstination absurde, elles me faisaient au passage une douce caresse tiède. On m'avait transportée d'urgence à l'hôpital pour me faire un curetage. Une autre fois, au contraire, le sang était sorti de moi comme une cordelette rouge qui ne cessait de se dévider : un robinet ouvert. Je me souviens de ma stupeur en constatant cela, puis de ma terreur : « A ce train-là je serai vidée de mon sang en dix minutes. » Encore une fois l'hôpital, la transfusion, les médecins, les infirmières, couverts de sang, s'acharnant sur mes bras, mes jambes, mes mains, pour trouver une veine, toute la nuit à lutter. Puis, au matin, la salle d'opération et le curetage, encore.

Je n'avais pas conscience qu'en me livrant au sang je me déguisais, je masquais la chose. A certains moments ce sang maudit envahissait complètement mon existence et me laissait épuisée, encore plus fragile en face de la chose.

A l'heure dite j'étais au fond de l'impasse, toute empaquetée de serviettes, de coton, engoncée dans des sortes de couches que je m'étais fabriquées. J'ai attendu un peu parce que j'étais arrivée en avance. La personne avant moi est sortie. Comme la veille j'ai entendu les ouvertures et les fermetures des deux portes. Enfin je suis entrée et j'ai dit tout de suite :

— Docteur, je suis exsangue.

Je me souviens très bien avoir employé ce mot parce que je le trouvais beau. Je me souviens aussi que je voulais avoir un visage et une attitude pathétiques. Le docteur m'a répondu doucement et calmement :

— Ce sont des troubles psychosomatiques, cela ne m'intéresse pas. Parlez-moi d'autre chose.

Il y avait là ce divan que je ne voulais pas employer. Je voulais rester debout et me battre. Les mots que cet homme venait de prononcer m'avaient giflée en pleine face, jamais je n'avais rien encaissé de si violent. En pleine figure! Mon sang ne l'intéressait pas! Alors tout était détruit! J'en étais suffoquée, foudroyée. Il ne voulait pas que je parle de mon sang! Mais de quoi d'autre voulait-il que je parle? de QUOI? En dehors de mon sang il n'y avait que la peur, rien d'autre, et je ne pouvais pas en parler, je ne pouvais même pas y penser.

Je me suis effondrée et j'ai pleuré. Moi qui n'avais pas pu pleurer depuis si longtemps, moi qui cherchais en vain depuis tant de mois le soulagement des larmes, voilà qu'elles coulaient enfin par grosses gouttes qui détendaient mon dos, mon torse, mes épaules. J'ai pleuré pendant longtemps. Je me vautrais dans cet orage, je le laissais prendre mes bras, ma nuque, mes poings serrés, mes jambes repliées sur mon ventre. Depuis combien de temps n'avais-je pas éprouvé le doux calme du chagrin? Depuis combien de temps n'avais-je pas laissé mon visage barboter dans la tendresse des larmes mêlées d'un peu de salive et de morve? Depuis combien de temps n'avais-je pas senti couler sur mes mains la gentille liqueur tiède de la peine?

J'étais bien là, comme un enfant repu dans son berceau, les lèvres encore pleines de lait, envahi par la torpeur de la digestion, protégé par le regard de sa mère. J'étais allongée sur le dos, de tout mon long, obéissante, confiante. Je me suis mise à parler de mon angoisse et j'ai deviné que j'allais en parler longtemps, pendant des années. J'ai senti dans le fin fond de moi que j'allais peut-être trouver le moyen de tuer la chose.

Pourtant, en sortant de cette première séance, dès la porte refermée derrière moi, je me suis souvenue de mon sang et j'ai pensé que ce docteur était un fou, un charlatan, un de plus. A quelle sorcellerie m'étais-je laissé prendre? Maintenant il fallait que j'agisse vite, que je prenne un taxi et que j'aille voir un médecin, un vrai.

Le chauffeur était bavard, ou peut-être avait-il trouvé que j'avais une drôle de tête, en tout cas il ne cessait de parler et je croisais sans arrêt son regard attentif dans le rétroviseur. Dans ces conditions et surtout étant donné la façon dont je m'étais emmaillotée pour aller voir le docteur, il m'était impossible de faire une de mes brèves et secrètes vérifications du sang. Plus nous roulions vers l'adresse du médecin que je lui avais indiquée, plus le besoin de faire cette vérification était impératif. Je devenais agitée, agressive. Je voulais, à la fois, que le chauffeur s'arrête et qu'il continue son chemin. Il n'y comprenait rien. Finalement je me suis assise au bord de la banquette, j'ai mis mon bras gauche sur le dossier du siège avant et j'ai posé ma tête dessus. Je faisais semblant d'écouter ce que l'homme racontait. Pendant ce temps, de la main droite, je fourrageais sous ma robe, je craquais ma fermeture Eclair, je déchirais les serviettes accrochées par des épingles à nourrice, jusqu'à ce que j'arrive à la source du sang. Je constatai que rien de notable ne s'était passé. L'hémorragie n'avait pas augmenté, il me semblait même qu'elle soit calmée. Difficile à dire. C'est que je saignais beaucoup en partant, une heure avant.

Du coup j'ai changé d'avis et j'ai dérouté le taxi en lui donnant l'adresse de Michèle. Puis je me suis rencognée dans le fond du taxi. Peut-être que je pourrais tenir jusqu'à après-demain, la prochaine séance.

J'ai monté les escaliers quatre à quatre en agrippant mes vêtements que j'avais mis en loque. Vite, la salle de bains. Mes guenilles souillées à terre, entre mes pieds, moi sur le bidet. Le sang ne coulait plus! Je n'en croyais pas mes yeux. Le sang ne coulait plus!

Je ne savais pas, je ne pouvais pas savoir ce jour-là, que le sang ne coulerait plus jamais comme il avait coulé, sans arrêt, pendant des mois et des années. Je croyais qu'il avait cessé de couler pour quelques instants que je voulais savourer, comme j'avais savouré mes larmes. Je me suis lavée puis je me suis étendue nue, les jambes écartées, sur le lit. Pure. J'étais pure! j'étais un vase sacré, le reposoir du sang, l'ostensoir des pleurs. Propre, lisse!

Le docteur avait dit : « Essayez de comprendre ce qui vous arrive; ce qui provoque, atténue ou accentue vos crises. Tout est important : les bruits, les couleurs, les odeurs, les gestes, les atmosphères... Tout. Essayez de procéder par associations d'idées et d'images. »

Ce jour-là, j'avais beau être encore tout à fait malhabile dans la manipulation de l'analyse, il m'a été quand même aisé d'établir un lien entre l'hémorragie et l'arrêt du sang, avec, au milieu, la gifle du docteur : « Votre sang ne m'intéresse pas, parlez-moi d'autre chose... » et mes pleurs.

Cette nuit-là mon esprit libéré du sang, comme en fête, s'est aventuré dans des réflexions faciles, des calculs simples, des pensées reposantes. Activités de mon esprit que je considérais habituellement comme des cours de récréations dans lesquelles je ne pouvais pas m'attarder sous peine d'être prise à bras-le-corps par la chose que je ne parvenais à combattre que si j'étais à la pointe de mon intelligence, aiguë, au fond de mon imagination, sur le chemin de l'infini, de l'incompréhensible, du mystère, de la magie.

C'est comme cela que, tout bêtement, avec une aisance de source, une légèreté de nuage, une simplicité d'œuf, j'ai pris conscience que j'avais subi des dizaines d'examens, de radios, de tests, d'analyses et qu'aucun résultat n'avait indiqué quoi que ce soit d'anormal dans les différents fonctionnements de mon corps. Ni sur le plan hormonal, ni sur le plan cellulaire, ni sur le plan circulatoire, ni sur le plan organique, ni sur le plan de la composition même de mon sang. Je comprenais clairement que mon sang c'était la bouée de sauvetage qui nous permettait, aux médecins et à moi, de flotter sur la mer de l'inexplicable. Je saigne, elle saigne. Pourquoi? Parce que quelque chose ne marche pas, quelque chose d'organique, quelque chose de physiologique, quelque chose de très grave, quelque chose de très compliqué, quelque chose de fibromateux, de rétroversé, de déchiré, de pas normal. Les analyses ne révèlent rien, ça ne veut rien dire, on ne saigne pas comme cela sans raison. Il faut ouvrir et aller voir. Il faut faire une longue incision dans sa peau, dans ses muscles, dans ses veines, écarter les chairs du ventre, les viscères et s'emparer de l'organe tout chaud, rosâtre, le couper, le supprimer. Comme cela il n'y aura plus de sang. Jamais aucun gynécologue, aucun psychiatre, aucun neurologue n'avait reconnu que le sang venait de la chose. Au contraire, on m'indiquait que la chose venait du sang. « Les femmes sont souvent " nerveuses " parce que leur équilibre gynécologique est précaire, très fragile. »

Ce soir-là il m'a paru évident que la chose était l'essentiel, qu'elle avait tous les pouvoirs.

Je faisais face à la chose. Elle n'était plus aussi vague, bien que je ne sache pas la définir. Ce soir-là j'ai accepté la folle pour la première fois. J'ai admis qu'elle existait réellement. J'ai désiré assumer ma maladie telle qu'elle était. J'ai compris que j'étais la folle. Elle me faisait peur parce qu'elle transportait la chose en elle. Elle me dégoûtait et m'attirait comme ces superbes châsses que l'on promène avec les reliques d'un saint. Cet or, ces pierres précieuses, ces beautés, pour contenir un crâne aux dents pourries, de vieux tibias jaunis, du sang desséché! Les prêtres autour, avec leurs encensoirs, leurs dais, leurs étendards, et la foule hébétée qui psalmodie des incantations, en procession, derrière ces vilains restes rabougris! Les plaintes et l'extase qui sortent de toutes ces bouches remuantes, de tous ces yeux perdus, de tous ces dos voûtés, de tous ces doigts emmêlés sur des chapelets! La folie! La chose était comme cela, elle se servait du meilleur de la folle pour lui faire découvrir l'ignoble.

Une certitude était acquise; la chose était à l'intérieur de mon esprit, elle n'était pas ailleurs dans mon corps et elle n'était pas à l'extérieur. J'étais seule avec elle. Toute ma vie n'était qu'une histoire entre elle et moi. Dès lors mon isolement prenait un nouveau sens : il était peut-être un passage, une mue. Peut-être allais-je revivre? Car je souffrais beaucoup de l'aliénation dans laquelle je m'étais réfugiée. J'y étais déchirée, attendant des autres des solutions qui, lorsqu'on m'en donnait, me blessaient à chaque fois ou m'éloignaient encore plus. Qui pouvait m'atteindre? Quel sens pouvait avoir le remue-ménage des autres autour de moi? Quelle signification avait le brassage incompréhensible des paroles, des mouvements, des actions légales et civilisées, des gestes sauvages?

Il m'était devenu impossible de comprendre la division des vies en années, des années en mois, des mois en jours, des jours en heures, en minutes, en secondes. Pourquoi les gens faisaient-ils tous les mêmes choses en même temps? Je ne comprenais plus rien, la vie de ceux qui m'entouraient n'avait aucun sens.

Je me trouvais livrée à un univers qui, lorsqu'il ne m'était pas hostile, m'était indifférent. Et je devais rendre des comptes à cet univers, je devais sans cesse m'accuser de mes mauvaises actions et faire pénitence pour les avoir commises. Mes pensées s'embrouillaient de telle sorte que, plus les années passaient, plus j'avais l'impression de m'enfoncer dans le mal ou l'imparfait, ou l'incorrect ou l'inconvenant ou l'indécent. Je n'arrivais plus jamais à être satisfaite de moi. Je me considérais comme un déchet, un rebus, une anomalie, une honte et, ce qui était pire : je croyais que je m'étais laissé envahir par l'erreur à cause de ma mauvaise nature. Je croyais qu'avec un peu de courage, un peu de volonté, en écoutant les conseils qu'on m'avait prodigués, j'aurais pu être dans le camp des bons. Mais, par lâcheté, par paresse, par médiocrité, par bassesse, j'avais choisi le mauvais côté et j'avais irrémédiablement basculé dans l'abjection. Mon corps lui-même avait épaissi, s'était affaissé. Je croyais que j'étais devenue laide au-dehors comme au-dedans.

Et puis, ce soir, parce que le sang ne coulait plus, parce que le docteur m'avait parlé normalement, je me mettais en cause différemment, je me voyais autrement. Quel mouvement le petit homme avait-il déclenché? Quel instinct me poussait?

Je me suis mise à suivre mon nouveau chemin avec acharnement. J'étais comme ces abeilles qui butinent et que rien ne peut distraire de leur ouvrage, uniquement occupées à choisir le meilleur pollen. Mon miel, ce serait mon équilibre. Rien d'autre ne m'intéressait. Je ne pensais à rien d'autre. Il ne m'est même pas venu à l'idée de téléphoner à mon oncle. Je n'ai prévenu mon mari que beaucoup plus tard.

III

C'était l'automne, l'hiver. L'impasse était toujours mouillée, toujours pleine de flaques éclairées par une mauvaise lumière. Il m'arrivait parfois de rencontrer les clients qui me précédaient ou qui me succédaient, serrés dans leur manteau, rasant les murs, se hâtant. Nous entrecroisions des regards que nous croyions anonymes mais nous savions que nous étions des malades et que nous partagions le même docteur, le même canapé, le même plafond, le même défaut de la tenture contre le mur, la même stupide gargouille en haut de la même fausse poutre, de l'autre côté du canapé. Nous faisions partie de la confrérie des perdus, des traqués. Ils avançaient, ainsi que moi, entre leur suicide et leur peur, comme entre deux gendarmes.

Je savais aussi que les mots que je venais déverser là, en torrents, trois fois par semaine, n'étaient pas les mêmes que les leurs, qu'ils avaient leur histoire à eux, aussi pénible, aussi dérisoire que la mienne, aussi incompréhensible pour les autres, aussi invivable.

J'ai vécu les trois premiers mois de mon analyse avec l'idée que j'étais en sursis, que cela n'allait pas durer, qu'on allait me découvrir et me reprendre. Pourtant le sang ne coulait plus que normalement, à l'époque de mes règles. L'angoisse se desserrait, elle lâchait prise de plus en plus souvent. Mais je n'avais toujours pas parlé de mon hallucination, parce que je croyais qu'elle me condamnerait obligatoirement à l'hôpital psychiatrique.

J'avais encore l'attitude de la défense : la tête enfoncée dans les épaules, le dos voûté, les poings serrés, aux aguets derrière mes yeux, mes oreilles, mon nez et ma peau. Tout m'assaillait, il y avait du danger partout. Je devais me débrouiller pour voir sans voir, entendre sans entendre, sentir sans sentir. Seul comptait pour moi le combat avec la chose installée dans mon esprit, cette sale matrone dont les deux énormes fesses étaient les lobes de mon cerveau. Par moments elle calait bien son gros cul dans mon crâne (je la sentais s'installer) et, la tête en bas, elle manipulait les nerfs qui me serraient la gorge et le ventre et ouvraient les vannes de la sueur. Elle faisait circuler un air glacé et la folle, alors, se mettait à courir, terrorisée, hallucinée, incapable de crier, incapable de parler, incapable de s'exprimer de quelque façon que ce soit, baignant dans sa transpiration froide, tremblant de tout son corps, jusqu'à ce qu'elle trouve un lieu propre et sombre où elle se lovait sur elle-même, comme un fœtus.

Cependant, depuis que l'analyse était commencée je me laissais de moins en moins emporter par la folle. J'observais. La chose n'aimait pas que je la regarde comme cela, de l'extérieur, et, au bout d'un moment, elle lâchait prise. Elle restait toujours là mais triste, lasse, comme nostalgique des beaux jours de son agitation.

Lundi, mercredi, vendredi. Les trois arrêts de ma course où je pouvais apporter ma récolte et communiquer avec quelqu'un. Mes seuls points de contact avec la vie des autres. La grande distance entre le vendredi et le lundi me paraissait, chaque semaine, impossible à franchir. Tout le long du dimanche j'attendais en économisant mes forces, en me mettant le plus possible à l'abri. Le lundi je retrouvais mon impasse détrempée avec une joie immense, un espoir profond.

Au début, j'ai parlé de mes premières rencontres avec la chose qui s'appelait alors simplement l'angoisse. Puis j'ai parlé des éléments principaux qui constituaient ma vie, des grands pans de mon existence que je connaissais.

Ma première crise d'angoisse a débuté au cours d'un concert d'Armstrong. J'avais entre dix-neuf et vingt ans. Je terminais ma licence de philo. Je cherchais un professeur de logique pour m'aider à soutenir un diplôme sur Aristote. J'aimais les mathématiques que j'avais pris l'habitude de nommer la mathématique avec un pédantisme tout à fait de mise chez les étudiants en philo. Chez les filles surtout. Nous savions toutes que le pourcentage des reçues à l'agrégation était très faible : même pas deux pour cent. S'enfoncer dans ces études équivalait pour nous à entrer en religion, à devenir la philosophie elle-même avec des jambes, des bras et des cheveux.

J'aimais les maths mais, dans ma famille, on disait que ce n'était pas féminin. Une fille qui fait des maths c'était, paraît-il, « incasable » ou alors avec un prof de maths. Je me réservais des jours difficiles. Tandis qu'en faisant de la philo je pouvais m'orienter vers la logique.

— Tu ferais des mathématiques mais sous une forme littéraire...

Ça pourrait à la rigueur attirer un polytechnicien, ou un officier de marine, ou même un banquier, c'était mieux qu'un prof de maths tout de même! J'ai donc entrepris ma licence de philo avec l'idée de faire de la logique sinon celle d'épouser un polytechnicien. Mais la logique n'était guère à la mode, on était, déjà à cette époque, porté sur la psychologie, les sciences sociales... J'avalais donc toutes ces matières en pensant qu'une fois mes certificats en poche je ferais un diplôme de logique, puis une thèse de logique. Je rêvais de pénétrer dans l'apparente rigueur des chiffres car je savais que là je serais libre de me livrer à l'invention dont ils sont gros. Mes idoles furent, bien sûr, pour commencer, Riemann et Lobatchevski, puis Einstein. Pour des raisons mathématiques j'aimais Bach et le jazz et, à cette époque de mon adolescence, j'ai découvert aussi, émerveillée, la musique sérielle et le lettrisme.

J'étais donc très excitée en arrivant au concert Armstrong, surtout que les organisateurs avaient annoncé que ce serait une jam-session.

Armstrong allait improviser avec sa trompette, il allait construire toute une musique où chaque note serait importante, aurait en soi une valeur nécessaire à l'ensemble de cette nuit musicale. Je n'ai pas été déçue; l'ambiance a chauffé très vite. Une belle construction a commencé de s'élever. Les échafaudages et les arcs-boutants des instruments du jazz étayaient la trompette d'Armstrong, lui ménageaient les espaces adéquats pour qu'elle monte, s'installe et reparte. Les sons qui sortaient de l'instrument se tassaient par moments les uns contre les autres, s'emmêlaient, se bousculaient pour former une assise musicale, une sorte de matrice de laquelle naissait une note précise, unique, dont le chemin sonore était presque douloureux à suivre tant son équilibre et sa durée étaient devenus indispensables; elle arrachait les nerfs de ceux qui l'avaient suivie.

Mon cœur s'est mis à battre très vite et très fort. Tant et tant qu'il est devenu plus important que la musique. Il secouait les barreaux de ma cage thoracique, il gonflait, comprimant mes poumons dans lesquels l'air ne pouvait plus entrer. Et, prise de panique à l'idée de mourir là, dans ces spasmes, dans ces trépignements, dans ces hurlements de la foule, je me suis sauvée. J'ai couru dans la rue, comme une folle. C'était une belle nuit d'hiver, froide, les gens étaient chez eux, au chaud. Je courais et le bruit de ma course résonnait comme un galop dans les trompettes des avenues, des boulevards et des ruelles :

— Je vais mourir, je vais mourir, je vais mourir.

Mon cœur battait le tempo, rapide, fort. Je me souviens d'un camélia en fleur, tout luisant, tout épanoui dans son bac de béton, au coin d'une rue, juste avant de m'engouffrer dans le tunnel des Facultés. La beauté de ces fleurs épaisses et vernissées ! Je courais, elles étaient déjà loin derrière et pourtant le cœur de l'une d'elles, que j'avais aperçu une fraction de seconde, restait avec moi, accompagnait ma cavalcade, aussi calme que j'étais agitée, aussi lisse que j'étais lacérée. Le tunnel était rassurant à cause de sa clarté, à cause du fait qu'il était un passage pratique dans la ville et que de nombreuses voitures l'empruntaient. Elles passaient en souplesse. Des piétons se hâtaient aussi sur ses trottoirs. A son extrémité une enseigne lumineuse brillait coquettement. Mais rien ne pouvait apaiser mon cœur et je courais toujours.

En arrivant chez moi, au lieu de prendre l'ascenseur j'ai monté les escaliers quatre à quatre, jusqu'au cinquième étage et là, devant la porte d'entrée, j'ai pris conscience de l'énorme effort physique que je venais d'accomplir et je me suis dit « Si j'étais cardiaque je serais morte, je n'aurais pas pu faire le dixième de ce que je viens de faire. » Cette réflexion ne m'a pas calmée. J'ai trouvé ma chambre, je me suis affalée sur mon lit pour apaiser mon essoufflement. J'étais seule, les yeux fermés, plus rien d'autre ne comptait que mon cœur qui palpitait et sursautait : « Je vais mourir, je suis cardiaque. » Et l'angoisse que je venais alors de rencontrer pour la première fois s'est emparée de moi, elle m'a couverte de sa transpiration glacée, elle a secoué mes muscles de tremblements grotesques, elle s'est amusée avec moi comme une chienne. J'ai appelé ma mère qui dormait dans la chambre à côté. Une fois, deux fois. Je ne sais plus combien de fois je l'ai appelée, de plus en plus fort : « Maman, maman, maman ! » Ma mère est entrée dans ma chambre avec le débraillé et les bouffissures de son sommeil. Son chignon était défait, ses cheveux marron s'éloignaient de son crâne, et même de ses épaules, en longues mèches zigzaguantes. J'ai cru que le spectacle que je lui offrais allait faire éclater son visage, ses yeux verts, qu'elle se dissoudrait dans ma peur et m'y tiendrait compagnie : son enfant à l'agonie, sa grande femme de fille en train de mourir ! Au lieu de cela elle a remis de l'ordre dans ses vêtements et sa coiffure. Elle m'a regardée avec compassion et elle est venue s'asseoir sur mon lit, près de moi. Elle a pris ma main et s'est installée. Elle avait le même air que celui qu'elle prenait quand elle visitait les cimetières, tristement attendrie, lamentablement satisfaite. « C'est une angoisse, c'est rien, n'aie pas peur, ce n'est pas grave, c'est nerveux. »

Je n'aimais pas son calme, sa compétence, sa résignation. Comment ce que j'endurais pouvait-il être rien ? Comment cette vague de liquide poisseux qui déferlait sur moi, pleine de crochets, de lames, de matières en décomposition pouvait-elle être rien ? Ce rien était quelque chose de capital au contraire, j'en étais sûre, certaine, et de le voir traiter par elle comme elle traitait les morts accroissait mon angoisse. Je suffoquais. L'air n'entrait plus dans mes poumons, le peu que j'arrivais à faire passer sifflait une note aiguë, ridicule.

— J'étouffe, je vais mourir.

— Mais non, mais non, c'est nerveux. Ton pouls

est rapide mais bon. Crois-moi, tu ne vas pas mourir.

Je n'aimais pas cette complicité entre nous. J'avais tant cherché sa tendresse, son attention, j'avais tant attendu ce regard que justement elle glissait doucement sur moi maintenant, sur mon visage, mes yeux foncés, mes cheveux bouclés, mon nez en patate, ma bouche, mon menton, sur mes épaules larges aussi et mon corps fort. On aurait dit qu'elle faisait ma connaissance et qu'en même temps elle me reconnaissait. Une rencontre un peu triste et douce. Non je ne voulais pas de ça, pas dans cet état. Ce regard sur moi je l'avais voulu de toutes mes forces quand je plongeais, quand je courais, quand je riais, quand je remportais des lauriers, j'aurais voulu qu'elle en soit fière. Ma force était à elle, pas mon malaise, pas ma peur. Dans cette attention chaleureuse, cette connivence, cette intimité qu'elle me donnait cette nuit-là j'ai compris qu'elle m'avait octroyé la mort à ma naissance, que c'était la mort qu'elle voulait que je lui rende, que le lien entre nous, ce lien que j'avais tant cherché, c'était la mort. Cela me faisait horreur.

Les jours qui ont suivi cette crise, bien que calmes, se sont traînés gros de l'angoisse, de son souvenir, de la hantise de la voir se reproduire. J'ai rendu visite à un médecin en compagnie de ma mère. Il a confirmé ce qu'elle avait diagnostiqué : « Ce n'est rien, c'est nerveux. Vous avez dû faire un peu de tachycardie, et vous êtes sûrement sujette à une légère aérophagie. » " Un peu ", « légère ». Quels petits mots! Mais que pouvait-il donc y avoir de pire que ce que j'avais vécu? Peut-on subir plus? Existe-t-il un désarroi humain plus important? Ils se sont mis à parler des cas graves de tachycardie et d'aérophagie, rencontrés au cours de leurs carrières médicales. J'étais bien peu de chose à côté de ces malheureux. Ils me regardaient avec une gentille moquerie, ils me tapotaient les joues et les mains : « Ce n'est rien, allez, vous êtes jeune et en bonne santé. » Le docteur m'a avoué qu'il souffrait lui-même, par moments, d'aérophagie et il m'a donné son truc pour que ça passe plus vite. Il a même fait une démonstration. Il s'agissait de se mettre à quatre pattes, de lever légèrement une jambe ou l'autre selon ce qu'on ressentait, un peu comme un chien qui pisse contre un réverbère. Cela avait pour but de mener vers la sortie les gaz qui, en trop grande quantité, pesaient sur le diaphragme et donnaient une sensation d'étouffement.

Leurs commentaires affectueux s'étaient ornés de sourires et leurs phrases étaient enguirlandées de « jeunesse », de « amour », de « mariage ». Je savais bien ce qu'ils voulaient dire et je baissais les yeux, je les laissais parler.

Je croyais que ce que j'avais appris à l'université en psychologie, en psychanalyse surtout, mes deux ans de physiologie du système nerveux (à l'institut de psycho-technique) me permettaient de me définir, de me situer, de me comprendre. Je savais que j'avais beaucoup souffert du divorce de mes parents qui s'étaient battus par-dessus ma tête jusqu'à la mort de mon père. Je savais que ma mère m'avait toujours inconsciemment reproché ma naissance. (J'étais née, en effet, en plein divorce.) Je savais que, de ce fait, je ne connaissais pas du tout mon père. Je savais que leur discorde avait créé en moi des complications telles que ma sexualité s'en trouvait affectée. Mais je croyais savoir aussi pourquoi et comment elle était affectée. Pour l'instant je préférais assumer ma virginité.

Ma première angoisse est restée pendant quelques mois ma seule angoisse. Puis j'en ai eu une autre, plus faible, la nuit où j'ai perdu mon pucelage.

Quand j'ai vu le garçon nu qui bandait, quand j'ai senti dans ma main son membre doux comme un velours de soie, tiède comme un pain qui sort du four, j'ai éprouvé une joie formidable. J'étais fière et heureuse d'être là. J'ai trouvé beau à en pleurer son corps maigre de jeune homme, comme si tous ses muscles, toute sa peau, tous ses poils, étaient faits pour brandir son sexe en érection. Quand il a écarté mes jambes et que, agenouillé entre elles, il s'est mis doucement à me dépuceler, avec un air buté, un air qui me faisait comprendre que rien n'arrêterait son acte, que je devais me laisser faire, j'ai trouvé que ce qu'il faisait était utile, nécessaire, parfaitement en harmonie avec le fond de moi. Je m'en suis voulu un instant d'avoir gardé si longtemps prisonniers les profonds mouvements de mes reins qu'il suscitait, ces ondulations qui allaient de mes talons à ma nuque. Rien ne m'a choquée, rien ne m'a surprise. Même quand le rythme est devenu brutal et que j'ai senti céder en moi je ne sais quel barrage de satin. Ce qui m'a le plus étonnée, c'était, après, sa tendresse, sa faiblesse, sa fragilité, comme s'il m'avait donné toute sa force. J'ai éprouvé de la reconnaissance pour lui.

Je n'avais pas joui mais je n'avais pas été dégoûtée, au contraire. Quand je suis restée seule j'ai lavé mes draps salis de sang. Il faisait chaud, ils seraient vite secs. Je me suis allongée à même le matelas, dans l'obscurité. Impossible de trouver le sommeil. Ce garçon, je l'avais choisi pour son habileté, il avait la réputation d'être un tombeur, un amant. Je le savais amoureux d'une femme mariée plus âgée que moi. J'avais de la sympathie pour lui, je sentais qu'il saurait y faire. Il avait accepté gravement de jouer son rôle d'initiateur. Il avait réussi sa tâche puisque j'étais là contente, certaine de refaire l'amour avec lui demain, en ayant envie.

Pourtant mon cœur battait, j'étais oppressée. Je savais l'importance de mon acte, je savais qu'en faisant cela je remuais toute ma petite mer intérieure, j'y créais même une tempête. J'avais plus de vingt ans. Non seulement j'étais restée vierge jusqu'à ce jour mais je n'avais jamais flirté. (A part, vers quatorze ans, un baiser que j'avais reçu en plein soleil, la tête à la renverse dans le sable, juste le temps de sentir sur mes lèvres une douce salive au goût de Gauloise. Petit souvenir caché comme une fleur séchée dans les pages d'un gros livre.) Si j'avais agi ainsi c'était pour obéir aux règles de ma mère. J'avais même rejeté la masturbation. Et je passais souvent des siestes et des nuits infernales, à plat ventre sur le carrelage froid de ma chambre, fuyant la douceur de mon lit, fuyant les odeurs de thym, de jasmin, et de poussière de la Méditerranée, fuyant le bruit irritant des cigales, les notes tendres de la flûte arabe, tendue au point de hurler mon envie, mon besoin.

Et voilà que tout à coup j'avais décidé toute seule de passer outre les principes de ma classe, les préjugés de ma famille, les lois de ma mère, de bousculer la colossale religion et de faire l'amour avec un garçon que je n'aimais même pas, avec lequel il n'y avait pas à chercher l'excuse de la passion ou de la raison. Simplement je voulais faire et je faisais l'amour parce que j'en avais envie.

Quand l'angoisse est venue je l'ai reconnue tout de suite. Mais, cette fois-là, sa présence me paraissait plus normale, elle me faisait moins peur. Je savais bien que j'entrais par la mauvaise porte dans le monde du sexe, j'empruntais le même passage que les femmes que mon père recevait chez lui, j'avais rejoint leur honteuse cohorte. Ma mère les appelait des « poules » et le souvenir de la vulgarité de ce mot dans sa bouche me faisait trembler. Il m'était arrivé d'en entrevoir quelques-unes, il y a longtemps. Elles sortaient comme j'entrais. Mon père faisait celui qui reconduit une simple visite. Il avait un sourire forcé et des gestes trop polis. Il savait se contrôler. Elles, elles avaient un déhanchement pour passer le seuil, un au revoir, un regard vers lui, un geste vers moi, qui en disaient long. A chaque fois je sentais une intimité affolante entre eux, une connivence effrayante, les relents d'un plaisir insoupçonné. Cela me bouleversait. Les maîtresses de mon père se moquaient de ma mère agenouillée sur son prie-Dieu. Sa vertu... leur vice... mon vice... un ange, des diables. Il y avait tout cela cette nuit-là pour m'empêcher de dormir et puis il y avait autre chose, je ne savais pas quoi, qui me pinçait le cœur, qui le faisait battre.

Ma chambre donnait sur une ruelle où une entreprise de location de voitures à chevaux était installée. C'était une chambre de vacances à peine aérée, qui sentait encore le moisi et l'ombre. Au petit matin un homme venait ranger les bêtes le long du trottoir, les faisant entrer à reculons dans les brancards des voitures désuètes qui promèneraient tout à l'heure les touristes sous les palmiers le long du front de mer. Je me souviens de l'aube et du jour qui, en naissant, séparait les persiennes en raies grises et noires puis jaunes et noires. Les sabots des chevaux martelaient le bitume à coups de plus en plus répétés, au fur et à mesure que la chaleur montait et rendait les mouches à leurs activités diurnes. L'odeur du crottin frais montait jusqu'à moi. Finie ma nuit blanche. J'ai refait mon lit avec mes draps propres. Ni vu, ni connu. Je n'ai pas cherché à savoir pourquoi je les avais lavés. Je suis sortie et je me suis rendue sur la plage au sable déjà chaud. Il suffisait pourtant d'y enfoncer à peine les pieds pour trouver la fraîcheur et l'humidité de la nuit toute proche.

Toutes les années qui ont suivi (une dizaine) ont été grignotées par la lente gestation de la folie. Je n'en étais pas consciente, évidemment. J'avais simplement de moins en moins goût à bouger, à m'exprimer, à me projeter dans une action ou une pensée. Plus j'essayais de trouver mon propre chemin, plus je désespérais de le trouver dans le terrain que ma naissance m'avait donné. Je devenais lourde, lente, épaisse, avec des instants d'agitation qu'on appelait ma « fougue ». On me considérait comme une personne sage et équilibrée. Pendant cette période j'ai passé des examens, j'ai plongé dans la vie sexuelle comme on plonge dans de l'eau dont on croit qu'elle est froide. Je ne l'ai pas trouvée froide mais je n'ai pas pris la liberté d'y nager à ma fantaisie. Je me suis mariée, j'ai enseigné dans des lycées. J'ai eu trois enfants. Je voulais leur donner un bonheur, une chaleur, une attention que je n'avais jamais eus, un père et une mère toujours présents, amoureux.

Au lieu de cela la lenteur, la viscosité, et l'absurdité du fait d'exister se précisaient jour après jour dans mon esprit, jusqu'à devenir la chose.

IV

Premier hiver parisien. Soleil sans éclat. Arbres sans feuilles. Et, comme une rengaine, le cheminement entêtant qui me mène à l'impasse. C'est dans le vague de la brume, le vide du froid, le terne de la pluie, le fade des nuages, que je viens revivre là l'éblouissement de la chaleur, le grouillement des rues blanches, le bouillonnement de l'enfance, l'éclatement de l'adolescence. Tout un peuple de fantômes m'accompagne. Dans la ruelle défoncée les souvenirs s'engouffrent à ma suite, précis, vivants, palpitants, dérisoires. Ils cahotent jusqu'au divan puis passent à la parade, comme un défilé de chars de carnaval.

Aucun homme n'est intervenu dans ma jeunesse. J'étais aux mains des femmes : ma mère, ma grand-mère, les « domestiques », les bonnes sœurs-professeurs.

De mon père, que j'ai très peu connu, puisqu'il ne vivait pas avec moi et qu'il est mort au cours de mon adolescence, je gardais le souvenir d'un homme fringant, portant guêtres, chapeau et canne. Petites moustaches, belles mains, sourire éclatant. Il me faisait peur. Je ne savais rien de l'univers masculin. Chez lui, sa salle de bains avec son rasoir et son blaireau, sa chambre avec ses tiroirs de chemises et ses boutons de manchette, m'attiraient et m'inquiétaient. Son grand lit de célibataire, recouvert de peaux de panthères, m'arrêtait surtout.

Il m'appelait son « petit loup ». Il me traitait plutôt comme une petite femme que comme une petite fille, cela me mettait mal à l'aise.

Au cours de mon enfance j'allais chez lui avec ma gouvernante. Ensuite j'y suis allée seule, pour quelques déjeuners entre les cours du matin et ceux de l'après-midi. Ces repas étaient difficiles. Quand il ne me faisait pas peur il m'ennuyait. Je devais faire attention à mes gestes, à mes mots. Il me reprenait souvent et, à travers ses réprimandes, je comprenais que c'était ma mère qu'il voulait toucher. Ma mère qui m'élevait, qui m'habillait, qui m'éduquait. Moi, je sentais qu'il m'aimait et qu'il ne voulait pas me faire de mal.

Il était très attentif à mes études. Il me disait qu'il fallait tout apprendre : le latin, le grec, les maths, tout... Je ne lui montrais jamais ni mes carnets, qui étaient pourtant bons, ni mes cahiers. En faisant cela je savais que je défendais ma mère, qui avait le droit de garde, je me mettais de son côté. Pour lui mon cartable était fermé, c'était mon coffre-fort, mon trésor, mon importance. Je tenais ainsi mon père à distance, je lui interdisais l'accès de mon univers. J'en étais consciente.

Je n'ai vu que trois fois mes parents ensemble. La première fois, c'était à l'occasion de ma communion solennelle. Ils étaient dans la même pièce, à la même table, mais pas l'un près de l'autre. La présence tendre de mon père me gênait ce jour-là. J'aurais préféré qu'il n'y eût que le regard rigide de ma mère sur moi pendant que je découpais la grosse pièce montée à je ne sais plus combien d'étages de nougatine et de choux à la crème. Il me semble que j'aurais fait cela plus proprement.

La deuxième fois, j'avais douze ans, ils se sont réunis pour assister à ma promesse de Guide de France. Cela se passait en plein air, d'autres parents étaient présents. Les miens étaient près l'un de l'autre et ne se parlaient pas. Ils étaient attentifs à la cérémonie. Je me souviens du ciel éclatant de l'automne ce jour-là.

La troisième fois, c'était vers la fin de sa vie, j'avais une quinzaine d'années. Il avait une hémoptysie, il se croyait à la mort et avait réclamé ma mère.

TUBERCULOSE! Monstre effrayant de mon enfance. Mon grand-père mort de phtisie, mon oncle en sana, ma sœur morte à onze mois de méningite tuberculeuse, mon frère qui « virait mal sa cuti », qui faisait de la scoliose.

B.C.G., bacille de Koch, thoracoplastie, pneumothorax, phrénisectomie, caverne, plèvre, crachats, Leysin, radiographie, vaccin, Calmette et Guérin.

Tous ces mots, tous ces malheurs, à cause de mon père, de sa maladie, de ses poumons pourris par les gaz pendant la guerre de 14.

— Il aurait tout de même pu se faire mieux soigner avant de m'épouser. Il ne m'a même pas prévenue. C'est une honte, une malhonnêteté.

La guerre, les tranchées, mon père sous un tas de soldats étouffés, préservé de la mort par l'épaisseur de la couche de cadavres, mais la poitrine rongée.

— J'ai vu ses radios, c'est bien simple, il a des poumons comme des éponges.

Les précautions qu'il fallait prendre pour entrer chez lui et en sortant de chez lui !

— Ne le laissez pas trop l'embrasser. Qu'elle ne se serve jamais de ses mouchoirs. Prenez le flacon d'alcool à 90° et du coton. Vous la nettoierez en sortant. Malgré le B.C.G., cette enfant n'a pas viré sa cuti, c'est incompréhensible, ce n'est pas normal. J'en ai déjà perdu une, ça suffit.

Les microbes. L'inquiétante présence des microbes.

— Ce sont de tout petits animaux invisibles. Il y en a partout. A chaque fois que ton père tousse il en projette de très dangereux. Tu peux m'écouter et me croire, tu sais, ta sœur en est morte. Approche-toi de lui le moins possible.

Je les ai donc vus une troisième fois ensemble.

Il avait appelé ma mère au téléphone : « Venez, je vous en prie. Venez, c'est la fin. »

Ma mère a raccroché puis elle a déclaré qu'il jouait la comédie et elle m'a emmenée avec elle. Pour quoi faire ? Pour se protéger ?

Il était là dans son grand lit, une cuvette sous le menton, des serviettes partout, de la mousse rose au coin des lèvres. Je ne l'avais jamais vu dans un lit, jamais vu en pyjama. Ses draps et ses oreillers froissés par sa nuit, les petits détails qui dénonçaient ses manies me gênaient. Il s'est mis à parler à ma mère, à lui dire qu'il l'aimait. Elle repoussait ses phrases : « Vous êtes grotesque, vous n'y pensez pas. Faites attention à ce que vous dites devant cette enfant. »

Moi, j'avais battu en retraite dans le couloir, puis dans l'entrée et enfin sur le palier. Assise sur les marches de l'escalier, les mains sur les oreilles pour ne pas les entendre. Elle était si dure, il était si pitoyable !

J'étais là à fixer l'ascenseur, essayant d'éloigner de

moi ce que je venais d'entendre et de voir. Je connaissais cette machine de guerre par cœur. Elle m'intriguait. A l'intérieur d'elle j'avais l'impression d'être en péril et pourtant je ne la craignais pas. C'était une boîte poussive fermée par un accordéon métallique récalcitrant. Quand on l'appelait les câbles qui hérissaient son toit se tendaient en fouettant l'air et se mettaient à hisser la cabine avec des hoquets et des tressautements, cependant que, par en bas, une colonne d'acier, ronde, humide d'huile noire, forte, aidait puissamment à son ascension. La montée précise, régulière, de ce superbe tronc lubrifié paraissait incompatible avec le charivari brinquebalant de l'habitacle.

Cet engin gardait la maison de mon père et en faisait un territoire difficilement accessible, un peu dangereux. Je savais tout de lui, excepté la dimension du trou, que j'imaginais vertigineux, dans lequel s'enfonçait la colonne d'acier. Il m'arrivait aussi de penser que ce trou n'était peut-être pas grand, que la colonne se lovait là-dedans, comme un ressort.

Il m'était même arrivé de faire pipi dans cet ascenseur. Car chez mon père je n'osais pas demander à aller au petit coin. Alors un jour, n'en pouvant plus, sachant que j'en avais pour deux heures avant de retrouver les cabinets à la turque de mon école, j'avais pissé carrément dans la vieille boîte. J'aurais trouvé ce soulagement agréable si les saccades et les secousses de la machine ne m'avaient empêchée de bien viser, ce qui fait que j'en avais plein les souliers. Pour pouvoir agir tranquillement j'avais fini par arrêter l'ascenseur entre le second et le troisième étage. Mais, horreur, mes déversements avaient traversé le tapis-brosse tout pelé, avaient franchi le plancher et se répandaient en cascade de gouttelettes qui n'en finissaient pas de faire résonner la plaque métallique qui enserrait le tronc d'acier au rez-de-chaussée. En entendant la première pluie j'avais vite appuyé sur le bouton du cinquième mais je ne pouvais plus m'arrêter. Dans ma peur, dans la honte de mon incorrection, j'entendais mugir un torrent. En arrivant chez mon père, j'étais trempée.

Cette petite fille, cet ascenseur... Comme tout cela était loin! Cette discussion entre cet homme et cette femme avait tout changé. C'était la première fois que je les voyais vraiment ensemble. Je venais de me rendre compte que j'étais née de ceux-là, de leur pauvre désir, de leur pauvre haine. J'avais vieilli d'un coup. Subitement, tout était devenu ancien.

Il me semblait qu'il aurait fallu un autre cadre pour la grande basculade de l'enfance dans le passé. Il aurait fallu un ciel bleu de printemps ou d'automne, une mer gaie avec des vaguelettes, des fleurs, des odeurs. J'avais pensé bêtement que ce serait le premier amour, le premier baiser qui ferait de moi une grande. Et puis non, c'était ça, cette conversation entre ces deux étrangers qui étaient mes parents. C'était le sang de l'hémoptysie, l'aigreur de ma mère et la cage d'escalier — qui devenait de plus en plus sombre parce que la journée tirait à sa fin et qu'en Algérie le soleil se couche très vite.

Au beau milieu de ma rêverie ma mère était apparue, nette, un peu troublée : « Ah! Tu étais là. Je te cherchais partout. Mais que faisais-tu dans l'escalier! Quelqu'un t'a vue? Viens, partons, il va très bien. C'étaient des simagrées, comme d'habitude. On ne m'y prendra plus. Quelle comédie ridicule! »

Je savais qu'il n'allait pas mourir. Je savais qu'elle serait irritée. Je comprenais que, dans leur histoire, j'étais complètement bernée.

Et puis, quelques mois plus tard, je les ai vus encore ensemble mais, pour cette quatrième fois, lui était mort.

Le jour où j'ai su sa mort était un jour bouillant d'été. L'après-midi. J'étais avec mes amis : une bande d'adolescents réunis dans l'ombre d'un patio. Nous attendions qu'il fasse moins chaud pour jouer. Il y avait si peu de temps que j'avais obtenu la permission de ne plus faire la sieste qu'en voyant ma mère apparaître à cette heure, dans ce lieu, j'ai eu le vieux réflexe de me défendre. En une seconde mon attirail d'excuses, d'explications, de mensonges, était là bien en ordre, à ma disposition; le mécanisme de la duplicité enfantine n'était pas rouillé. Si bien que lorsqu'elle s'est plantée devant moi, qu'elle m'a regardée, maladroite, embarrassée, avec une drôle de tête et ses vêtements de ville et qu'après un instant elle m'a dit sur un ton pitoyable : « Ton père vient de mourir, va t'habiller, il faut que tu rentres avec moi à Alger », je me suis détendue. J'ai vu le beau ciel, la mer aveuglante, les plantes grasses avec leurs fleurs roses et jaunes étoilées, j'étais soulagée. Elle ne venait pas me priver de tout ça, des copains, du jeu. Le reste ce n'était pas ma vie. D'ailleurs pourquoi ce ton compatissant à propos de mon père dont elle n'avait jamais dit que des méchancetés? Parce qu'il était mort? La mort le rendait-il petit, malheureux, attendrissant? Pour moi il restait le même : inconnu, célibataire, ennuyeux, un peu effrayant et gênant avec ses gestes maladroits pour m'attirer vers lui. « Viens m'embrasser mon petit loup. » D'habitude ma mère l'appelait par son nom de famille : « Tu diras à Drapeau qu'il ne m'a toujours pas envoyé ma pension. » « Demande à Drapeau qu'il t'achète des chaussures, etc. » Aujourd'hui elle disait « ton père » comme s'il était son mari, comme s'ils formaient un couple. On aurait dit que la mort les liait, qu'elle faisait d'eux un ménage. Impossible à imaginer pour moi. Cela me paraissait faux et malsain, sans que je sache pourquoi. Je n'osais pas la regarder, il me tardait qu'elle parte.

Et pourtant elle restait là. J'ai pensé : « Si, par-dessus le marché, elle pleure, je fous le camp en courant. » Non, elle ne pleurait pas, elle était bouleversée, elle m'attendait. « Nous devons rentrer à Alger, il faut tout préparer. »

Il était rare de rouler à cette heure de l'après-midi, en plein été. D'ailleurs il n'y avait personne dans la campagne. Je voyais défiler les rangs de vignes bien alignés, les allées d'eucalyptus, les boqueteaux de pins maritimes, les haies de roseaux, les aloès qui dressaient leurs longues hampes fleuries dans le ciel blanc, les figuiers de Barbarie couronnés de leurs fruits et, sur le flanc des collines, comme dressés à plat devant moi, des rectangles de cyprès enserrant de petites orangeraies. Par la vitre arrière je pouvais voir la poussière rouge que nous soulevions tourbillonner si haut et si loin qu'elle effaçait totalement le paysage.

Pour ne pas être étouffés par cette pulvérulence nous avions fermé les vitres. Il faisait une chaleur épouvantable. Qui conduisait? Je ne sais pas. Impossible de me souvenir. En tout cas quelqu'un qui ne parlait pas.

Nous étions l'œil du cyclone. La voiture faisait du bruit et roulait vite, la poussière nous escortait avec une agitation folle, devant nous la campagne écrasée de chaleur semblait paralysée par le tremblement de l'air bouillant.

Elle s'est mise à parler là-dedans :

— Nous avons reçu le télégramme tout à l'heure avec huit jours de retard à cause de la grève des postes. Si bien que le corps de ton père arrive cet après-midi même. Rien n'est préparé... On aurait pu louer une chapelle ardente. Il y en a une très bien sur les quais. Mais nous avons été prévenus trop tard. Il faut installer la maison. J'ai pu obtenir des Pompes funèbres qu'elles aillent prendre le corps de Maurice à bord et qu'elles le montent jusqu'au cinquième, malgré l'heure. C'est qu'on débarque les cercueils après les passagers, après les marchandises, en dernier! Ça fera tard... Quelle histoire!

Qu'est-ce que ça voulait dire « le corps de ton père », « le cercueil de Maurice », « la chapelle ardente », « les Pompes funèbres » ? Et surtout qu'est-ce que cela voulait dire « le corps de Maurice » ? Et puis ce qu'elle appelait la maison, c'était sa maison à lui, pas sa maison à elle, pas la mienne, pas la maison. C'était cette maison d'homme où il vivait avec ses trophées de voyages, sa collection de masques nègres, ses armes, son rasoir et ce grand lit couvert de peaux de panthères. Ce grand lit dont je savais qu'il devait s'y ébattre avec ses « poules » comme disait ma mère.

Chez lui c'était un remue-ménage incroyable. Le salon avait été débarrassé de ses meubles : « Pour qu'on puisse y installer le cercueil. » Est-ce que c'était si grand que ça un cercueil?

— L'église Saint-Charles doit nous livrer des prie-Dieu.

Des prie-Dieu ici! Si près du grand lit, si près du rasoir, des armes?

— On va installer des lits de camp dans les chambres du fond.

— Des lits de camp? Pour qui?

— Eh bien pour la famille, voyons. Nous allons veiller toute la nuit.

La famille? Mais il n'en avait pas, il était seul. Ce que ma mère appelait la famille, c'était sa propre famille, celle qui accablait mon père depuis tant de temps. Ils allaient venir ici? Cela me paraissait inconvenant. Il ne les voyait jamais. Il n'aurait jamais voulu qu'ils mettent les pieds dans sa maison. Il m'avait dit plusieurs fois que c'étaient eux plutôt que ma mère qui avaient détruit son ménage.

On avait encombré les couloirs et les autres pièces des meubles du salon et de la salle à manger. L'appartement était devenu un capharnaüm, des coulisses où chacun se préparait à recevoir la ville qui allait défiler puisque mon père était un notable. Il régnait partout une agitation de fête funèbre, avec des déploiements légers de crêpe, des scintillements d'améthystes, des reflets de larmes, des plaintes de geais.

Puis on a ouvert la porte d'entrée à deux battants. Les gens se sont mis à chuchoter, à marcher sur la pointe des pieds. L'appartement était feutré, matelassé, froid, prêt pour la macabre réception mondaine. Cela sentait l'encaustique, il y avait des fleurs partout. De l'office et de la cuisine venait une bonne odeur de cuisine bourgeoise. On préparait un « en-cas » pour ceux qui veilleraient.

Du palier je guettais les croque-morts qui hissaient le cercueil de mon père, lourd objet de chêne avec des poignées de bronze sur les côtés et un christ de bronze sur le dessus. Les hommes noirs étaient affairés, nombreux, à souffler, à commenter les manœuvres que nécessitaient les tournants raides de l'escalier. Ils étaient gênés par les élégants grillages, les feuilles d'acanthe, les volutes, les tortillons de fer forgé qui protégeaient la vieille cabine poussive, une fois de plus inutile, incapable de contenir la boîte du mort, trop fragile surtout : le fond, à travers lequel mon pipi passait si facilement, aurait cédé.

Ils n'en finissaient pas de monter. Cinq étages interminables. Et mon père là-dedans, comme un paquet ! Enfin ils l'ont installé sur des tréteaux drapés de noir. Ma mère, très digne, très affairée, donnait des ordres en connaisseuse. Elle m'a montré ma place : un prie-Dieu isolé devant les autres. On apportait des fleurs, des couronnes, des gerbes. Comme c'était l'été elles étaient surtout faites de zinnias, ces fleurs sèches, sans parfum, aux couleurs superbes : des mauves, des ocres, des carmins, des ors. Je restais là, agenouillée, je m'ennuyais dans ce recueillement. On m'avait appris à ne pas me retourner sur les gens dans la rue ou à l'église et je n'osais pas regarder qui entrait et sortait de la pièce en des allées et venues discrètes. Les tapis et les rideaux tirés buvaient les bruits, il ne restait que des frôlements, d'imperceptibles tâtonnements, de petits heurts de prie-Dieu, et d'incompréhensibles reniflements.

Puisque je devais rester là, je restais là. Je pensais à autre chose, à la plage d'où je venais, à mes amis. Quelle tête feraient-ils en me voyant habillée de noir, cette couleur des adultes? Je m'assoupissais presque, ma tête bien calée entre mes mains, accoudée au prie-Dieu.

L'odeur des feuillages est montée, comme appelée par la chaleur de la nuit et par les flammes des grands cierges. Avec le parfum de la verdure, dans lequel je décelai du cyprès, de l'asparagus, du sureau, ces arbres et ces plantes dont les branches servent à faire les fonds de couronnes, venait une autre odeur, fade, un peu écœurante. J'essayais de la définir. Ce ne pouvait être les zinnias, ces fleurs sont sèches, elles sentent la poussière à la rigueur. Cette odeur-là était autre, elle n'était pas végétale. Une inquiétude est née, quelque chose que je ne savais pas définir. Une odeur d'eau dormante, de marécage? Oui, mais à peine. Pas si violente, pas si précise. Une odeur intime, gênante. Une odeur humaine inconnue.

Ma mère est venue vers moi. Une main sur mon épaule, elle s'est penchée pour me parler à voix basse, son visage était tout contre ma joue.

— Ça va?

— Ça va. Vous ne trouvez pas qu'il y a une drôle d'odeur?

Sa main s'est appuyée plus fort, elle empoignait carrément mon épaule et lui imprimait une sorte de balancement, comme pour me bercer.

— C'est qu'il y a déjà plusieurs jours qu'il est mort. Avec cette chaleur! Et puis dans le transport le cercueil a dû être heurté, peut-être y a-t-il une légère fissure. J'en ai déjà parlé aux messieurs des Pompes funèbres. Ils vont arranger ça, ne t'inquiète pas.

M'inquiéter! Mais de quoi? Du fait qu'on sentait mon père pourrir? Car c'était bien ça cette odeur, c'était la décomposition des chairs!

Mon père fringant avec ses guêtres, sa canne, son eau de toilette, ses ongles parfaits, ses dents blanches, ses chaussures cirées. Mon père en train de se défaire comme, au lendemain des tempêtes, ces charognes que la mer rejetait sur le sable, attirant les grosses mouches bleues, empestant. De ses chaussures vernies, de ses manchettes et de son col empesés, de son pantalon aux plis impeccables, sortaient les jus de la mort. Mon père puait, mon père grouillait de vers! Ce n'était pas supportable. Je suis sortie, j'ai couru vers la pièce la plus reculée et je me suis jetée sur un lit frais, sur des draps qui sentaient la lessive, à plat ventre. La tête dans l'oreiller je pleurais, je sanglotais. Pour chasser la pourriture je faisais venir dans mon esprit des images vivantes, des rires, des mouvements heureux, des ciels d'été, des vaguelettes de midi, des cabrioles dans l'herbe et puis le garçon dont j'étais amoureuse qui me prenait dans ses bras, qui m'embrassait. Je buvais sa salive douce qui gardait un goût de cigarette et de dentifrice. Je me suis endormie.

Ce serait la première et la dernière fois que je dormirais chez mon père, à côté de lui.

A partir de là, la solitude.

Cet homme, je ne le connaissais pas, je ne l'avais que très peu vu. Mais il était pourtant mon seul allié, sans que je le veuille. Je n'avais jamais compté avec lui et maintenant je devais compter sans lui, cela faisait un grand vide inexplicable. Quelque chose de subtil avait disparu pour toujours, quelque chose de trouble. Aujourd'hui je sais de quoi ce manque était fait : je n'avais plus la certitude de plaire à quelqu'un en toute circonstance et j'étais privée de tendresse. Même quand il me faisait la leçon, qu'il prenait sa grosse voix et ses gros yeux, il y avait un baiser dans son regard. Baiser que je refusais, mais qui existait sûrement.

Il m'a pris dès lors par moments (et il me prend toujours) un désir subit de courir, poussée par la joie, par un élan heureux, par le goût d'être aimée et protégée, et de me réfugier dans les bras de mon père. Il me bercerait, me roulerait lentement de droite à gauche. Nous danserions ensemble d'un pied sur l'autre dans un rythme lent et tendre : « Là, là ma fille, tu es bien dans mes bras. Calme-toi ma grande, repose-toi. » Il serait à peine plus haut que moi, j'aurais mon visage contre le sien. Quelle serait son odeur? Quelle serait sa force? Je ne le connais pas.

Pour moi Père est un mot abstrait qui n'a aucun sens puisque Père va avec Mère et que ces deux personnes dans ma vie sont distinctes, loin l'une de l'autre, comme deux planètes poursuivant avec obstination leurs chemins différents sur les orbites immuables de leurs deux existences. J'étais sur la planète mère et, à intervalles réguliers, mais très espacés, nous croisions la planète du père qui passait, nimbée d'un halo malsain. On m'ordonnait alors de faire une navette entre les deux et dès que je reprenais pied dans le royaume de la mère, dès qu'elle m'avait récupérée elle semblait accélérer sa course, comme pour m'éloigner plus vite de la néfaste planète père.

Quand je suis devenue moi-même une planète solitaire et obéissante, comme toutes les planètes, et que je me suis mise à rouler ma trajectoire dans les grands cieux bleu-noir de l'existence, j'ai longtemps cherché à me rapprocher du Père. Mais, ne sachant rien de lui j'ai dû abandonner mes recherches, lasse, même pas triste. Je sais que je ne connais rien de la dimension paternelle des hommes, si toutefois elle existe.

Dans le fond de l'impasse, allongée sur le divan, face au plafond, les yeux fermés pour mieux trouver la communication avec l'oubli, le fermé, le défendu, l'innommable, l'impensable, je voulais faire revivre mon père. Je voulais enfin le trouver, pensant que son absence, son inexistence même, avait creusé en moi une blessure mauvaise, une sorte d'ulcère profond, caché, dans les infections duquel j'allais trouver les germes de ma maladie. Je m'appliquais donc à récolter tous les souvenirs que j'avais de lui, les moindres brins d'images, les plus petites miettes de mémoire.

J'ai longtemps fait deux cauchemars qui revenaient souvent dans les nuits de mon enfance et de mon adolescence. Dans le premier je revivais une scène qui s'était réellement passée : c'était au zoo de Vincennes.

Pour que je puisse mieux voir les lions et les tigres mon père m'avait assise sur un parapet surplombant la profonde fosse qui sépare les fauves du public. Il me tenait fermement. Dans la réalité j'avais eu une grande peur mais je ne l'avais pas manifestée. Dans mon cauchemar ce que j'avais craint se réalisait : je tombais dans la fosse et je me réveillais suffoquée par la terreur au moment où les bêtes se ruaient vers moi, à la curée. J'avais six ou sept ans.

Dans l'autre cauchemar j'étais plus jeune : deux ou trois ans, peut-être moins. (Certaines fois j'étais un bébé de quelques mois.) J'étais juchée sur les épaules de mon père et nous étions perdus dans une sapinière enneigée. La neige, pour moi qui n'en avais jamais vu qu'en image, rendait ce lieu très beau, extraordinaire, j'imaginais qu'il m'était défendu, que je ne pouvais pas y rester longtemps. Et pourtant nous ne trouvions plus le chemin pour en sortir. Il faisait un temps menaçant et nous tournions autour des sapins noirs sans jamais rien découvrir que d'autres sapins et la neige déjà piétinée par nous. Mon père tenait mes chevilles dans ses mains, je sentais sa tête chaude entre mes jambes. Il riait, il ne manifestait pas la moindre inquiétude. Moi, je savais que la nuit allait tomber, que nous étions définitivement perdus... je me réveillais alors couverte de transpiration.

Ainsi ai-je découvert que depuis ma petite enfance la chose était dans mon univers et que mon père ne pouvait rien faire pour m'en protéger, il ne pouvait rien faire pour moi. Il avait les dimensions que ma mère lui avait données, il n'avait pas de dimensions propres. Mon père est un inconnu total qui n'a jamais fait partie de ma vie.

Il m'arrive parfois de regarder les quelques photos de lui que je possède. A celles qui le représentent à la fin de sa vie, tel que je l'ai connu, cravaté, lustré, tiré à quatre épingles, je préfère celles de sa jeunesse, à l'époque où il n'avait pas encore composé son personnage. Mauvais caractère, entêté, orgueilleux, il s'était sauvé de la grande maison rochelaise de ses parents, à l'âge de quinze ans, s'était placé à Paris comme manœuvre sur un chantier de construction et s'était juré de ne remettre les pieds chez lui qu'avec un diplôme d'ingénieur en poche. Un diplôme qu'il aurait décroché tout seul. Une image me le montre, jeune ouvrier, avec de gros godillots, des pantalons trop longs, trop larges, qui ont l'air de tenir avec une ficelle, une chemise aux manches roulées, ouvertes sur sa poitrine, la tête un peu à la renverse il rit dans le soleil, sur un fond de poutres et de madriers. Il tient à la main un bouquet de gueules-de-loup sauvages. A qui allait-il les offrir?

Il avait suivi les cours du soir, il avait passé des examens, des concours. Tout en continuant sa vie d'ouvrier il avait fini par devenir ingénieur des Ponts et Chaussées. Il aimait bien parler de cette époque, du mal qu'il avait eu, lui le jeune fils de bourgeois, à mener la vie éreintante des apprentis. Il s'écorchait le dos à porter des charges et, le soir, une fois le travail fini, quand les hommes se réunissaient autour d'un feu, au milieu des gravats et de la ferraille, ils faisaient chauffer de grandes bassines d'eau qu'ils lui jetaient ensuite dessus pour qu'il puisse enlever sa chemise que le sang en séchant avait collée à ses épaules. Il me disait que les autres, en riant, l'appelaient « Gueule de Prince ». A cause de ses belles mains et de sa peau fragile. Il avait gardé une sorte de nostalgie de cette camaraderie et de cette vie dure. Il n'était jamais redevenu tout à fait un bourgeois. Cela se voyait à sa façon de saisir un outil. Ma mère disait : « Il n'est pas de notre milieu, tu n'as qu'à voir comment il mange. » Et c'est vrai que pendant les repas il se penchait légèrement sur son assiette, comme s'il voulait la protéger de ses bras et il considérait ce qu'elle contenait avec beaucoup de sérieux et de satisfaction. Il ne fallait pas gaspiller la nourriture. Il n'aimait pas ça.

Je ne sais par quel hasard j'ai chez moi, dans un tiroir, son diplôme d'ingénieur et aussi son brevet de « vélocipédiste », ainsi que son permis de conduire les véhicules à pétrole, et des certificats de ses patrons recommandant, au fil des années, l'apprenti, l'ouvrier, le contremaître, puis l'ingénieur. Une photo de cette époque : sur un court de tennis, en plein revers. On sent que la balle l'a surpris dans un mouvement de recul, à contre-pied. Son corps est à la fois allongé, comme déroulé depuis la pointe des pieds jusqu'aux cheveux, et arc-bouté sur la raquette longue, toute sa force monopolisée dans le poignet droit, le bras gauche dressant dans le ciel une belle main d'homme fine et forte.

C'était du temps où il n'était pas tuberculeux, où il

ne connaissait pas ma mère. A voir les belles mains qu'il avait, son sourire éclatant, son corps mince et musclé, je crois qu'il m'aurait plu.

Il ne m'a jamais blessée, jamais marquée, jamais touchée et peut-être est-ce à cause de cela que je n'ai jamais cherché à avoir un autre père que lui.

Quelques mois plus tard, quand j'ai osé parler de mon hallucination et que j'ai découvert que l'œil qui me terrorisait était celui de mon père, j'ai compris en même temps que ce n'était pas lui qui me faisait peur mais plutôt la machine à travers laquelle il regardait et la situation dans laquelle j'étais. J'en reparlerai plus tard.

V

L'anarchie du sang avait cessé depuis plusieurs mois. Cela m'étonnait tant qu'à tout moment il me semblait le sentir couler de nouveau. J'opérais mes vérifications habituelles. Non, il n'était pas là. Une sorte de soulagement m'envahissait.

J'avais besoin de cette joie que me procurait l'absence du sang pour avoir le courage de continuer à lutter contre la peur. Dans mes pires moments de désarroi quand, épuisée par la bagarre avec la chose, j'étais tentée d'ouvrir le tiroir au fond duquel se trouvaient les anciens comprimés qui gommaient la chose, je me rappelais les dégoulinades chaudes et écarlates le long de mes jambes, le linge souillé de taches sombres, les gros caillots noirâtres et flasques, les tampons de coton serrés à l'odeur infecte qu'il fallait renouveler sans cesse, et cela me donnait le courage de me débattre encore. Le sang était parti. Pourquoi la chose ne partirait-elle pas?

Je faisais le compte des progrès. Le sang d'abord et puis le fait que j'allais voir le docteur trois fois par semaine, seule. Livrée à la ville, au dehors, aux inconnus. Cela ne s'effectuait pas si facilement, j'organisais méticuleusement mon itinéraire. J'avais des relais tout au long de certains chemins : une boutique dont je connaissais les patrons, un bistro avec un téléphone, un recoin sombre où je pourrais me laisser aller sans être vue, la maison d'un ami, d'une connaissance, ou tout simplement un arbre que je trouvais beau, la perspective coudée d'une ruelle rassurante, n'importe quoi. Si, pour une raison quelconque, j'étais détournée de mon chemin c'était la panique, la paralysie, la transpiration et le cœur dans sa cage qui tapait comme un sourd pour en sortir. Malgré tout j'étais à l'heure à mes séances et cela je n'aurais pas pu le faire trois mois auparavant.

Maintenant la mort avait pris la place du sang. Elle s'étalait à son aise dans mon esprit.

La mort, dans un sens, était plus effrayante que le sang. Elle avait toujours ses voiles bruns qui traînaient dans les recoins de ma pensée la rendant vague, floue, incertaine. Elle avait toujours sa faux luisante, bien aiguisée, faite pour trancher net ce que bon lui semblait, sans explication. Elle avait toujours sa beauté, sa souplesse, sa subtilité, qui faisaient qu'elle m'attirait, que j'avais parfois envie de lui donner la main pour qu'elle me conduise dans le domaine de la connaissance, de la clarté, du repos. Aussi loin que je remontais dans mes souvenirs la mort avait toujours eu une place importante dans ma tête. Mais, maintenant qu'elle s'était installée dans le fauteuil du sang, elle devenait la présidente de mon corps, de ses moindres manifestations. Elle était tout le temps là. A n'importe quel moment elle pouvait faire naître des abcès, des cancers, des goitres, des ulcères, des kystes, des écoulements, des putréfactions, des infections. Elle m'habitait entièrement, elle était dans chaque battement des paupières, chaque respiration, chaque tour de manège du sang, chaque digestion, chaque ingestion, chaque déglutition, chaque coup de nageoire des ventricules, chaque goutte de salive, chaque millimètre d'ongle ou de cheveux. A cause de la vie même, la mort me faisait peur. J'étais en face d'elle comme le conducteur d'un bolide lancé à toute allure dans un tournant aigu. On ne m'avait pas appris à conduire cette machine-là, je ne savais pas la contrôler, j'allais trop vite pour aborder le virage.

Pourquoi la mort des humains était-elle aussi absurde? Pourquoi ce deuil, ces drapeaux en berne, ces musiques lourdes, ces larmes, ces cérémonies, ces Pompes funèbres, ces tambours voilés, ce noir? Pourquoi ne jamais parler des vers, de la peau exsangue qui se marbre, des pieds qui s'étirent comme des spatules, de l'odeur? Pourquoi fermer la bouche et les yeux des cadavres, pourquoi leur bourrer le trou de balle de coton? Pourquoi ne pas laisser le corps libre dans ses mutations, dans ses travaux mystérieux? Où était le mystère d'ailleurs? Y en avait-il un? Pourquoi ces masques, ces maquillages? Et les salons mortuaires où les cadavres tricotent, lisent, ou le plus souvent se reposent tranquillement, comme si de rien n'était, alors que chacun sait qu'est en train de s'opérer secrètement en eux le précieux mouvement de la matière, le glissement du solide au liquide, l'évanouissement du liquide en gaz et en poussière, tout ce balancement harmonieux qui fait que les forêts poussent, que le vent souffle, que la terre tremble, que la planète tourne, que le soleil chauffe. Pourquoi ne pas vouloir participer à l'équilibre des forces, des flux, des rythmes, des courants, des puissances? Je ne comprenais rien, j'étais folle. C'est parce que j'étais folle que je ne comprenais rien à ce que les autres faisaient et voulaient.

J'avais peur des autres, peur de tomber, au cours d'un déplacement, sur un trottoir, et d'expirer là, dans la poussière de la ville. J'avais peur d'exhaler ma vie face au ciel que je verrais une dernière fois en haut des immeubles, très loin, tandis que les passants s'arrêteraient à quelque distance pour voir mourir une femme. Il y aurait entre eux et moi un cercle de bitume constellé de crachats, de mégots et de pisse de chien. J'avais peur de leurs regards, peur de la mort qu'ils me proposaient, que leur présence m'imposait, et à laquelle je ne comprenais rien. Je voyais mon corps déjà indisponible, inerte, les jambes un peu repliées, les bras écartés du buste, les yeux ouverts fixant la belle immensité au-delà des toits, au-delà des oiseaux, au-delà des avions. Je n'étais plus capable de leur crier : « Ne fermez pas mes yeux, ne me touchez pas, allez-vous-en, je ne fais pas partie des vôtres ! » J'étais livrée à eux, à leur mort, et cela me terrifiait.

J'avais peur sans arrêt. Une peur si grande, si intense, si torturante que seule ma folie faisait que je pouvais la supporter. La peur arrivait à des paroxysmes tels que j'aurais dû exploser ou me dissoudre. Au lieu de cela je l'endurais encore et encore. Je voulais qu'on m'abatte, qu'on m'assomme d'un électrochoc, d'une piqûre d'adrénaline, d'une douche glacée. Je haïssais le docteur qui me privait de ces remèdes et chez lequel je courais alors que je n'avais plus un gramme d'air dans mes poumons, plus une goutte de sang dans mes veines, plus un muscle, plus un souffle d'esprit, rien qu'un instinct qui déplaçait mes os et leur harnachement, vite, vite, au fond de l'impasse.

Parler, parler, parler, parler.

« Parlez, dites tout ce qui vous passe par la tête, essayez de ne pas faire de tri, de ne pas réfléchir, essayez de ne pas arranger vos phrases. Tout est important, chaque mot. »

C'était le seul remède qu'il me donnait et je m'en gavais. Peut-être que c'était ça l'arme contre la chose : ce flot de mots, ce maelström de mots, cette masse de mots, cet ouragan de mots ! Les mots charriaient la méfiance, la peur, l'incompréhension, la rigueur, la volonté, l'ordre, la loi, la discipline et aussi la tendresse, la douceur, l'amour, la chaleur, la liberté.

Le vocabulaire comme un jeu de puzzle, grâce

auquel je reconstituais l'image nette d'une petite fille assise très correctement à une grande table, les mains de chaque côté de son assiette, le dos droit ne touchant pas le dossier de la chaise, seule en face d'un monsieur moustachu qui lui tendait un fruit en souriant. Les salières de cristal à bouchons d'argent, le service de Sèvres, la sonnette qui pendait du lustre et où, sur une boule de marbre rose, une Colombine et un Pierrot attendaient qu'on les fasse s'embrasser pour que retentisse un timbre au fond de l'office.

Les mots faisaient revivre la scène. J'étais la petite fille de nouveau. Puis quand l'image s'effaçait, que je redevenais une femme de trente ans je me demandais pourquoi cette attitude rigide, ces mains fermées sur la nappe, ce dossier défendu? Pourquoi cet ennui, cette gêne en face de mon père? Qui m'avait imposé tout cela et pourquoi? J'étais là, sur le divan, les paupières serrées pour retenir encore la petite fille. J'étais vraiment elle et vraiment moi. Alors tout était simple et facile à comprendre. Je commençais à voir se dessiner clairement l'emprise de ma mère. Pour me trouver il fallait que je la trouve, que je la démasque, que je m'enfonce dans les arcanes de ma famille et de ma classe.

Je fermais les yeux, j'étais la petite fille couchée dans son lit aux draps de fil bien tirés, un crucifix sur le mur au-dessus de sa tête, les yeux tournés vers une porte fermée, les poupées rangées par ordre de grandeur. Un feu de bois en train de mourir dans la cheminée faisait naître dans la chambre des élancements de volcan, éclatait les ombres.

J'attendais ma mère. Je luttais contre le sommeil qui risquait de me faire rater son entrée. J'étais sage. « Si tu n'es pas sage je n'irai pas te dire bonsoir. »

Je me suis mise à parler de ma mère et cela ne s'est pas arrêté jusqu'à la fin de l'analyse.

Au cours des années je me suis enfoncée en elle comme dans un gouffre noir. Ainsi ai-je fait la connaissance de la femme qu'elle voulait que je sois. J'ai dû, jour après jour, faire le relevé de son acharnement à fabriquer un être parfait selon elle. J'ai dû mesurer la force de sa volonté à tordre mon corps et ma pensée pour leur faire prendre le chemin qu'elle avait décidé. C'est entre cette femme qu'elle avait voulu mettre au monde et moi que la chose s'était installée. Ma mère m'avait dévoyée et ce travail avait été si bien fait, si profond, que je n'en étais pas consciente, je ne m'en rendais plus compte.

De ma mère, maintenant, j'ai le souvenir de l'avoir aimée à la folie au cours de mon enfance et de mon adolescence, puis de l'avoir haïe et enfin de l'avoir volontairement abandonnée très peu de temps avant sa mort qui a d'ailleurs mis un point final à mon analyse.

Nuits chaudes de ma jeunesse où je ne dormais pas. Où, après m'être tournée et retournée dans mon lit, après avoir lu jusqu'à l'usure de mon regard je me levais en quête de rien. J'errais dans le grand appartement endormi, dans le couloir en forme de U; une des branches du U longeait les chambres, la base desservait les pièces de réception, l'autre branche, traversant l'office, allait jusqu'à la cuisine. Je connaissais si bien les lieux que la lumière m'était inutile. D'ailleurs j'ai toujours aimé marcher dans le noir et, à cette époque, l'ombre et le mystère convenaient à l'agacement, à l'excitation anxieuse, auxquels les enfants sont parfois livrés sans qu'ils puissent définir et encore moins exprimer cet état. Toute cette vie devant moi, toute cette vie qui me faisait envie et qui me faisait peur!

Dans ces cheminements aveugles qui ressemblaient à des plaintes, il m'est plusieurs fois arrivé, le premier coude du couloir passé, d'être tirée de ma solitude par une lumière lointaine qui laissait sur les portes vitrées du salon des traînées rouge et or. L'un de ces reflets, déformé par le défaut d'un petit carreau, s'arrondissait, en une sorte d'œil, torturant la pureté de la transparence du verre. Ces lueurs indiquaient que ma mère était là. J'avançais plus vite et plus silencieusement. J'arrivais dans le hall d'entrée face à la porte ouverte donnant sur « le service ». Je m'arrêtais à la frontière de la nuit. Au fond du corridor, baignant dans une clarté d'autant plus éblouissante que l'ombre dans laquelle je me trouvais était épaisse, elle se tenait debout un grand verre à la main, plein de vin. Elle était immobile, triste et paisible, elle regardait au loin, très loin. Parfois elle buvait à grandes gorgées en fermant les yeux. J'avais l'impression que cela lui faisait du bien. Le verre bu, elle allait dans la pénombre de l'office, ouvrait le réfrigérateur qui l'éclairait alors d'une lumière gaie et confortable, en tirait une bouteille, remplissait son verre, éteignait dans la cuisine, puis s'en allait à tâtons vers sa chambre, son viatique à la main. Elle fermait sa porte à clef. Je savais qu'elle ne bougerait plus de là avant le lendemain.

Pendant qu'elle était dans la cuisine, seule dans la lumière, je la voyais boire son vin blanc et j'avais envie d'être le vin. J'aurais voulu lui faire du bien, j'aurais voulu la rendre heureuse, j'aurais voulu attirer son attention. Je me promettais de trouver un trésor pour elle.

Ce trésor j'y pensais tellement que, pendant les siestes, je me mettais à en transpirer d'excitation. C'est dans la terre qu'on trouve les pierres précieuses. Alors je sortais dans le soleil qui cloue, dans l'air épais comme de la confiture. Je passais par la fenêtre, je refermais les volets derrière moi et je partais dans les vignes. Accroupie, je grattais le sol. Je grattais jusqu'à ce que cela me fasse mal, jusqu'à avoir l'impression que mes ongles se décollaient. Je cherchais des cailloux qui ne ressemblaient pas aux autres. J'en emplissais mes poches. Là-dedans il y avait peut-être bien des diamants, des émeraudes, des rubis. Quelle surprise elle aurait! Son visage se détendrait, elle m'embrasserait, elle m'aimerait.

Les gorges de certaines fleurs m'attiraient aussi, celles des cannas, celles des arums particulièrement. Ce que j'y voyais, en regardant attentivement, me donnait le vertige : des velours d'or et de feu, des gouttes d'élixir, des damas, des satins. Il ne pouvait s'agir que d'écrins fabuleux contenant des pierreries. Je déchiquetais les fleurs et je n'y trouvais rien. Alors, devant le spectacle des plantes ravagées, dans la soirée, elle me disait avec une voix dure :

« Tu n'aimes pas les fleurs, moi je les aime, il ne faut pas les abîmer. »

Devant le petit tas de cailloux que je sortais de ma poche, le souffle court, l'esprit en folie, le cœur jubilant à l'idée de la merveille contenue sûrement là-dedans et qui allait illuminer sa vie elle disait :

« Ne laisse pas traîner ces saletés dans la maison. »

Il y avait aussi les roseaux et les bambous. Les étuis formés dans les espacements des anneaux de leurs tiges me semblaient être des coffrets pour objets rares. On devait y trouver très précisément des boutons de mandarins dont elle faisait collection. J'arrachais les hampes feuillues et coupantes de ces plantes puis je me mettais en demeure d'explorer chaque petit tube. J'y trouvais des capitonnages de coton blanc, parfois de minuscules et fragiles hosties qui occupaient tout l'orifice. Mais rien d'autre, rien, rien. Quand j'en avais assez de ces déceptions accumulées, je prenais le cœur des feuillages, tout au bout de la gaule et j'en faisais une flûte stridente. Les autres enfants m'imitaient et nous partions, petite clique assourdissante, vers des parties de cache-cache ou de chat perché.

Jamais ni les boutons de mandarins, ni les joyaux, ni les pépites ne sortaient complètement de mon esprit.

Au moins avais-je de bonnes notes à l'école.

Les années passant et mes connaissances s'accroissant je sus de façon certaine que le terrain chez nous n'était ni aurifère, ni diamantifère, ni en général pierreprécieusifère. Je sus que les roseaux ne pouvaient contenir des boutons de mandarins car ces derniers étaient faits d'ivoire, introuvable dans nos contrées, et appartenaient à des personnages officiels qui avaient vécu en Chine, à des milliers de kilomètres de là. Je sus que la beauté des fleurs, pour ceux qui la goûtaient, était un trésor en soi et n'engendrait pas d'autre trésor d'une espèce différente.

Par contre j'appris la valeur et l'existence de l'argent, du troc, du change. Je me mis à vendre les vieux livres et les vieilles bouteilles, les collections d'*Illustration* et de *Marie Claire* entassés dans les débarras. Je comparais la somme que représentait l'addition de mes sous au prix du plus petit bouton de mandarin exposé dans les boutiques d'antiquaires. La soustraction donnait un résultat désespérant. Je prenais conscience de ses goûts et de ses besoins. Pour elle, qui n'aimait que les « choses de prix », il n'y avait rien sur le marché qui fût à portée de mon porte-monnaie. La porte de son bonheur m'était donc fermée puisque je pensais ne pouvoir l'ouvrir qu'avec des présents. Mon amour n'étant, apparemment, pas la clef qui convenait.

Je me suis réfugiée alors, inconsciemment, dans le monde du rêve, méprisant les bévues de ma petite enfance, les inepties de mes recherches, la sottise de mes espoirs. Tous ces efforts vains avaient fait que je me repoussais moi-même, j'avais honte de moi.

Mais j'ai découvert que je pouvais m'inventer pour moi toute seule, en cachette.

En dehors des heures d'école où je travaillais bien, je consacrais tout mon temps à me magnifier, à me donner de la valeur.

A peine rentrée à la maison j'allais sur la terrasse et j'organisais des championnats mondiaux, cosmiques. Seule contre l'univers mais avec une volonté de vaincre telle, un si grand besoin de m'exprimer, que je ne craignais personne, je désirais même cet affrontement.

A part un tas de bûches il n'y avait rien sur cette terrasse dallée de tommette rouge. Il n'y avait que le ciel tout entier. Les martinets par milliers tournaient au-dessus de ma tête en poussant des piaillements suraigus. Il devait bien y avoir aussi les bruits de la ville mais je n'en ai pas le souvenir. Je ne me rappelle que le ciel, les martinets, et l'esplanade rouge sur laquelle je traçais une marelle. Toutes les filles de ma classe, toutes les filles de mon école, tous les gens que je connaissais étaient présents, jusqu'au dernier. On verrait bien qui gagnerait.

Le choix du palet absorbait beaucoup mon attention. Le meilleur palet était une boîte de pastilles Valda remplie de boue. Mais, à jouer comme cela, comme une forcenée, le métal s'usait vite et bientôt le fond se découpait comme celui d'une vulgaire boîte de conserve. Ce qui était dramatique car je n'avais pas d'argent de poche. Il fallait donc attendre le prochain refroidissement d'un membre de la famille et, faute de mieux, jouer avec une boîte de n'importe quoi, ce qui compromettait les championnats.

Je jouais pour tout le monde, à tour de rôle, avec une ardeur et une force aussi grande pour chaque personne que je représentais. Lorsque mon tour arrivait, je tremblais de peur. Je jouais souvent mieux pour les autres que pour moi-même.

— Allez-y Mademoiselle!

Cette demoiselle, cette fois, c'était moi! Ma cheville se raidissait. Cette cheville dont la souplesse était le garant de ma victoire. Je veillais à ce que les règles soient appliquées avec une extrême rigidité, surtout lorsque mon tour venait, je ne tenais pas à remporter une demi-victoire. Le moindre bout de semelle sur une ligne et c'était l'élimination. Plusieurs fois j'avais essayé de tricher pour mon compte mais ma gloire n'avait pas eu de goût. Quand j'arrivais au « paradis », c'était vraiment le paradis. Là je pouvais poser mes deux pieds et me détendre. Je calculais mes chances. Jamais je ne pensais que c'était moi-même qui avais joué à la place de celle qui était, pour l'instant, en tête du tournoi, je voulais la gagner. Je repartais à cloche-pied.

Quand on venait me chercher pour le dîner il faisait souvent nuit mais je voyais parfaitement les traits de craie blanche qui délimitaient mon champ de bataille. Les martinets étaient partis avec le soleil.

J'organisais aussi des tournois de balle au mur, des tournois d'osselets, des tournois de corde à sauter, des tournois de yo-yo. Cela dépendait du jeu pratiqué le plus couramment dans la cour de récréation de mon école.

Lorsqu'il m'arrivait d'être la championne du monde, j'en éprouvais une telle satisfaction que je comprenais alors parfaitement ce que ma mère disait à propos des bienfaits de la communion. Elle assurait que le Christ, une fois dans le cœur, donne le bonheur, la bonté, la sagesse, la paix; exactement ce que je ressentais après avoir gagné un championnat épuisant.

Car j'avais communié et j'avais été bien attentive aux effets sanctificateurs de l'eucharistie. Ils ne s'étaient pas produits. Simplement je redoutais ce tout petit bonhomme avec ses loques et sa barbiche qui se promenait dans les cavernes de mon cœur. En même temps je craignais beaucoup pour lui le passage de la bouche au cœur, ce toboggan formidable de mon larynx. On m'avait enseigné au catéchisme que le Seigneur se trouvait tout entier dans la plus petite parcelle d'hostie. Comme nous étions en temps de guerre et qu'il fallait faire des économies de tout, le prêtre partageait les hosties en quatre. Logiquement, plus le morceau était petit plus la créature qu'il contenait était petite et plus elle avait des chances de se perdre dans les complications de mon organisme.

J'étais très préoccupée par ce qui se passait à l'intérieur de mon corps. Etant enfant ma mère m'avait dit : « Si tu avales un noyau de cerise, il te poussera un cerisier dans le ventre. » J'en déduisais que si j'avalais un pépin de raisin il me pousserait de la vigne, un noyau d'abricot, un abricotier, etc. Je mangeais mes fruits avec la plus grande attention et si, par malheur, il m'arrivait de laisser passer un noyau, je ne parvenais plus à m'endormir. Je sentais l'arbre qui poussait en moi, je m'attendais d'une minute à l'autre à voir des branches chargées de fruits surgir par mes narines, mes oreilles, ma bouche, je sentais mes doigts se transformer en racines. Finalement je vomissais et je trouvais enfin le sommeil. Je sentais bien ensuite qu'elle me prenait dans ses bras, qu'elle nettoyait mes cheveux, qu'elle me changeait, qu'elle renouvelait les draps et la taie d'oreiller. J'étais partie dans la béatitude, dans le bonheur total. Je l'entendais qui disait à la nurse.

« Elle ne doit pas digérer les vermicelles de son potage. Voyez ils sont entiers. »

Je m'endormais dans ses bras, serrée contre elle, j'étais la plus heureuse petite fille du monde.

Pour en revenir à mes championnats je dirai qu'ils furent très importants. Parce que je gagnais souvent et ces victoires me donnaient secrètement une valeur que je n'avais jamais eue. Je me sentais digne d'elle, de sa rigueur. Les baisers, les attendrissements, tout cela c'était bon pour les mauviettes! Je n'en n'étais plus une. Je savais lutter, me montrer généreuse, honnête, bonne enfin. N'était-ce pas cela qu'elle voulait justement que je sois : bonne? Et je serais meilleure encore en pratiquant bien ma religion à laquelle elle était si attachée. C'est ainsi que je décidai d'aller avec elle aux messes du matin.

J'avais l'âge où l'adolescence commence à mordre dans l'esprit, à creuser et adoucir le corps. Je marchais auprès d'elle, dans le petit matin. Nos pas faisaient résonner l'asphalte. Nous parlions peu. Mon cartable pesait lourd. D'autant plus lourd qu'avec mes championnats et ma mère en tête je n'avais pas eu le temps de faire mon travail pour la journée. Je le ferais tout à l'heure en sortant de l'église, sur le chemin de l'école, dans l'autobus puis dans le tram.

— Tu es bien certaine de n'avoir rien mangé, rien bu?

— Certaine. En me lavant les dents j'ai fait attention à ne pas avaler d'eau.

— C'est bien. Depuis combien de temps ne t'es-tu pas confessée?

— Depuis dix jours.

— C'est beaucoup. Tu ne vas pas te confesser avec ton école?

— Si, demain.

— Alors il vaut mieux que tu ne communies pas aujourd'hui ni demain matin. Nous sommes en retard, tu n'aurais pas le temps de te confesser avant la messe. »

A la confession je disais toujours pareil : « Mon père j'ai menti, j'ai désobéi, j'ai été gourmande, j'ai dit des vilains mots. » C'était tout. J'avais beau me creuser la tête je ne trouvais rien d'autre. Ce n'était pourtant pas possible puisqu'elle disait que les saints péchaient au moins sept fois par jour. Tant pis, je n'osais pas regarder le prêtre à travers la grille en bois et je débitais tout à trac « J'ai menti, j'ai désobéi, j'ai été gourmande, j'ai dit des vilains mots. »

— C'est tout?

— Oui, c'est tout.

— Vous n'avez pas péché contre la pureté mon enfant?

— Non, mon père.

— Jamais?

— Jamais.

Je ne savais pas de quoi il voulait parler.

— C'est bien. Récitez votre *Acte de contrition.*

Alors ça, c'était un morceau de bravoure. Je le savais par cœur, l'ancien et le nouveau. Pendant la guerre on avait changé les paroles pour les simplifier. J'aimais bien que l'Eglise se modernisât!

— Mon Dieu j'ai un très grand regret de vous avoir offensé parce que vous êtes infiniment bon, infiniment aimable et que le péché vous déplaît. Je prends la ferme résolution avec le secours de votre Sainte Grâce de ne plus vous offenser et de faire pénitence.

— Pour votre pénitence vous direz 3 *Je vous salue* et 3 *Notre père* — Allez en paix ma fille.

La pénitence ça se récite sur le chapelet. Le crucifix en tête, suivi des petits grains sur le bout de chaînette libre, pour le signe de croix et puis la ronde des *Ave.* Il y avait tout un assortiment de chapelets chez moi. En or, en argent, en cristal, en améthyste, en toc, de Lourdes, de Jérusalem, de Rome, bénits par le pape, par monseigneur X, par le curé d'Ars, celui de la grand-mère, de l'arrière-grand-mère, de la mère, du mariage, de la première communion, des fiançailles, des vingt ans. Il fallait une technique spéciale pour arriver pile sur la dernière perle au bout de la prière. J'y arrivais rarement. Ou bien, j'étais au dernier grain et il me restait encore la moitié de la prière à dire, alors je roulais longuement le grain entre mes deux doigts, le pouce et l'index, ou bien j'avais fini et il me restait encore trois grains alors il fallait calculer; un grain : si, un grain : soi, un grain : til.

Pendant la messe elle était très recueillie. Elle restait agenouillée presque tout le temps. Je l'imitais et, en sortant de l'église, la paille du prie-Dieu avait marqué de profondes rigoles obliques dans mes genoux. Je la regardais pour faire comme elle. Je voyais son beau profil, son nez droit, sa bouche bien dessinée, ses paupières fermées sur ses yeux verts, la mantille grise posée comme une brume sur les ondulations de ses cheveux et puis, ses mains de reine croisées, longues, blanches, ravissantes, aux ongles polis et limés.

Il n'y avait presque personne dans l'église : quelques vieilles enfoncées dans l'ombre des bas-côtés et nous deux au premier rang de la nef, sur les prie-Dieu de la famille. Elle servait de sacristine à cette heure, elle faisait les répons et sonnait la clochette. Et même nous chantions. Nous avions des voix graves toutes les deux. La consécration, la communion, moments intenses dont je n'arrivais pas à sentir l'intensité et cela me faisait baisser encore plus la tête, de honte. Cela me faisait prier encore mieux. Pensant à tous les mots.

« *Introïbo ad altare Dei. Ad Deum qui laetificat juventutem meam.*

Ecce agnus dei, ecce qui tollit peccata mundi.

« *Domine non sum dignus ut intres sub tectum meum. Sed tantum dic verbo et sanabitur anima mea.* »

Je faisais du latin, la traduction était simple : « Mon Dieu je ne suis pas digne de vous recevoir sous mon toit. Mais dites seulement une parole et mon âme sera guérie. »

Mais qu'il le dise ce mot! Que je sois inondée par la grâce! Qu'elle m'aime! Rien. Rien que le soleil qui se levait comme un miracle et qui faisait miroiter le vitrail derrière l'autel. Le christ aux pieds troués, aux mains trouées, au flanc troué tenait en équilibre dans un air maintenant rutilant, avec ses cuisses maigrichonnes et son pagne brodé.

Après c'était la course folle dans les jardins du parc de Galland, un livre ouvert à la main, mon cartable ouvert, mon uniforme en désordre. Ma leçon d'histoire, ma leçon de maths. Et puis dans le tram, en vitesse, sur mes genoux, le thème ou la version latine, la dissertation. Ça secouait là-dedans, ça tressautait!

— Mademoiselle! Votre cahier est un torchon!

Et pour cause. Comme si j'avais le temps moi, de tirer des traits droits, d'écrire les titres et les sous-titres avec des encres de couleur, de mettre la date!

— Et puis c'est mal écrit!

Ça c'était vrai et le tram n'arrangeait rien. L'écriture c'était comme la religion : j'avais beau m'appliquer ça ne venait pas. J'aurais tout donné pour faire des «D» comme Solange Dufresnes, ou des « m » comme ma mère. Et puis je faisais des taches et des ratures. Mes stylos ne marchaient jamais.

— C'est dommage, votre devoir est bon mais je vous enlève deux points pour la tenue.

Cela m'était égal puisque mes notes, elle ne les regardait pas. Du moins ne regardait-elle que les mauvaises. Son joli doigt suivait la colonne des chiffres et s'arrêtait à ceux qui étaient inférieurs à dix.

— 6! Tu as eu un 6 (ou un 4 ou un 3).

— C'est en couture.

— Mais c'est très important la couture. Tu dois savoir faire tes ourlets et coudre tes boutons. Vraiment, je me demande ce que nous ferons de toi. Une souillon.

Une souillon! Une souillon c'était comme couillon, comme houille, comme fouille, trouille, rouille, pouille, touille. C'était quelque chose de flasque, de fermenté, de visqueux. Ça ne ressemblait pas du tout à l'image que j'avais d'elle et à laquelle je voulais ressembler. Tout à l'heure à la sortie de la messe elle sentait la lavande. Son corps trop fort, aux hanches larges mais aux jambes fines et racées, était sanglé dans un tailleur de gabardine gris-bleu aux lignes strictes, impeccable. Ses chaussures de marche étaient cirées. Elle allait prendre l'autobus qui la conduirait vers les hauteurs de la ville, là où elle recueillait les enfants des rues. C'était une station terminus. Tout le monde la connaissait : les contrôleurs, les conducteurs, les receveurs. Ils lui faisaient une fête chaque matin. On lui donnait de petits bouquets d'anémones et de jonquilles ou de pensées, selon les saisons. On lui donnait des gâteaux faits avec amour à la maison. On lui apportait les derniers-nés, tout fagotés dans des vêtements de parade.

Avant de me quitter elle avait fait, avec son pouce, sur mon front, un petit signe de croix pour me dire au revoir. « Va et travaille bien. »

Je partais en courant pour l'école, la laissant à ses pauvres qui l'entouraient, heureux de la voir, de la toucher, de l'entendre.

Cette marque sur mon front était un stigmate. Il me semblait qu'elle était visible pour tout le monde. Je l'imaginais telle la mousse serrée, bombée, et douce sous l'index comme une cicatrice, qui envahit les lettres gravées dans la pierre des vieilles tombes humides.

La religion tenait une place très importante dans mon enfance parce qu'elle me servait à toucher ma mère. En elle-même elle n'avait aucune signification pour moi car je n'ai jamais eu la foi, ni la grâce. Ce n'est pourtant pas faute d'avoir prié, d'avoir supplié Dieu de faire tomber sur moi une de ces mannes qui auraient apaisé mon inquiétude, ma culpabilité. Car, naturellement, je ne possédais pas les vertus chrétiennes telles qu'on me les décrivait. Au cours des méditations auxquelles j'étais souvent astreinte (puisque j'allais dans une école religieuse et que, en plus, ma mère pratiquait beaucoup) je m'ennuyais terriblement. Je n'arrivais pas à penser. Si on me disait de méditer pendant un quart d'heure sur la charité chrétienne par exemple je me mettais à faire comme tout le monde, je calais ma tête entre mes mains et je me disais : « Aimez-vous les uns les autres c'est vraiment bien. Oui, il faut s'aimer les uns les autres, ça c'est vrai et ce n'est pas facile parce qu'il y a des gens qu'on n'a pas envie d'aimer et puis il y en a d'autres qu'on voudrait bien aimer et qui ne se laissent pas aimer. » Et c'était tout, je n'allais pas plus loin, je commençais à penser à autre chose, j'essayais de fixer l'étoffe de mes vêtements, la trame du tissu. Mais à chaque fois je dérapais, je glissais et je pensais à des choses auxquelles il ne fallait pas penser : ce que je ferais à la récréation, ou à la sortie de la messe, ou jeudi prochain. Je n'arrivais pas à m'arrêter de penser à des trucs comme ça et j'en avais honte. Je luttais pour freiner cette escapade et je souffrais réellement de n'avoir pas la force de me délivrer de cette distraction. Comme j'étais persuadée que le paradis et le pardon de Dieu ne s'obtiennent que par le sacrifice, la souffrance, la difficulté, la misère, j'en déduisais logiquement que j'irais tout droit en Enfer et qu'en ce moment même Dieu fronçait les sourcils et pleurait à cause du chagrin que je lui faisais. Je sortais en mauvais état de ces examens de conscience : j'avais blessé Dieu que ma mère aimait, auquel elle sacrifiait tout. C'était inextricable.

Aussi si je ne parvenais pas à être conforme à l'intérieur il fallait que je le sois à l'extérieur. Correcte, polie, bonne élève, propre, vertueuse, obéissante, économe, serviable, pudique, charitable, honnête, j'y arrivais tant bien que mal, souvent mal parce que j'aimais trop m'amuser et rire. Je salissais mes vêtements et mes mains, je me faisais des écorchures, mes cahiers étaient pleins de taches et de ratures. J'étais quand même une bonne fille, pas très présentable mais vertueuse, honnête et bonne élève et je faisais un effort visible pour avoir une véritable vie religieuse.

En fait, les seuls moments où je parvenais à avoir une attitude religieuse étaient des moments d'extase créés par des objets ou des anecdotes. Quelque chose de très concret. Par exemple les histoires des miracles, quand Jésus marchait sur l'eau, quand il multipliait les petits pains et les petits poissons, quand il guérissait les malades ou ressuscitait les morts, etc. Ça me faisait rêver et j'aimais réellement Jésus comme une personne vraiment capable que j'aurais bien voulu connaître, avec lequel je me serais volontiers baladée sur les routes de Galilée ou d'ailleurs. Oui, j'aurais bien aimé aller au Paradis et le trouver et le voir faire ses tours de passe-passe. Pour la même raison pendant la messe j'aimais le moment de la consécration quand le pain et le vin se transforment en corps et sang du Christ. J'avais remarqué un jour que cette hostie ne ressemblait pas à du pain, ma mère m'avait alors expliqué comment et pourquoi on fabriquait les hosties et que du reste il n'y avait que les protestants qui mangeaient du pain pour communier. Du coup j'ai cru avoir fait un péché en désirant du pain et je me suis mise à considérer l'hostie exactement comme si elle était une grosse miche croûteuse telle qu'on en voyait sur certains tableaux représentant la cène. En tout cas j'étais très heureuse le jour de Pâques et je trouvais délicieux les petits morceaux de brioche qu'on distribuait en l'occurrence à la grand-messe. J'aimais aussi la musique religieuse. Certains chants me bouleversaient, particulièrement le *Stabat Mater* du Vendredi saint. J'avais une voix basse et les chœurs des filles étaient toujours très hauts. Pour percher ma voix dans ces altitudes j'étais obligée de plisser mon front et d'aller chercher la musique jusque dans mes orteils, cela me donnait une sorte de vertige, et une légère migraine que j'appréciais beaucoup. Il me semblait que ces malaises étaient le signe du mysticisme.

Mes seules méditations qui aient été réellement remplies de réflexions étaient celles dans lesquelles je me plongeais chaque soir après ma prière, agenouillée devant le crucifix accroché au mur à la tête de mon lit. La croix était faite d'ébène, Jésus était en ivoire ainsi que l'espèce de banderole au-dessus de sa tête sur laquelle était inscrit *Inri,* les clous étaient de bronze. Cet objet m'avait été offert en cadeau le jour de ma première communion. Ma mère avait détaillé pour mon édification les matières précieuses et nobles qui composaient l'ensemble. « C'est un très beau crucifix, tu sais, il a beaucoup de valeur, c'est une véritable œuvre d'art. » Rien n'est trop beau pour Dieu. Si bien que le soir j'admirais ensemble l'ébène, l'ivoire, le bronze et Jésus torturé. Je restais longtemps à considérer les clous. Pour ceux des mains j'imaginais que ça s'était passé facilement, ils avaient glissé entre les os, mais pour celui des pieds, cela avait dû être plus difficile, ils lui avaient sûrement planté ça n'importe comment. Ça me faisait mal aux pieds. Et la couronne d'épines! Impossible de mettre la tête en arrière, il se serait heurté à la croix et ça lui aurait enfoncé encore plus les épines dans le crâne. Il avait su prendre la meilleure position possible, la tête en avant, sa barbiche sur la poitrine. La plaie triangulaire sur le côté ne m'inspirait pas grand-chose, son torse était si maigre, avec ses côtes saillantes, comme la carcasse d'une barque abandonnée, comme ces pauvres chiens qui fouillent dans les ordures. C'était cette maigreur qui me donnait à penser plutôt que le triangle de la plaie à peine indiqué sur l'ivoire. Les jambes par contre étaient bien musclées, celles d'un athlète. Et puis les chiffons décents devant le sexe. Ça c'était autre chose! Ces belles jambes, ce mystère derrière les haillons... Je ne restais pas trop dans cette zone-là et pourtant c'était elle qui me faisait monter les larmes aux yeux en pensant qu'il était mort pour moi. Pour conclure je m'enfonçais les clous dans le bout des doigts, il fallait que ça me fasse un peu mal. Je pense que j'aurais même bien aimé que ça saigne mais je n'y suis jamais arrivée. Après ça, mon signe de croix en vitesse, une sorte d'embrouillamini magique, et hop, d'une galipette j'étais dans mes draps qui sentaient bon la lessive, dans mon oreiller de plumes que j'aimais fort et que je serrais dans mes bras. Je ne risquais pas, même en plein été, de laisser dépasser une jambe ou une main pour que les sales démons qui étaient sous mon lit me saisissent et m'entraînent dans l'enfer. J'avais vu dans le vieux catéchisme de mon arrière-grand-mère deux grandes illustrations : la mort du chrétien et la mort du pécheur. Le chrétien mourait à moitié assis, soutenu dans son agonie par des anges aux belles ailes, ses yeux étaient attirés vers le haut, vers la lumière rayonnante de Dieu, au-dessus du baldaquin à pompons. Le chrétien avait une chemise de nuit impeccable, fermée au col et aux manches, de beaux draps pas froissés, ses mains enguirlandées d'un chapelet étaient jointes pour prier. Le pécheur, lui, était sur un grabat en désordre, il se tordait et grimaçait. Des diables avec des queues en forme de flèche, armés de tridents (à cause de cet outil j'ai toujours cru que Neptune était un diable) entraînaient le pécheur par les bras et les jambes sous le lit, vers le feu de l'enfer dont on voyait quelques flammes qui commençaient à lécher les meubles misérables de la pauvre mansarde où se déroulait cette agonie.

Tout de même je savais que ce n'était pas l'important, je savais qu'il fallait chasser ces images, aussi saintes soient-elles, pour réfléchir à des choses telles que « Dieu est un pur esprit » ou à la sainte trinité « un seul Dieu en trois personnes : le Père, le Fils et le Saint-Esprit ». Mais alors là ça tournait toujours mal. Le Père avec ses sandales et sa barbe, le Fils avec son sang, sa croix, enfin le Saint-Esprit, cet oiseau ! Mystère. L'oiseau devenait mouette et la mouette rejoignait ma plage préférée avec ses vagues, ses parasols, ses rochers et le garçon qui me plaisait ! Je péchais, je péchais, je péchais, sans arrêt. Chacun de mes plaisirs en était terni. Je me méfiais de moi-même et cette méfiance était lourde à porter. Pour plaire à ma mère je ne devais pas être une pécheresse. Or j'en étais une et une grande même.

Les seuls moments où j'étais parfaitement en harmonie avec ma mère, où j'étais sûre de bien la comprendre et de ne rien faire pour lui déplaire, c'était la tournée des jardins.

Nous passions toutes nos vacances et toute la belle saison sur la terre de ma famille. La guerre était venue et nous avait privés (j'en étais enchantée) des étés en France. Aussi vivions-nous là-bas pendant les trois longs mois bouillants, faisant la navette entre la ferme au milieu des vignes et la villa du bord de mer, reliées entre elles par quelques kilomètres de routes poussiéreuses enchâssées dans le bruit assourdissant des cigales.

Mes souvenirs heureux, mes vraies racines s'accrochent à la ferme, comme des guirlandes à un arbre de Noël. Pourquoi? Est-ce parce que j'y passais mes vacances et que le temps m'y appartenait plus que durant les périodes scolaires? Est-ce à cause de l'espace sans limites? A la ferme c'était l'Algérie, en ville c'était la France. Je préférais l'Algérie.

J'aimais les vallonnements roux plantés de vigne, les allées d'eucalyptus, la végétation sauvage et pauvre de la forêt faite de pins rabougris, de lentisques, de genêts et d'arbousiers, le sol sec où poussaient des touffes de thym. Auprès de ces vastes espaces rigoureux la fertilité et la fantaisie des lieux irrigués m'étaient offertes comme une fête quotidienne.

Sur les vignes et jusqu'à l'horizon flottait une odeur sage de terre aérée. Dans les jardins c'était la folie des narines du matin à la nuit : le jasmin, l'oranger, le figuier, le datura, le cyprès et, pour finir, après l'arrosage du soir, juste après que la terre a ouvert son cœur à la fraîcheur, le parfum subtil et joyeux des belles-de-nuit. Pareil pour les couleurs· Sur le fond ocre rouge des terres sérieuses de la culture s'alignaient le vert-noir des vignes et le vert-gris des oliviers, le beige des ceps et des troncs, sagement, sous le bleu uniforme et usé d'un ciel trop éclairé. Mais, près des bassins, c'étaient des incarnats, des jaunes, de l'indigo, du blanc, du rose vif, de l'orange, du violet, de l'émeraude, du turquoise, du saphir, de l'améthyste, du diamant. J'avais envie de danser là-dedans avec de petits grelots à mes pieds et à mes mains pour que tout le monde entende ma satisfaction.

La maison était trapue et puissante, bâtie par le premier aïeul bordelais qui l'avait désirée semblable aux maisons de son pays : simple, pratique, solide et grande. Au début c'était une ferme fortifiée, entourée de murailles hautes de cinq ou six mètres. Quand je l'ai connue il ne restait plus qu'un pan de ces hauts murs, du côté de la cour d'entrée, troué d'un énorme portail fait d'épaisses solives. A l'intérieur de la maison d'habitation les pièces étaient vastes et communiquaient toutes entre elles. Le grand salon, qui courait le long de la façade, était aménagé pour des adultes qui aimeraient le porto, les havanes et la musique classique. A travers ses baies vitrées on voyait, au-delà de deux faux poivriers romantiques qui pleuraient leurs feuilles dentelées et leurs grappes de boulettes rouges, de la belle vigne, à perte de vue.

Le service lent et attentif était assuré par des domestiques arabes qui, pour servir les repas de galas, se mettaient des gilets brodés, des serouals blancs, des foulards criards et des sequins d'or sur leur front tatoué. Leurs pieds nus ne faisaient pas de bruit sur les dalles noires et blanches du sol. Leurs mains, rouges de henné, manipulaient respectueusement l'argenterie de famille.

Sur le fronton triangulaire de l'habitation, entre le ciel et la terre était inscrite la date de construction : 1837.

A la ferme il y avait de grands jardins. D'abord le jardin pour se promener, avec des parterres, des allées de romarin taillé et des tonnelles dont l'une, en forme de kiosque, était envahie par un jasmin aux grosses fleurs étoilées. C'était de ce jasmin-là que Youssef le jardinier cueillait, les soirs où il allait courir le guilledou, Dieu sait où, dans la campagne vide. Il en mettait quelques brins bien serrés au-dessus de son oreille gauche, contre son tarbouch de soie, et il laissait une trace parfumée partout où il passait. Il en était avare et ne donnait de ces fleurs à personne d'autre qu'à moi, de temps en temps. Ce jardin-là m'ennuyait un peu. Je le trouvais beau mais son ordonnance m'impressionnait. Je lui préférais le jardin où poussaient les fleurs et les plantes à couper et le jardin potager.

Le matin de bonne heure ma mère préparait des paniers plats, des sécateurs et nous partions.

J'aimais passionnément ces débuts de matinée passés dans la verdure encore toute fraîche de l'aurore. Nous découvrions les nouvelles fleurs et les nouvelles feuilles que la nuit nous avait préparées. Il nous arrivait d'attendre l'éclosion d'une rose ou d'un dahlia pendant plus d'une semaine. Nous faisions chaque matin une station prolongée devant le bouton pour constater ses progrès. D'abord étriqué, il se gonflait peu à peu, s'entrouvrait d'en haut pour laisser entrevoir des pétales incolores, encore serrés et collés les uns contre les autres. Puis, un beau matin, le bouton commençait à éclater par endroit, à tirailler, comme le soutien-gorge de la laveuse espagnole qui ne parvenait pas à cacher ses gros seins.

— Quand elle sera ouverte nous ferons un bouquet autour d'elle avec des œillets d'Inde, leur jaune lui ira bien, et d'autres roses plus pâles, celles de l'allée des amandiers qui sont nacrées. Je crois qu'elle sera encore plus belle que l'an dernier.

Ainsi, complètement absorbées et satisfaites, nous faisions la cueillette qui servirait à rafraîchir ou à changer les bouquets de la maison. Dans le hall d'entrée il lui arrivait de faire des bouquets qui avaient jusqu'à deux mètres de haut, avec des branches de néfliers et des hampes de yucca aux épaisses fleurs blanches disposées en pyramides.

Les arrangements floraux faisaient partie de l'éducation d'une jeune fille de ma condition. Ma mère y excellait et moi j'aimais les fleurs, leurs parfums, leurs couleurs, leurs formes et leurs mystères au creux de leur cœur, là où je croyais découvrir des boutons de mandarins quand j'étais petite. Je ne cessais jamais d'espérer qu'un jour je trouverais ce qui la rendrait heureuse, encore plus heureuse et plus belle, ce qui effacerait ce malentendu entre nous, cette impossibilité où j'étais, je ne savais pourquoi, de lui plaire complètement.

C'était pendant ses leçons de bouquets que je m'entendais le mieux avec elle. Elle m'apprenait comment disposer les fleurs dans un vase. Elle m'enseignait à choisir les vases d'abord, en fonction de la flexibilité des tiges qu'on allait y disposer. Elle me montrait comment certains mélanges étaient impossibles ou très difficiles à faire, à cause de la souplesse de certaines fleurs qui ne s'alliait pas avec la rigidité de certaines autres.

Au cours de la matinée nous ne manquions pas de passer un long moment dans le jardin potager qui sentait le céleri et la tomate.

Les légumes comme des objets précieux! Les aubergines, les melons, les citrouilles, les poivrons, les tomates, les concombres, les fèves, les courgettes, les haricots, tous frais, gonflés, luisants de santé, lançant des reflets enflammés ou sombres au creux de leurs feuillages robustes. Le persil, les carottes, les navets, les radis, les salades, les oignons, les échalotes, la ciboulette, le cerfeuil, bien rangés en masses vertes, lisses ou dentelées, exhalant des odeurs de bonne cuisine, de table familiale, de paix, de chaleur. Les fleurs d'ail, en haut de leur longue tige, exhibant leur rose délicat au-dessus des rouges, des violets et des verts.

Après, il y avait les orangers des quatre saisons, les mandariniers, les citronniers, les arbres à pamplemousse, les néfliers, sous lesquels nous nous arrêtions, pour goûter un fruit plein de jus, où la fraîcheur de la nuit était encore prisonnière.

Quand c'était la saison nous terminions toujours notre tournée devant le grand parterre ombreux des violettes dont nous faisions des bouquets ronds et odorants. Les longues mains de ma mère cherchaient habilement et dénichaient les fleurs sous les larges feuilles embellies de rosée.

VI

L'Algérie française vivait son agonie. C'était l'époque où, ainsi que le disent les spécialistes, la Guerre d'Algérie était militairement gagnée pour les Français. Les meilleurs de nos soldats, ceux qui venaient de recevoir une raclée en Indochine, avaient organisé la grande traque dans les pierrailles des djebels : les gosses du contingent, la jeunesse de Saint-Malo, de Douai, de Roanne et d'ailleurs (ils en seront tous marqués au fer rouge comme les bêtes d'un troupeau maudit), avec leurs casques, leurs bottes, leurs armes automatiques et leurs engins blindés, avaient reçu l'ordre de zigouiller à qui mieux mieux les fellagha maigres et fanatiques. Les enfants de France tombaient dans les corps à corps en vomissant leurs tripes et leur patriotisme mais les autres tombaient encore plus. Finalement le combat cessa faute de combattants. Les fellagha qui avaient pu en réchapper s'étaient réfugiés dans les villes où ils étaient devenus des héros et où, comme dans les contes de fées, leurs paroles coulaient de leurs lèvres, tels des diamants et des roses, dans les casbahs et les quartiers populaires.

Le combat tricolore avait donc cessé. Pour le ministre de la Guerre à Paris il n'y avait plus de guerre en Algérie. Plus de canons, plus de balles, plus de mitrailleuses, plus de grenades, plus de napalm à envoyer là-bas. Pour le grand livre de compte de l'économie française c'était le calme plat car les baignoires, les électrodes, les paires de claques, les coups de poing dans la gueule, les coups de pieds dans le ventre et dans les couilles, les cigarettes à éteindre sur les bouts de seins et les queues, ça se trouvait sur place : broutilles. La torture ça ne se comptait pas, donc ça ne comptait pas, ça n'existait pas. La torture ce n'était qu'une simple question d'imagination, ce n'était pas sérieux.

Et pourtant c'était quand même l'agonie honteuse de l'Algérie française, dans la dégradation de tout, dans l'abjection, dans le sang de la guerre civile dont les grosses flaques dégoulinaient des trottoirs sur les chaussées en suivant le chemin géométrique des joints de ciment de la civilisation. C'était la fin dans l'ignoble avec les ripostes séculaires des Arabes, leurs terribles manières de régler les comptes : les corps éventrés, les sexes coupés, les fœtus pendus, les gorges ouvertes.

Il me semble que la chose a pris racine en moi d'une façon permanente, quand j'ai compris que nous allions assassiner l'Algérie. Car l'Algérie c'était ma vraie mère. Je la portais en moi comme un enfant porte dans ses veines le sang de ses parents.

Quelle caravane je dirigeais à travers Paris jusque dans l'impasse! Quelle Smalah absurde! Alors que l'Algérie déchiquetée montrait au grand jour ses plaies infectées, moi je faisais revivre un pays d'amour et de tendresse, une terre parfumée de jasmin et de friture. Je conduisais chez le docteur les ouvriers, les employés, les « domestiques » qui avaient peuplé mon enfance! Tous ces gens qui avaient fait de moi une petite fille sachant rire et courir, sachant chaparder un bli-bli ou une tramousse sur le plateau du vieil Ahmed, sachant chanter *Laroulila,* sachant danser avec les derboukas, sachant faire rissoler les beignets et verser le thé à la menthe.

A la ville comme à la ferme j'étais une enfant solitaire. Ma mère, après la messe du matin, partait soigner les pauvres dans les dispensaires de la ville ou les raïmas des campagnes. Elle ne rentrait que le soir, épuisée, harassée. Elle avait, toute la journée, fait des piqûres et des pansements, écouté des plaintes et des mercis, elle avait dispensé sans compter, pour la plus grande gloire de son Dieu, sa patience, son attention, sa science et son amour. Elle avait en cachette, baptisé les agonisants : « C'est toujours ça de récupéré. »

Quand elle rentrait à la maison il ne lui restait plus rien que l'envie de dormir, à peine l'instinct de faire son devoir et plus la moindre patience. Moi, la privilégiée qui vivais sous son toit, je n'avais aucune excuse à mes faiblesses.

— Si tu avais vu les misères que j'ai vues aujourd'hui, tu t'agenouillerais et tu prierais Dieu pour le remercier de t'avoir donné ce qu'il t'a donné.

— Quand on a la chance d'avoir ce que tu as on n'a qu'une ligne à suivre : louer le Seigneur, aider les autres et ne pas s'occuper de soi.

— Si tu vivais une seule des journées des pauvres que je visite chaque jour tu comprendrais le bonheur d'aller dans ton école et tu serais toujours la première.

— Si tu savais ce que c'est que de n'avoir pas de chaussures tu prendrais soin des tiennes. (La même chose pour les robes, les manteaux, les chandails, etc.)

— Il y a des gens qui n'ont rien à manger, finis ce que tu as dans ton assiette, ne gâche pas ton porridge, termine ton foie de veau !

Elle avait atteint un tel niveau de dévouement et de générosité qu'il m'était impossible de la rejoindre.

Sa bonté, le sacrifice qu'elle faisait quotidiennement de sa vie, la haussaient si loin au-dessus de moi que cela était désespérant.

Alors je prenais le chemin de la cuisine, des écuries, du jardin ou de la cave et, là, j'arrivais à vivre. J'allais rejoindre ceux qui me faisaient la vie belle, ceux que j'aimais et qui m'aimaient en retour.

Sans eux je sais que je me serais murée à l'intérieur de moi-même, toutes mes issues auraient été bouchées par mon impuissance à plaire à ma mère, à me faire aimer d'elle, par mon incapacité absolue à comprendre son monde, par la certitude que j'avais d'être mauvaise et laide.

Heureusement, grâce au divorce de mes parents et aux occupations de ma mère je n'avais pas vraiment une vie de famille. Quand j'étais très petite, je ne voyais dans la journée que ma Nany qui était, en fait, une Espagnole tendre et laide. Elle reportait sur moi tout l'amour qu'elle ne pouvait donner au caballero de ses rêves. Elle me couvrait de baisers et me berçait de « Madre mia » ou de « Povrecita » et de « Aïe, que guapa! ». Elle avait trois sœurs, elles aussi employées comme femmes de chambre et lingère, chez ma mère et ma grand-mère qui habitait l'étage au-dessus. Jeannette, la plus jeune des sœurs, et aussi la plus jolie, se préparait inlassablement à des concours de tango. Ainsi, quotidiennement, des séances de fandango s'organisaient-elles avec claquements de mains et de talons, castagnettes et voix acides, olé! Elle remontait, à l'aide d'une manivelle, un vieux phono caché dans un placard de la lingerie et, avec sa sœur Elyse qui lui servait de cavalier, elle répétait, sur le rythme un-deux, un-deux-trois, une chorégraphie faite d'enroulements savants, de virevoltes périlleuses et de progressions rapides se terminant, pile, sur une note, dans l'immobilité absolue, un pied figé en arrière, le profil paralysé tourné vers le cavalier (lui-même regardant fixement l'infini), le bras de Jeannette tiré vers le plafond par Elyse qui y mettait toute sa force.

Sans qu'on me l'ait demandé, je n'ai jamais parlé de ces séances à ma mère qui revenait dans la soirée lasse, belle, triste. Elle déposait dans l'entrée, sur le plateau du courrier, son missel et sa mantille qu'elle reprendrait demain matin pour aller à la première messe. Nany la vénérait. Elle était déjà à son service à l'époque, inimaginable pour moi, où ma mère vivait avec mon père. Nany savait tout. Une fois ma mère dans la maison, l'atmosphère devenait feutrée, silencieuse, un peu dramatique. Je prenais mon dîner dans l'office, je mangeais très correctement, autant pour plaire à ma mère que pour ne pas faire gronder Nany qui, le reste du temps, se fichait pas mal que je me tienne bien ou mal. Ma mère venait voir en effet comment se passait le repas. Puis j'allais me coucher et j'attendais son baiser de bonne nuit.

Il m'arrivait souvent de l'entendre pleurnicher dans sa chambre. A travers sa porte passaient de petits bruits de papier de soie froissé mêlés à de légers reniflements et parfois à une plainte fragile : « Ah, mon Dieu, mon Dieu. » Je savais qu'elle déballait sur son lit les reliques de ma sœur morte : des chaussons, des mèches de cheveux, des vêtements de bébé. Nany agissait alors comme si elle se trouvait dans une église, elle se signait, elle marmonnait des prières, elle avait la larme à l'œil. Moi, j'avais le cœur serré comme une pierre. Généralement ces soirs-là, — comme les soirs où j'avais avalé un noyau et où j'avais peur de sentir un arbre pousser en moi —, je vomissais mon dîner et quand ma mère venait me dire bonsoir, je baignais dans les liquides de ma soupe et dans les grumeaux de mon pudding. Elle appelait Nany à la rescousse. « Vous ne trouvez pas que cette enfant vomit souvent? » Il fallait encore une fois me laver, me changer et pendant que Nany refaisait mon lit, je m'endormais dans les bras de ma mère. Je me souviens encore du délice que c'était de me laisser prendre par le sommeil, tout contre elle, dans son parfum, dans sa chaleur.

Quelques années plus tard j'approchais de l'adolescence, la guerre était venue et nous avions quitté la ville pour quelques mois. Un peu par prudence : « Les Italiens vont nous bombarder un jour ou l'autre », et surtout par économie car les affaires vinicoles marchaient mal : « Le vin ne se vend plus », ce qui n'était pas honteux puisque tous les autres propriétaires étaient logés à la même enseigne. Notre retraite prenait même une petite allure héroïque, le genre : « Il faut se sacrifier pour son pays. Vivons donc comme des paysans. »

Le personnel de ville avait été réduit, ma Nany était devenue femme de chambre et ses sœurs avaient été casées à droite et à gauche chez des amis ou des parents.

Nous étions donc allés vivre à la ferme, avec armes et bagages, pour moi c'était le bonheur.

Le matin je m'entassais avec les enfants de Kader et de Barded dans une vieille calèche conduite par Aoued. Nous allions à l'école du hameau où se retrouvaient, dans une seule salle, les gosses des ouvriers des environs. Je travaillais très bien dans cette école-là et pourtant j'avais l'impression de ne rien y faire d'autre que de m'amuser. L'instituteur donnait des coups de règle sur les doigts et, par moments, quand sa femme l'appelait pour une raison ou une autre, il décrétait que nous avions besoin de nous reposer parce que nous étions en pleine croissance. Alors il nous faisait nous allonger les uns sur les tables, les autres sur les bancs, avec ordre de ne pas dire un mot pendant son absence.

Puis c'était le retour vers la ferme dont on apercevait vite les toits parmi les eucalyptus, là-bas, au bout du vallon, au milieu des vignobles. Bijou, le cheval, était très vieux et tirait des pets formidables. En général, tout de suite après, sa queue se soulevait et découvrait son derrière qui fleurissait comme un gros dahlia rose. Il lâchait alors une succession de crottins parfumés et cela nous faisait rire aux larmes. Aoued n'aimait pas ça; soit parce qu'il trouvait que ce n'était pas correct de souligner cet événement, soit parce qu'il ne voulait pas que nous nous moquions de Bijou. Il nous menaçait de son fouet qu'il faisait claquer au-dessus de nos têtes et nous traitait de fils de chiens, et d'cnfants de putains. Mais comme le tout était proféré en arabe, il était sous-entendu que cela ne s'adressait pas à moi.

Pendant les premières années de l'analyse j'agissais toujours de la même manière : je livrais une petite mesure de ma peur et, vite, je la compensais par du rire, du plaisir, du bonheur, un peu de nostalgie.

J'avais commencé à parler de ma mère, de la difficulté que j'avais eue, tout au long de mon enfance, à me faire aimer d'elle. Je déversais des souvenirs un peu tristes puis j'égrenais le chapelet tant de fois ressassé des attentions, des regards, des gestes qu'elle avait eus pour moi, des moments que nous avions passés ensemble dans une relative harmonie : la messe, les fleurs. Inconsciemment, pour me protéger encore, pour ne pas être de la viande saignant à l'étalage, je repoussais l'essentiel.

Comme si ma peur, une fois exprimée, allait m'anéantir? Ou comme si ma peur, une fois exprimée, allait être jugée dérisoire? Ou comme si ma peur, une fois exprimée, allait m'enlever toute importance? Ou comme si ma peur, une fois exprimée, se révélerait ne pas être de la peur mais une maladie honteuse?

A l'époque, je n'étais pas capable de répondre à ces questions, je n'étais même pas capable de me les poser. J'étais un animal traqué, je ne comprenais plus rien aux humains.

Il m'a fallu au moins quatre années d'analyse pour savoir que lorsque je changeais de sujet ou que je me taisais, ce n'était pas parce que le sujet était épuisé mais c'était parce que je me trouvais au pied d'un obstacle et que j'avais peur de le franchir. Non pas à cause de l'effort que cela représentait, mais à cause de ce qu'il y avait derrière lui.

J'avais parlé de mon père parce que, à la vérité, je ne risquais rien à parler de lui. J'avais parlé de ma mère, mais avec légèreté, juste ce qu'il fallait pour me faire un peu plaindre. Je n'avais toujours rien dit de l'hallucination, rien prononcé de la vraie saloperie qu'il y avait entre ma mère et moi. J'ai déjà dit, en ce qui concerne l'hallucination, la crainte que j'avais de retourner à l'hôpital à cause d'elle. Je croyais encore qu'elle serait la cause de mon renvoi de l'impasse. Mais pour ce qui était du cadavre entre ma mère et moi, je n'avais d'explication à donner ni au docteur ni à moi-même, je n'en cherchais pas. Je n'en parlais pas, voilà tout.

Je venais, je fermais les yeux et je faisais revivre des babioles, des brimborions qui avaient leur importance, bien sûr, mais qui n'étaient pas au cœur de la chose.

Le petit homme ne disait rien d'important. Il ouvrait la porte : « Bonjour madame. » Il me faisait entrer, je m'allongeais sur le divan, je parlais. A un moment il m'interrompait : « Je pense que la séance est terminée. » Du coin de l'œil je l'avais vu regarder sa montre deux ou trois fois avant de dire cela, comme s'il était l'arbitre d'un match. Je me levais : « Au revoir madame. » Rien d'autre. Le visage fermé, les yeux attentifs, mais sans commisération, sans complicité. Plus tard, il tirera de temps en temps un mot du fatras de mes monologues et il dira : « Tel mot, à quoi vous fait-il penser? » Je prendrai ce mot et je déviderai toutes les pensées, toutes les images qui s'accrochaient à lui. Le plus souvent ce mot était la clef qui ouvrait une porte que je n'avais pas vue. Cela me donnait confiance : il connaissait bien son métier. Je l'admirais : Comment faisait-il pour attraper au passage justement le mot qu'il fallait?

Mais, au début de l'analyse il n'est jamais intervenu.

Quelquefois je sortais de chez lui bouleversée, aux prises avec une crise de folie : il m'avait arrêtée en plein discours, alors que je n'avais pas dit le quart de ce que je voulais dire.

— Je ne peux pas partir maintenant, vous m'avez interrompue au milieu d'une phrase, je n'ai rien dit encore.

— Bonsoir madame, à mercredi.

Son visage devenait sec, son regard sévère, ses yeux lisses s'immobilisaient sur les miens d'un air de dire : « inutile d'insister ». Je me retrouvais dans l'impasse, seule, suffoquant d'angoisse, en proie à la chose. Je pensais qu'il était mauvais, qu'il me poussait au suicide, au meurtre. Je me traînais le long du mur habitée par une passion démente : « Me tuer, le tuer, tuer quelqu'un. Me jeter sous une voiture, que ma matière gicle plein les pavés! Retourner chez lui et lui fendre le crâne en deux, que sa sale cervelle dégouline sur son beau petit costume grotesque! » Je me mettais à pleurer et quand j'arrivais au bout de l'impasse, dans la rue, j'allais bien. Je n'avais même pas peur.

J'apprendrais beaucoup plus tard que l'esprit ne se

présente pas comme ça à la porte du caché. Il ne suffit pas de vouloir pénétrer dans l'inconscient pour que la conscience y aille. L'esprit temporise, il fait des aller et retour, il atermoie, il hésite, il guette et, quand le moment est venu, il s'immobilise devant la porte comme un chien d'arrêt, il est paralysé. Il faut alors que le maître y aille lui-même et fasse lever le gibier.

Maintenant que j'étais débarrassée de ces fioritures dans la résurrection desquelles je m'étais complu, je me rendais compte que je tournais autour du pot. Je m'agaçais à ne pas plonger directement dans les vagues de la chose qui charriait de l'ordure, de l'horreur, de la putréfaction, de l'insupportable. Car je me doutais que c'était ça qu'il fallait que je fasse pour guérir : que j'affronte la chose, que je la prenne à bras-le-corps et pourtant ce qui venait à la surface, quand je parlais chez le docteur, c'était du tristounet, du gentillet, du mignonet, du touchant, de quoi faire pleurer les cœurs sensibles.

Jusqu'au jour où, tout en continuant à égrener les souvenirs fanés, j'ai pris un tournant imperceptible mais important.

Je parlais encore de ces recherches que j'entreprenais pour trouver des cadeaux dignes de ma mère. C'était toujours pendant la sieste que mon esprit s'enflammait sur ce sujet.

L'enfant est venue me rejoindre dans l'impasse. Une fois de plus j'ai été chercher sa peau hâlée par le soleil, ses cheveux blonds embroussaillés, sa curiosité, son désir de plaire. Elle s'est allongée avec moi, en moi.

Le bureau du docteur c'est ma chambre. J'ai une dizaine d'années. Au plafond il y a une petite tarente beige qui vit là pendant la journée. Elle est le seul être actif de la maison à cette heure où tout le monde se repose. Elle traque les insectes dans les bandes de lumière que le soleil projette à travers les interstices des volets. Ses pattes spatulées ressemblent aux vrilles de la vigne. Elle a l'air de dormir mais elle ne dort pas. Soudain elle fonce à toute vitesse pour happer la mouche de son choix qu'elle déguste ensuite avec des mouvements de gorge, comme un dindon qui glousse. Il y a quelque temps elle a perdu sa queue dans une bagarre nocturne, car elle sort la nuit. Sa queue a repoussé petit à petit et maintenant elle est presque normale. J'aimerais bien qu'il me pousse une queue de garçon à moi aussi.

C'est toujours pendant ces maudites siestes qu'il me vient des idées pareilles. Quand nous nous baignons dans le bassin d'irrigation, où l'eau est si chaude qu'elle en paraît épaisse, le fils de Kader s'amuse à tripoter son robinet jusqu'à ce qu'il devienne raide comme un doigt. Ensuite il se balade, les hanches en avant, orgueilleusement précédé de son périscope. Les autres se moquent de lui. Moi, je l'envie. J'aurais bien aimé avoir quelque chose comme ça en bas de mon ventre au lieu de mon fruit lisse. Si j'avais une queue je me promènerais toute nue et je l'enfoncerais dans la belle rose jaune ou dans les fesses rebondies d'Henriette la cuisinière quand elle se penche devant son four. Ran! A y penser, il me venait une de ces chaleurs dans les reins!

J'ai chaud dans mon lit, mes draps et mon oreiller sont trop doux. Je me frotte contre eux, c'est plus fort que moi, en essayant de trouver le sommeil qui ne vient pas. L'autre jour j'ai vu Aoued sortir de chez lui avec une serviette autour du ventre. Il y avait un moment que je l'entendais rire avec sa femme, derrière sa porte. Il se dirigeait vers le bassin parce que c'était l'heure d'ouvrir les vannes, sa serviette était tendue vers l'avant, comme tirée par un piquet de tente. J'ai bien compris que c'était son robinet qui avait grossi et qui se dressait. A son retour il a fermé sa porte à clef et je n'ai plus rien entendu. Quand je serai grande je me marierai et je m'amuserai nue avec mon mari.

Mon Dieu pardonnez-moi je n'arrive pas à m'approcher de vous, ma tête est pleine de péchés. Je n'aime pas mettre des gants, ça me fait transpirer. Je n'aime pas mettre de culotte, ça me scie les fesses. Je n'aime pas mettre de chaussures, ça me gêne (à peine tourné le mur de la cave je me déchausse, je cache mes sandales dans la vigne et je fous le camp pieds nus avec mes copains, jusqu'à la forêt). Je m'ennuie à la messe. Ça c'est le plus honteux, oui, mon Dieu, je m'accuse de m'ennuyer à la messe, je m'accuse d'avoir souvent regardé un garçon blond de l'école Saint-Charles pendant la retraite de ma communion solennelle. Je m'accuse de perdre mes boutons, de craquer mes fermetures Eclair, d'égarer les rubans et les barrettes de mes cheveux, d'avoir les mains sales. Mon Dieu je m'accuse de ne pas pouvoir lire les livres de la comtesse de Ségur avec des histoires de châtelains, de petites filles modèles et de pauvre Blaise, de ne pas m'intéresser aux contes d'Andersen et aux histoires de fées, de feux follets et d'enfants perdus dans la neige. Je préfère aller dans la raïma de Youssef où j'attrape des poux mais où la vieille Daïba fait des gâteaux et du pain de blé dur sans levain et raconte des histoires. Tous les enfants de la ferme y vont. Nous nous installons autour de son feu et nous l'écoutons...

La vieille Daïba (tout en surveillant sa chorba qui mijotait) sur un ton un peu pleurard et monotone, comme on marmonne une litanie, racontait des départs précipités sur des chevaux ailés, qui caracolaient jusqu'au paradis d'Allah. Elle soulevait le couvercle de sa marmite de terre, dégageant à chaque fois une fameuse odeur de menthe et d'épices, et reprenait le récit des punitions infligées à un malheureux par un serpent venu des tombes du cimetière voisin. Elle activait son feu avec un éventail rond de raphia tressé et enchaînait sur les aventures de géants noirs qui secouaient les montagnes, de sources qui jaillissaient en pleine sécheresse et de djenouns enfermés dans des bouteilles. D'un geste lent elle distribuait ensuite à chacun de nous un bout de zlabia dégoulinant de miel qu'elle allait pêcher dans une cuvette émaillée ornée de croissants de lune jaunes et de grosses fleurs rouges et noires. Même la perspective de la friction à la Marie Rose et du passage de mes cheveux frisés au peigne fin, ce qui était un supplice, ne pouvait m'empêcher d'aller là-bas.

— Tu ne sais pas te mesurer. Tu ferais n'importe quoi pour te gaver des cochonneries de cette vieille.

Ce n'étaient pas tant les gâteaux de Daïba qui m'attiraient que le cheval blanc d'Allah qui galopait dans le ciel avec ses sabots et ses ailes d'or. Mais ça, je ne le disais pas.

Je m'énervais à ne pas pouvoir m'endormir et à faire le compte de mes péchés. Alors, entraînée par un torrent mauvais j'en arrivais généralement au pire.

Je fabriquais un cornet, une sorte de tuyau plus évasé d'un côté que de l'autre, que j'obtenais en enroulant autour d'un de mes doigts une feuille de papier ou mieux du carton léger. Je le cachais sous mes vêtements. Puis j'allais, dans le silence de la maison assoupie, ne faisant aucun bruit avec mes pieds nus sur les dalles, jusqu'aux toilettes dans lesquelles je me verrouillais.

La pièce était beaucoup plus grande que ne l'est d'habitude ce genre d'endroit. Et comme dans ma famille (ma mère mise à part) on aimait beaucoup lire là, autant dire que les toilettes étaient une annexe de la bibliothèque. On y trouvait, rangées sur des étagères, des vieilles collections de l'*Illustration* et de *Marie-Claire*, des dictionnaires, le *Larousse* et le *Littré* en je ne sais plus combien de volumes, des annuaires du téléphone, des journaux et des romans policiers. Le trône était fait d'une cuvette de porcelaine blanche, immaculée, encastrée dans une confortable lunette de chêne polie par l'usage et quotidiennement encaustiquée. Dans l'après-midi le soleil entrait directement dans cette pièce par une étroite fenêtre percée dans l'épaisseur du gros mur qui donnait sur la cour. J'aimais bien me blottir dans l'alcôve que constituait la lucarne. Le centre de la ferme était là à mes pieds : autour de la cour, pavée de gros galets irréguliers et luisants, étaient disposés les logements des ouvriers, les écuries derrière lesquelles s'élevaient haut dans le ciel les six eucalyptus de l'entrée et, au-dessus des toits de tuiles roses des silos à grain, je pouvais voir grimper doucement la colline plantée de vignes et couronnée par la forêt de pins maritimes.

Cette forêt était un paradis. Non seulement elle embaumait en toute saison le thym, le lentisque et la résine mais, selon les mois de l'année, elle soufflait jusque dans les chambres de la maison de longues respirations de genêt, de jacinthes sauvages, de marguerites ou d'immortelles. Son sol, fait de la terre rouge du pays mêlée à du sable nacré, était doux sous les pieds. C'était le domaine des enfants de la ferme. Nous y construisions des cabanes et nous y organisions des parties de cache-cache palpitantes ou des cavalcades sur les ânes et les mulets quand ils n'étaient pas pris par les travaux des champs. En guise de selle nous mettions sur leurs échines rudes des épaisseurs de sacs de pommes de terre vides. Je préférai cette forêt à tout autre endroit du monde.

Malgré les recommandations de ma mère : « Reste à l'orée que je puisse te voir de la maison », je m'enfonçais avec les autres jusqu'à des clairières et des sous-bois que nous étions seuls à connaître.

Les garçons jouaient à Tarzan, ils se balançaient au bout de leurs bras et se catapultaient d'un arbre à l'autre en poussant des cris terribles, ou bien ils se laissaient tomber du haut d'une branche sur le dos d'un âne qui, en général, accusait mal le coup et qui, après une ruade, ne voulait plus avancer d'un centimètre. Les garçons se battaient aussi, ils organisaient des combats au cours desquels ils se roulaient par terre emmêlant leurs jambes et leurs bras dans le sable, essayant de trouver une prise sur leur short déjà en loques. Pour finir ils étaient nus et quand la bagarre était terminée ils cachaient en ricanant, et en jetant vers les filles de drôles de regards, le petit bout de tuyau rose et gris qui leur pendait entre les jambes.

Je les enviais. Je me sentais capable de faire tout ce qu'ils faisaient. Mais je ne le pouvais pas, ce n'étaient pas des jeux de filles, alors, avec les autres « pisseuses » (comme disait Kader), je cueillais des fleurs et j'arrangeais les cabanes, en attendant que s'organise de lui-même un jeu mixte.

De penser à tout cela, pendant que j'étais blottie dans la fenêtre des toilettes, m'excitait. Le soleil qui tapait droit sur moi me faisait transpirer. Au bout d'un moment, je descendais de mon abri, je cherchais mon tuyau de papier caché sous ma blouse et j'allais essayer de pisser debout comme les garçons, en dirigeant mon jet à travers le cornet. Ce n'était pas facile.

A revivre ces moments au fond de l'impasse, à les ressentir exactement tels qu'ils étaient vingt ans avant, je me rendais compte que les gestes que je faisais pour adapter le tuyau à mon corps, mes tâtonnements pour trouver exactement la source, étaient les mêmes que ceux que je faisais pour vérifier l'écoulement du sang : des mouvements furtifs, des frôlements, d'imperceptibles va-et-vient, de légers tiraillements, tout cela fait avec un air absent, une indifférence du reste de mon corps, une partie de mon esprit occupée à autre chose, comme si ce que je faisais n'avait aucune importance, alors que le fond de ma pensée était là, au bout de mes doigts.

Mais, au lieu de trouver la punition du sang, je

ressentais à la base des mollets une sensation puissante, une sorte de pincement, un picotement à la frontière du plaisir et de la douleur, qui montait progressivement dans mes cuisses puis envahissait mon ventre. Et, finalement, parce que je ne pouvais plus rien contrôler en même temps que je me pissais sur les doigts une urine chaude, mon corps était pris par un balancement de tangage, une sorte de mouvement de reptation, qui me cambrait violemment les reins et me procurait un bonheur formidable, un bonheur complet qui me faisait peur.

Dès que la jouissance avait passé j'avais honte. Je jetais mon cornet de papier ramolli et mouillé et je tirais la chasse pour qu'il s'en aille loin. Je sortais. Je me sentais coupable et indigne de ma mère, de cette maison, de ma famille, de Jésus, de la Sainte Vierge, de tout. Il fallait que je fasse quelque chose pour me racheter, que je trouve un trésor. Je promettais à Jésus de ne plus recommencer et comme je ne parvenais pas à tenir ma promesse je me sentais à chaque fois encore plus coupable.

J'ai ouvert les yeux. Tout était bien à sa place : le docteur à mon chevet, un peu en retrait, la gargouille en haut de la fausse poutre (a-t-on idée d'installer un diablotin dans une pièce où ne viennent que des malades mentaux ! Etait-ce fait exprès?), la toile de jute sur les murs, le tableau abstrait, le plafond.

Rien n'avait changé et pourtant je jetais sur tout cela un regard différent, plus hardi. C'est que je venais de me rencontrer pour la première fois. Jusque-là j'avais toujours organisé les mises en scène de mon passé de telle sorte que les autres, et ma mère surtout, avaient le premier rôle. Moi, je n'étais qu'une exécutante soumise, une gentille petite fille qu'on manipulait et qui obéissait.

Cette histoire du robinet de papier je me la rappelais très bien, elle n'était pas enfouie dans l'oubli mais je n'aimais pas y penser. Vingt ans plus tard son souvenir faisait encore surgir en moi une honte terrible que je ne cherchais pas à expliquer. Vingt ans plus tard, alors que j'avais fait l'amour et même que j'avais eu des « aventures » comme on dit, j'avais honte d'avoir voulu faire pipi debout! Je n'avais pas honte de m'être branlée puisque, jusqu'à ce jour, je n'avais pas admis que c'était cela que je faisais. La petite fille qui se masturbait au milieu des dictionnaires, dans le soleil qui lui caressait les fesses, n'existait pas. Elle venait de naître sur le divan du docteur, au fond de l'impasse.

A l'époque du robinet de papier je ne connaissais pas le mot « branler » et j'ignorais tout de la masturbation. Lorsque les garçons se tripotaient jusqu'à ce que leur robinet devienne raide, nous disions entre nous qu'ils se « touchaient ». Il n'était jamais question, dans nos conversations, de filles qui se touchaient. Du reste qu'auraient-elles pu toucher? Elles n'avaient RIEN à toucher. Plus tard, quand j'ai appris ce que c'était que la masturbation et comment les femmes étaient faites, il ne m'est jamais venu à l'esprit d'établir une relation entre la masturbation et le robinet de papier. Pourtant c'était clair et claire aussi la raison pour laquelle jusqu'à ce jour j'avais éprouvé un profond dégoût de la masturbation, une sorte d'écœurement qui me mettait dangereusement mal à mon aise.

Je découvrais que je m'étais préférée anormale et malade plutôt que normale et en bonne santé. Du même coup je découvrais que j'étais pour quelque chose dans ma maladie, que j'en étais en partie responsable. POURQUOI?

Ce premier vrai pourquoi était l'outil qui allait me servir à piocher, à creuser, à retourner mon champ, jusqu'à ce que je me mette totalement à jour.

En tout cas, quel plaisir j'ai pris rétrospectivement à ma jolie branlette d'autrefois! Avec quelle émotion j'ai rencontré cette enfant pleine de sève qui voulait se branler, qui se branlait et qui en éprouvait du plaisir. (Ma mère n'avait pas tout à fait tort quand elle me traitait de « tête de mule ».) Cette enfant me rassurait : j'existais donc, je n'avais pas toujours été entièrement livrée aux autres, je pouvais les tromper, me jouer d'eux, leur échapper, organiser ma propre protection. Quelle joie! Il fallait que je retrouve ce chemin. J'avais dorénavant la certitude qu'il existait, que j'étais prisonnière et que je détenais le moyen de me libérer puisque l'enfant qui se masturbait c'était moi.

En me levant j'ai dit au docteur :

— Vous ne devriez pas laisser cette gargouille dans votre bureau, elle est affreuse. Il y a déjà assez d'horreur et de peur dans la tête des gens qui viennent ici, pas la peine d'en rajouter.

C'était la première fois que je m'adressais à lui autrement que comme une malade.

Il n'a rien répondu.

Ce jour-là j'ai découvert que ce désarroi, cette folie qui me faisaient fuir dans la chaleur à la recherche d'un trésor inexistant, c'était déjà la chose. Si mon cœur battait si fort ce n'était pas seulement à cause de ma course, si je transpirais comme ça ce n'était pas seulement à cause de la chaleur, c'était déjà la peur et la sueur de la chose. Ma honte et ma culpabilité étouffantes c'était déjà la chose. Elle était déjà là à tenailler la petite fille qui courait et se tordait les chevilles dans les mottes sèches de la terre labourée des vignes.

VII

Dès la prochaine séance j'ai parlé de la saloperie de ma mère.

Cela se passait il y a très longtemps, au seuil de mon adolescence.

Elle s'était nichée dans le fauteuil de cuir comme une poule s'installerait pour couver. Elle avait cherché longuement la meilleure assise en tassant les coussins sous elle puis elle avait reposé sa tête aux traits précis, un peu trop aigus, sur le velours du dossier. Elle avait des yeux verts comme des vagues et un front clair comme une plage.

Son corps trop gras et appétissant ne ressemblait pas à son visage. Il était gainé dans un impeccable « pyjama » de shantung blanc très large du bas si bien que le tissu tombait en godets le long de ses jambes qu'elle venait de croiser. Je voyais ses chevilles fines où toute sa jeunesse était restée et où son pied s'articulait, souple, long, bien pris dans des sandales blanches.

Nous étions en 1943. Elle était belle, c'était ma mère. Je l'aimais de tout mon cœur, de toutes mes forces.

Je n'avais pas pour habitude de prendre le thé avec elle. Normalement j'allais chercher mon goûter dans l'office, en rentrant de classe, et j'allais le manger dehors, avec les autres enfants de la ferme. Il fallait que quelque chose d'exceptionnel se soit produit pour que je sois là, comme en visite, avec mes vêtements de ville, dans ce salon qui était pour moi une pièce cérémonieuse où je ne venais que pour dire bonsoir et pour saluer des visites de ma famille.

J'étais assise dans un siège exactement semblable au sien. Entre nous se trouvait une table basse sur laquelle étaient dispersés, dans une négligence recherchée, des objets d'argent : boîtes à fards, à pastilles ou à sels, cendriers, petites timbales pleines d'anémones. Ils entouraient le pied d'une haute lampe ancienne dont l'abat-jour en parchemin donnait à la lumière électrique une nuance de miel, à la fois joyeuse et intime.

On venait de nous servir le thé. Il embaumait. Son odeur, mêlée à celle des Craven A que fumait ma mère et à celle des toasts chauds, forme un tout bien précis dans mes souvenirs si bien que, depuis, l'un de ces parfums rencontré n'importe où, appelle les autres et je revis encore une fois la scène : elle et moi devant le feu de bois, prenant le thé, il y a bien longtemps. Plus de trente ans.

Elle ne se pressait pas de parler. Alternativement elle tirait une longue bouffée de sa cigarette et elle buvait une gorgée de thé. Elle reposait sa tasse et, d'un mouvement créole du bras, elle promenait sa main longue, comme une comète, sur les objets qui jonchaient la table basse entre nous. Elle en prenait un, le lissait du plat de son pouce, lentement, comme si elle le caressait, et puis elle le remettait à sa place.

Elle avait son air sérieux, son expression d'initiée, qu'elle prenait pour recevoir certains de ses visiteurs, les prêtres, les religieuses, les dames d'œuvres, les médecins. Son comportement me haussait en quelque sorte au niveau des adultes, me faisait comprendre qu'elle allait me parler d'égale à égale, comme à une grande, comme à une femme.

Quelques mots et des références à la visite que nous venions de faire à un médecin, en ville, m'ont fait comprendre que c'était un entretien médical que nous allions avoir. Cela n'était pas pour me déplaire, j'avais des curiosités de ce côté-là.

Quand j'étais petite j'aimais bien opérer mes poupées. Au début je les avais ouvertes mais la vacuité de leur corps et le simple Y terminé par les deux boules des yeux, que je trouvais dans la tête, m'avaient déçue. Sans compter le ton scandalisé de ma mère quand Nany lui avait montré le résultat de mes opérations.

— Pourquoi as-tu fait ça?

— ...

Je ne savais pas pourquoi.

— Si je t'y reprends je te supprimerai tous tes jouets. Il y a des enfants qui n'ont rien pour s'amuser, c'est une honte d'abîmer tes poupées de cette façon.

Par la suite je faisais mes opérations avec des crayons de couleur en guise d'instruments chirurgicaux. Je déshabillais « mes enfants » en leur disant des paroles rassurantes alors que je savais que j'allais leur faire mal. Pour opérer il fallait que je sois seule, absolument seule. Je me mettais à tracer des lignes sur le corps de mes bébés, de grandes balafres colorées qui partaient du cou, passaient entre les jambes et se terminaient dans le dos, au-dessus des fesses. J'en faisais plusieurs, de différentes couleurs. J'imaginais que les corps étaient ouverts, béants, palpitants, sacrifiés. Puis avec le crayon noir je m'acharnais à un endroit, je gribouillais en tournant très vite et en appuyant très fort. Je me disais que j'avais raté mon opération et qu'il fallait maintenant que je tue mes enfants. Cela m'excitait énormément, je transpirais. Quand l'excitation passait je rhabillais vite mes poupées et je faisais en sorte que personne ne voie ce que j'avais fait sur elles, j'en ressentais une sorte de honte, une gêne.

A cause de ces souvenirs la médecine restait, pour moi, liée au mystère, à un plaisir douteux mais attirant. Et puis que faisait ma mère toute la journée avec la trousse noire qui ne la quittait pas et dans laquelle étaient rangés des seringues, un petit bistouri, des pinces, des ciseaux ?

Oui, vraiment, la médecine exerçait sur moi une attraction. Mais j'aimais mieux être opérateur qu'opéré. Et cet après-midi cependant c'était moi qui m'étais allongée nue sur la table, c'était moi que le docteur avait auscultée sur toutes les coutures et c'était de moi qu'ils avaient parlé en cachette, ma mère et lui, après m'avoir fait passer dans le salon d'attente. Cela m'aurait plu d'entendre leur conversation mais, à cause d'une dame qui était là à attendre avec son garçon souffreteux, je n'avais pas pu aller écouter à travers la porte ce qu'ils disaient. J'ai dû rester assise sagement, les mains sur les genoux, à contempler les six nervures de mes gants blancs, immobile. Pourtant, à l'intérieur de moi, l'ennui et la contrariété de ne pas savoir ce qu'ils se disaient, avaient créé une telle tension que je redoutais, tout en sachant que je ne pourrais rien faire pour l'arrêter, le cri strident qui sortirait de ma gorge si la situation durait encore trop longtemps.

Quand la porte s'est ouverte j'ai sursauté si fort que le docteur m'a demandé : « Tu t'étais endormie ? » J'ai souri en acquiesçant de la tête pour lui faire croire qu'il avait deviné juste. Je n'ai pas dit « oui » parce que je ne pouvais pas mentir devant ma mère.

Nous sommes sorties. Kader nous attendait en bas avec la voiture. Il a ôté sa casquette, a tenu la porte ouverte pendant que nous nous installions, puis nous avons roulé jusqu'à la ferme, sans dire un mot. C'est en arrivant dans la cour qu'elle m'a parlé :

— Viens donc prendre le thé avec moi, j'ai quelque chose à te dire.

Ainsi nous étions là, à boire notre thé brûlant à petites gorgées, à regarder le feu.

— Es-tu toujours aussi fatiguée que cet été?

— Non maman, je ne suis fatiguée que par moments.

Depuis quelques mois j'avais des vertiges, l'impression que mon corps devenait très faible, très léger, et qu'il tombait, tombait, tombait, sans que je puisse rien faire pour le retenir.

— Sais-tu que le docteur pense que tu vas devenir une jeune fille et que c'est cela qui te tracasse. Il est vrai que tu n'es pas en avance de ce côté-là, cela aurait déjà dû t'arriver. Autrement, tu es en excellente santé. Rien, absolument rien aux poumons, c'est ce que je craignais le plus.

Une jeune fille! Comment est-ce que je pouvais tout à coup me transformer en jeune fille? Pour moi les jeunes filles c'étaient les grandes de première qui se mettaient des bas et se maquillaient dès qu'elles avaient tourné le coin de la rue Michelet. Elles donnaient rendez-vous à des garçons en face de la pâtisserie « La Princière » et elles restaient là à minauder avec eux. Comment est-ce que tout à coup je pouvais devenir comme elles? Je n'étais même pas en première. Je travaillais bien mais, tout de même, je n'étais pas encore en première, le docteur devait se tromper.

— Sais-tu ce que c'est que de devenir une jeune fille? Tes amies t'en ont-elles parlé? Il doit bien y en avoir dans ta classe auxquelles c'est arrivé. Je suis même certaine que tu es la seule à qui ce n'est pas arrivé car si tu es en avance dans tes études tu ne l'es pas pour le reste.

Je ne comprenais rien de ce qu'elle disait. Je la sentais gênée, un désarroi s'emparait de moi : que voulait-elle dire?

— Je suppose que tu sais que les petits garçons ne naissent pas dans les choux et les petites filles dans les roses.

Au ton de sa voix je savais qu'elle se moquait de moi en lâchant cette phrase.

— Nany dit quelquefois que ce sont les cigognes qui apportent les enfants mais je sais, bien sûr, que ce n'est pas vrai. Vous m'avez expliqué vous-même autrefois, à l'époque où la femme de Barded attendait un enfant, qu'elle le portait dans son ventre et que c'étaient les parents qui commandaient les enfants. Mais je ne sais pas comment ils font.

— C'est une manière de parler. Tu dois tout de même bien avoir une idée là-dessus.

Dans mon école il y avait un groupe d'élèves, au centre duquel régnait Huguette Meunier, qui se gavaient d'histoires salaces pendant les récréations. Je n'aimais pas me joindre à elles. Mais dans les rangs elles continuaient de parler. Huguette Meunier disait que les garçons faisaient des enfants avec leur robinet. Sabine de la Borde soutenait qu'il suffisait qu'un homme mette son doigt dans les fesses d'une fille pour qu'elle ait un enfant. Il y en avait d'autres qui disaient que ça venait en s'embrassant sur la bouche.

En fait, depuis un an ou deux je m'étais isolée, je n'avais pas beaucoup de rapports avec les filles de mon école, en tout cas pour ce genre de choses, si bien que je n'avais pas d'idées très précises sur la sexualité. C'était un sujet épineux qui m'attirait énormément et qui me faisait peur, je n'en avais jamais parlé avec personne.

D'ailleurs toutes ces choses étaient honteuses et il n'était sûrement pas question que je les aborde avec ma mère. Quant au fait d'être ou de ne pas être une jeune fille c'était un problème d'âge, et je n'avais pas l'âge.

— Allons, voyons, ne fais pas la sotte. Tu m'as dis toi-même tout à l'heure que tu savais que les femmes portent leurs enfants dans leur ventre avant de les mettre au monde. Tu as sûrement peur de me choquer en m'avouant que tu en sais plus long. Tu te trompes, je trouve cela tout naturel. Je sais très bien que tu ne vas pas rester toute ta vie une enfant, que tu vas devenir une femme.

« Tu sais que le rôle des femmes est non seulement de mettre des enfants au monde mais aussi de les élever dans l'amour du Seigneur... Dieu nous soumet à des épreuves que nous devons accepter avec joie car elles nous rendent dignes de nous approcher de lui... Tu te trouves devant la première de ces épreuves puisque tu vas bientôt avoir tes règles.

— ...

— Tu ne sais vraiment pas ce que cela veut dire?

— Mes règles?... Non maman, je ne sais pas ce que cela veut dire.

C'est vrai que je ne le savais pas. En classe les filles ne m'en avaient jamais parlé et ailleurs mes seuls amis étaient des garçons.

— Eh bien un jour tu trouveras un peu de sang dans ta culotte. Et puis cela reviendra chaque mois. Cela ne fait pas mal, c'est sale et il faut que personne ne s'en aperçoive mais c'est tout. Tu ne devras pas avoir peur quand cela t'arrivera. Tu n'auras qu'à me prévenir et je te montrerai ce qu'il faut faire pour ne rien salir.

— Ça m'arrivera quand? Est-ce que le docteur vous l'a dit?

— Il ne le sait pas exactement, mais il pense que cela ne doit pas tarder... dans les six mois qui viennent. Sais-tu ce que cela signifie d'avoir ses règles?

— Non maman.

— Je pourrais ne pas te parler de tout cela. Tu comprends bien que c'est aussi gênant pour moi que pour toi. Mais je suis pour certains principes modernes d'éducation. Trop d'ignorance nuit. Moi, j'ai toujours regretté de n'en avoir pas su plus long sur certaines choses. Je pense que j'aurais pu éviter de commettre de graves erreurs. C'est pour ça que j'ai pris la décision de te parler. D'ailleurs le docteur m'y a beaucoup poussée. Il convient comme moi que l'éducation ancienne a parfois de mauvais côtés.

« Eh bien, ma petite fille, avoir ses règles signifie qu'on est capable d'avoir des enfants. »

Je regardais le tapis sans le voir. J'étais paralysée par cette situation, par cette conversation, par cette révélation. Comment, alors qu'on a toute l'enfance dans le corps peut-on avoir un enfant dans le ventre? Comment, alors qu'on veut jouer dans la forêt et courir dans l'eau, à la lisière des vagues, là où elles font une mousse ajourée, peut-on être promue au rang vénérable et essentiel de reproductrice?

Je ne m'en sentais pas capable, je repoussais, terrorisée et dégoûtée, la première épreuve du Seigneur. Je ne voulais pas avoir d'enfants tout de suite. Je n'osais pas relever les yeux pour que ma mère n'y voie pas le sacrilège.

Les souches de vigne qui brûlaient dans la cheminée pétaient sec dans le silence.

Le thé, le feu, les meubles encaustiqués, les tapis de haute laine, dehors la soirée sur les vignes, les chiens qui aboyaient, ma mère : toute ma vie! Un monde beau, généreux, exemplaire, chaleureux, où il y avait une place pour moi. Et je refusais les difficultés de mon rôle! Je n'acceptais pas ma condition, elle me faisait peur.

A la ferme, les vaches et les juments qui allaient avoir des petits étaient l'objet de soins très particuliers. Leurs enfants accroissaient le cheptel et enrichissaient la famille. On ne m'avait pourtant jamais autorisée à assister à une naissance et quand les chiens se montaient dessus on faisait tout pour me détourner de ce spectacle. J'en avais assez vu cependant pour me donner à imaginer. Et ces images qui naissaient dans ma tête me faisaient honte. On m'avait toujours dit, en parlant de quelqu'un de grossier ou d'un criminel : « Il s'est conduit comme un animal, comme une bête, comme un chien! » Mais ces histoires-là, ces histoires de sang, d'enfants, c'étaient des histoires de chiennes! Et c'était ma propre mère qui voulait me faire entrer dans cette vie, qui en parlait devant moi?

— Ne baisse pas la tête, n'aie pas peur. Toutes les femmes en passent par là, tu sais, elles n'en meurent pas. J'avoue que les hommes sont tout de même mieux lotis que nous. Ils ne connaissent pas ces ennuis... Il est vrai qu'ils font la guerre... Je me demande si c'est pire...

— Et vous aussi vous avez ça?

— Bien sûr, je te l'ai dit : toutes les femmes. On s'y fait, ce n'est pas pénible, la saleté mise à part, cela ne dure que deux ou trois jours, quatre au plus.

— Chaque mois!

— Tous les vingt-huit jours en principe.

« Le fait d'avoir ses règles est une chose. Le fait d'avoir des enfants en est une autre bien qu'elle soit liée aux règles. La première est choquante au début mais on s'y fait et elle peut se cacher facilement. Cela ressemble à la respiration, à la faim, à n'importe quelle fonction naturelle. Tu vois ce que je veux dire?... C'est inévitable, nous sommes ainsi faites, il faut respecter les lois du Seigneur dont les voies sont impénétrables... La seconde est plus compliquée parce qu'elle ne dépend pas que de toi... Tu sais que c'est en vivant avec son mari que la seconde arrive?

— Oui maman.

— Qui te l'a dit?

— Huguette Meunier.

— Elle est dans ta classe?

— Oui maman.

— Que fait son père?

— Je ne sais pas.

— Je le demanderai à la directrice. Que t'a-t-elle dit?

— Eh bien, qu'on avait des enfants avec son mari. Qu'on les portait dans le ventre... Que ça durait neuf mois.

— Eh bien, elle en sait des choses cette petite-là! Et tu vas me faire croire qu'avec tout ça elle ne t'a pas parlé des règles?

— Je vous assure maman qu'elle ne m'en a jamais parlé. Je ne parle pas beaucoup avec elle.

— C'est normal dans le fond qu'elle n'en ait rien dit, nous n'aimons pas beaucoup parler de ça.

Ce « nous » qui les liait Huguette Meunier et elle, ce n'était pas imaginable!

— T'a-t-elle dit que certaines femmes avaient des enfants en dehors du mariage?

— Non maman, elle n'en a pas parlé.

En fait Huguette Meunier parlait de garçons, elle ne parlait pas de maris. Comme elle ressemblait à une belette et que, pour raconter ses histoires, elle réunissait les filles dans un coin de la cour où nous étions cachées des surveillantes, je pensais qu'elle inventait des mensonges pour faire l'intéressante ou pour nous amuser.

— Ça peut arriver. C'est un péché si grand que le Seigneur ne le pardonne jamais. La femme qui a fait ce péché et l'enfant qui en naît sont maudits pour toute leur vie. Tu m'entends?

— Oui maman.

— Aussi, à partir du moment où tu auras tes règles tu ne devras plus jamais rester seule avec un garçon et encore moins avec un homme. Toi qui aimes bien les jeux de garçons il faudra te contrôler. Finies les cavalcades dans la forêt avec les fils de Barded! C'est compris?

— ...

— Tu ne devras plus jamais te laisser toucher ou

embrasser sur les joues. Nous devrons toujours savoir où tu es et avec qui. C'est compris?

— ...

— Si je viens à apprendre qu'en sortant de classe tu fais comme ces petites dévergondées qui rencontrent des garçons que je ne connais pas, je te préviens que tu ne resteras pas ici. Ce sera le couvent dans les vingt-quatre heures.

— Pourquoi?

— Parce que c'est comme ça... Je n'ai pas d'explications à te donner... On ne parle pas à n'importe qui, il faut savoir se faire respecter. Un point c'est tout.

Quel bouleversement! Pourtant j'étais consciente de l'importance du moment et, finalement, fière d'entrer enfin dans les confidences de ceux de mon milieu. Car, au fond, je comprenais ce qu'elle voulait me dire. Je faisais l'âne pour avoir du son, je voulais qu'elle me parle encore, mais je savais très bien qu'il y avait une différence entre les enfants du peuple et moi, que pour certaines choses il n'y avait pas de pont, pas de communication possible entre nous. Ils ne savaient rien. Je le voyais bien à la façon dont ils mangeaient, parlaient et même s'amusaient. Ils n'avaient aucune retenue et, parfois, ils sentaient un peu mauvais. J'aimais les enfants de la ferme mais je savais que je n'étais pas comme eux.

C'était une séance d'initiation à laquelle ma mère et moi nous étions livrées. A une séance importante, la plus importante peut-être. Elle me donnait les pièces les plus précieuses de l'uniforme invisible qui désignera ma caste à quiconque me rencontrera. Il fallait que je sois dressée de telle sorte qu'à n'importe quel moment, dans n'importe quelle circonstance, on puisse reconnaître mon origine. En mourant, en jouant, en mettant un enfant au monde, en faisant la guerre, en dansant avec mon fiancé dans une guinguette ou au bal du Gouverneur, je devrai porter mon uniforme invisible. Il me protégera, il m'aidera à reconnaître mes semblables et à me faire reconnaître d'eux, il inspirera le respect aux inférieurs.

— Maman, s'il vous plaît, pourquoi est-ce que les filles d'Henriette sortent seules sur la plage avec des garçons?

— Henriette est une excellente cuisinière. Je n'ai qu'à me louer de ses services. Mais elle élève ses enfants comme elle l'entend. Cela ne me regarde pas, ni toi non plus. Les gens qui travaillent n'ont pas le temps de s'occuper de l'éducation de leurs enfants. D'ailleurs cela ne leur servirait à rien. Cela pourrait même les gêner plus tard.

« A propos, je n'aime pas beaucoup que tu fasses entrer ces jeunes à la maison. Je sais que ton intention est généreuse mais, vois-tu, un jour ils auront envie de tout ce que tu as et qu'ils n'auront jamais et ils en seront malheureux. Il faut savoir être charitable, essayer de comprendre les autres. Un jour tu auras des réunions de jeune fille, j'inviterai des amis de ton âge et les filles d'Henriette ne pourront pas venir. Tu le comprends bien, elles ne seraient pas à leur place, cela les gênerait Mais, si tu leur donnes l'habitude de venir ici, elles en seront blessées. Alors, apprends à garder tes distances ma chérie, tout en gardant ta générosité. »

Elle avait appelé la femme de chambre pour qu'elle débarrasse le plateau du thé. De nouveau nous étions seules avec le feu. J'aimais le feu, aussi bien les flammes que les escarbilles qui s'accrochaient aux parois, brillaient comme des étoiles et s'éteignaient subitement.

C'est alors que j'ai posé la question idiote. Une question dont je connaissais pourtant la réponse bien qu'on ne me l'ait jamais donnée. Mais je pensais que ce jour était fait pour les explications, pour mettre tout au clair.

— Maman, est-ce que pour les musulmans c'est la même chose que pour nous?

— Evidemment, nous sommes tous égaux devant Dieu, nous subissons les mêmes règles naturelles.

— Est-ce que vous inviterez des garçons arabes bien élevés, les fils du Cheik Ben Toukouk par exemple, qui sont en pension en France?

— Tu as le don de poser des questions stupides. Qu'est-ce que ces gens viendraient faire ici? Ils s'ennuieraient! Ils ne se sentiraient pas à leur place.

Je l'avais agacée. Je ne savais pas lui parler, je m'y prenais toujours maladroitement avec elle, je la choquais. Souvent elle soupirait : « Je n'y arriverai donc jamais avec toi! » Quand elle était avec des étrangers et qu'elle me voyait apparaître elle les prévenait : « Attention à ma fille, c'est une sauvageonne, du vif-argent. » Je la sentais inquiète, je comprenais qu'elle essayait d'excuser mes éventuelles maladresses par un si beau mot.

Vif-argent. Cela me faisait penser à l'éclair que lançaient les bancs de poissons quand ils changeaient tout à coup de direction, au scintillement subit de leurs ventres argentés. Les vols de pigeons eux aussi lançaient des éclats d'argent dans leurs virages.

C'était fini, je pensais qu'elle allait me demander de partir. Au lieu de ça elle a pris une nouvelle cigarette, elle l'a allumée et s'est enfoncée dans son fauteuil. Elle soufflait lentement la fumée. Ses lèvres étaient parfaites, bien dessinées, avec deux crêtes pointues en haut et une ligne nette, légèrement courbée en bas.

Ses yeux verts étaient partis dans un rêve triste. Je ne supportais pas qu'elle soit triste. Si seulement elle m'avait laissée m'approcher d'elle, si j'avais pu la consoler, l'embrasser, la caresser. Mais elle ne le voulait pas. Seulement les baisers du bout des lèvres, des bonjours et des au revoir, rien de plus. Elle me faisait penser à ces faisans royaux qui étaient en cage dans le jardin. Ils promenaient, hiératiques, à pas comptés et raides, leur cagoule mordorée, leur plumage aux reflets verts et leur longue traîne d'or et de bronze. J'aurais aimé les toucher mais, attention, ils piquaient quand on les approchait de trop près ! Ils n'auraient pas dû être enfermés, c'est peut-être pour cela qu'ils étaient mauvais. Et ma mère, elle, était-elle enfermée ? Mais non, elle faisait ce qui lui plaisait, elle allait où elle voulait, elle connaissait toutes les règles, elle ne risquait pas de se perdre. Et si ces règles me paraissaient parfois être des barreaux, elles n'en étaient pas en réalité, au contraire. Elle me répétait souvent : « Si tu ne m'écoutes pas tu n'y arriveras pas. » C'est donc qu'elle y arrivait, elle.

— Je voudrais te parler de ton père. J'aimerais te dire comment tu es née. Je pense que cela t'aidera à mieux comprendre notre conversation et que cela t'évitera de commettre les erreurs que j'ai commises.

« Ce n'est pas un homme de notre milieu malgré les apparences et malgré sa naissance. Car il est d'une bonne famille française, sans prétention et tout à fait correcte. Il a rompu avec elle très jeune, pour voler de ses propres ailes. Tu sais qu'il est de France, de La Rochelle. Mais, Dieu sait où il a traîné avant d'aboutir ici ! Il vaut mieux ne pas le savoir. Il est beaucoup plus âgé que moi, tu le sais...

« Il est très bel homme, il a beaucoup de charme comme on dit. Dès son arrivée ici il a été la coqueluche de la ville. Ingénieur, français, beau parleur, il avait tout pour plaire et j'avoue que j'ai été flattée quand il m'a demandée en mariage. D'ailleurs, malgré la différence d'âge, tes grands-parents avaient approuvé ce mariage. Il avait une belle situation, l'usine tournait rond à cette époque... Rendons à César ce qui est à César : c'était un homme courageux car, ses diplômes, il les avait obtenus à la sueur de son front, en allant aux cours du soir. Mais pendant ces années où il a été ouvrier il a désappris tout ce qu'on lui avait enseigné chez lui, il a échangé les bonnes habitudes contre des mauvaises. En fait, c'est un aventurier, mais je ne m'en suis rendu compte que trop tard... Si tu savais l'oie blanche que j'étais!... Après tout c'est ton père, je ne veux pas dire du mal de lui devant toi... et pourtant si je te parle comme je le fais ce soir c'est que je veux te rendre service, je veux que tu te mettes bien dans la tête qu'en se déclassant on court à la catastrophe. On ne peut pas se marier avec n'importe qui. »

Une moustache noire sur des dents blanches, un haut front, des cheveux noirs lisses, des yeux noirs qui rient, des mains souples et soignées qui me saisissent : mon père. Il a une canne, des guêtres et un chapeau qu'il retire souvent, dans un grand geste, pour saluer des dames dans la rue. Chaque fois que je le rencontrais il était heureux de me voir. Trop heureux. Il me regardait en riant, il me serrait contre lui, il était attentif à mes mouvements, à mes paroles. Il détaillaît les traits de mon visage : « Ton nez, tes yeux, tes mains... les mêmes que moi! Tu me ressembles, petit loup! » Ça le faisait rire encore plus. Quand j'étais là plus rien n'existait que moi. Cela me gênait.

Je redoutais énormément les dimanches après-midi que je devais passer avec lui une fois par mois. Je trouvais que les déjeuners en semaine suffisaient. Mais, le jour où j'ai osé avouer à ma mère que je n'aimais pas ces séances dominicales, elle m'a fait remarquer : « C'est la loi, si tu n'y vas pas il ne me paiera pas ma pension qui est déjà dérisoire. » Et d'ailleurs, à la fin de ces journées, j'étais chargée de réclamer « l'enveloppe de ma mère ».

C'était Nany qui opérait la passation des pouvoirs. Avant de me laisser devant la porte de mon père elle me répétait encore les recommandations de ma mère : « Ne te mouche pas dans ses mouchoirs. Touche-le le moins possible. Sa maladie a tué ta sœur.

Et n'oublie pas de lui demander l'enveloppe. »

Ces dimanches-là il me menait invariablement à son club de tennis où il commençait par faire une partie (« Ton père est une excellente raquette. »), puis il entrait dans le club-house où il jouait au bridge avec des messieurs sportifs vêtus de pantalons de flanelle blanche, de chemises Lacoste, de chandails de shetland et il y avait aussi des femmes que je trouvais trop hardies, qui posaient une main sur son épaule, l'appelaient par son prénom et se penchaient à son oreille pour lui chuchoter des choses qui le faisaient rire.

Je détestais cet endroit. Non seulement je m'y ennuyais énormément, mais j'avais plus honte là qu'ailleurs d'être une fille de divorcés. Avec ma mère le divorce de mes parents était un malheur, une épreuve, quelque chose d'un peu héroïque à vivre. Avec mon père, à cause de ses rires, de ses habitudes de célibataire, de son goût évident pour les femmes, cela devenait quelque chose de scandaleux.

Quand j'étais dans ce club de tennis je ne parlais à personne et je me cachais dans les taillis, derrière la cabine de déshabillage des femmes. Lorsque la nuit tombait je ne bougeais pas de là. S'il pleuvait je cherchais un abri sous la véranda du club-house. Mon père qui n'avait pas l'habitude des enfants, ne me cherchait jamais. Il croyait que je m'étais amusée dans le parc ou dans la maison et trouvait tout naturel de me voir près de l'auto au moment du départ. Lorsque nous étions installés dans sa voiture il déclarait invariablement : « Nous avons passé une bonne journée. N'est-ce pas mon petit loup ? »

Quand nous arrivions en bas de chez ma mère je disais (et je m'étais à chaque fois préparée durant tout le trajet à dire cette phrase) : « Maman voudrait son enveloppe. »

Il faisait mine d'avoir complètement oublié — heureusement que j'y pensais — et il se mettait à chercher dans toutes ses poches alors qu'à chaque fois il trouvait l'enveloppe au même endroit. Il me la tendait en riant : « Ça coûte cher les enfants ! »

Je n'aimais pas qu'il dise cette phrase car je savais que la pension qu'il versait mensuellement à ma mère, et qui n'avait pas augmenté depuis leur divorce, c'est-à-dire depuis ma naissance, n'aurait pas suffi à m'acheter une paire de chaussures.

Maintenant que j'avais grandi, que la guerre avait éclaté et que ma famille avait des ennuis d'argent, cette pension revenait constamment sur le tapis.

— Si tu crois que c'est avec ce que ton père me donne que je peux t'offrir ceci, ou cela, ou autre chose.

J'avais tellement peur d'entendre cette phrase que je ne demandais jamais rien. Pendant toute la guerre j'ai porté des chaussures deux ou trois pointures trop petites si bien que mes pieds en sont restés déformés. Tout était difficile à trouver et les vêtements, en particulier, atteignaient des prix exorbitants. Ma mère, exaspérée par ma croissance, constatait à chaque changement de saison, à chaque rentrée des classes que mon habillement de l'année précédente était immettable. Alors elle décrochait le téléphone et, devant moi, elle appelait mon père. Elle me disait avec véhémence :

— Je veux que tu sois témoin. Il me faut des témoins pour réclamer au juge une augmentation de pension. Il faut que quelqu'un lui dise quel calvaire je vis. Tu témoigneras que je me saigne aux quatre veines, toute seule !

Elle me plantait près du téléphone, elle composait le numéro et tout de suite j'entendais la voix de mon père déformée par l'appareil.

Aujourd'hui je suis certaine qu'elle me plaçait à un endroit tel que je pouvais entendre toute leur conversation, car lorsque je faisais mine de m'éloigner de là, elle m'y remettait d'un geste brusque.

— Dites donc, votre fille a encore grandi. Ce n'est pas avec ce que vous me donnez que je peux l'habiller. Il lui faut un manteau, une jupe, deux chandails...

Ils discutaient longuement sur un ton aigre. Leur rancœur remontait à la surface. Elle lui lançait mon entretien à la figure. Il rétorquait qu'il ne demandait pas mieux que de me prendre chez lui, à demeure. Elle ripostait qu'il ne manquait plus que cela, qu'il n'était pas une fréquentation pour une fille de mon âge. Il répondait que c'était elle qui avait demandé le divorce et qui l'avait ainsi poussé à mener une vie de célibataire. Elle explosait, dans les larmes, qu'elle ne savait pas qu'il était malade quand elle l'avait épousé, que si elle l'avait su elle ne l'aurait pas fait. Il s'indignait qu'il était guéri à l'époque, que c'était une blessure de guerre, que ce n'était pas de sa faute si la maladie était revenue sans qu'il le sache. Elle gémissait que sa fille était morte. Il baissait le ton en disant qu'il l'aimait, que c'est parce qu'il l'aimait qu'il n'avait pas osé dire qu'il était malade. Il s'en repentait, il avait tout perdu, son aînée, sa femme, moi, tout.

C'était épouvantable! Ces coups de téléphone étaient une torture! Ma mère raccrochait en sanglotant puis elle allait s'enfermer dans sa chambre où je l'entendais pleurer interminablement.

Au cours de mon adolescence, c'est dans ces moments-là que j'ai commencé à penser au suicide.

Elle ne parlait que par instants. Le reste du temps on aurait dit que le feu la fixait dans une contemplation triste.

— Enfin bref, pour différentes raisons la vie avec ton père m'était devenue intolérable. Depuis la mort de ta sœur ton père me faisait horreur. J'étais très jeune, à peine vingt ans, je n'avais jamais vu un cadavre. Quand j'ai vu mon bébé comme ça, dans cet état, ma petite fille si belle, dont j'étais si fière, ce fut terrible. Surtout que cela se passait à Luchon, dans une chambre d'hôtel. Le médecin de ton père m'avait envoyée là pour soigner l'enfant. En fait il m'avait envoyée en exil, pour que l'enfant ne meure pas à Alger. Au départ ils savaient tous les deux, ton père et lui, que la petite était perdue. Le docteur ne m'avait pas dit que la maladie dont elle souffrait était d'origine tuberculeuse. Il ne m'avait pas dit que ton père était tuberculeux. Je ne le savais pas. Ton père ne me l'a jamais dit. Si je l'avais su j'aurais pu faire quelque chose, la protéger, elle vivrait encore. C'est lui qui l'a tuée. Par son mariage il voulait entrer dans notre milieu. Il avait de l'argent, il était ingénieur, il était beau. Avec une jeune femme (jolie comme je l'étais!) de bonne famille, il ne lui manquait plus rien.

« Alors moi j'ai perdu la tête devant ma petite fille qui ne vivait plus, dans cet hôtel inconnu, dans ce pays détestable. Sans famille, sans amis, sans soleil! Je suis devenue folle. Il avait eu raison de m'éloigner car s'il avait été là, si je l'avais eu sous la main, je l'aurais tué! »

Elle regardait le feu avec une telle intensité, une telle férocité, qu'on aurait pu tracer deux lignes droites qui seraient allées de ses prunelles aux flammes. Deux fines épées meurtrières pour transpercer mon père.

Mon cœur battait, mon esprit sautait par petits coups, comme un oiseau, de-ci, de-là, affolé. Mon amour pour elle était en péril parce qu'il n'était pas à la hauteur de sa peine. Que faire? Comment la décharger de ce poids? Comment changer son regard? Je me suis avancée au bord du fauteuil, je me suis penchée vers elle.

— Maman, vous ne devez pas vous faire de mal.

Son regard n'a pas changé, n'a pas bougé, même quand elle a murmuré :

— Ah! tu ne sais pas, tu ne l'as pas connue, c'était une enfant exceptionnelle.

Elle était restée longtemps figée, fascinée par ses souvenirs : la vie de son enfant, la mort de son enfant, le cimetière.

Elle avait pleuré. Quelques larmes avaient glissé sur ses joues, furtivement; elles n'étaient que le trop-plein du lac de chagrin qui l'emplissait et où ses pleurs intérieurs s'égouttaient sans cesse. Il lui restait maintenant sur le visage deux fines traînées satinées, comme si deux escargots avaient tracé leur chemin parmi les délicatesses de sa poudre de riz parfumée.

La nuit était tombée complètement et les lumières du salon éclairaient par endroits les branches les plus proches des faux poivriers de la façade dont le feuillage pleurait aussi de toutes petites larmes vertes.

Nous étions restées comme cela, sans bouger, jusqu'à ce que le feu interrompe nos silences par des pétarades étincelantes. Elle s'était levée et avait tisonné, faisant naître d'autres gerbes d'étincelles et regroupant les braises rougeoyantes avant d'ajouter une nouvelle bûche.

— Tu sais que le divorce est interdit par l'Eglise, sauf dans les cas de force majeure. Tu sais que pour rien au monde nous ne devons nous éloigner du Seigneur qui est mort pour nous sur la croix. Tu sais qu'il est toujours auprès de nous bien que nous ne le voyions pas. Avec notre ange gardien il essaie de nous protéger... Il m'a fallu du courage pour demander le divorce. Je suis allée voir l'archevêque d'Alger et je n'ai pris ma décision qu'après qu'il m'a assurée que, à condition de ne jamais me remarier, je pourrais divorcer tout en continuant à pratiquer ma religion et à recevoir les sacrements. On peut braver l'opinion publique avec l'aide de Dieu et l'assurance de son amour!

« J'aurais dû quitter ton père après la mort de mon enfant, mais je n'ai pas osé... C'était un tel scandale. Je n'en ai pas eu le courage, j'étais trop jeune.

« Ton frère est né deux ans plus tard. J'ai tremblé pour mon nouveau bébé. J'avais peur de le voir mourir à son tour. Je suis toujours inquiète pour sa santé, il est si maigre.

« Puis il y a eu des ennuis à l'usine. A mon mariage mon père avait placé des capitaux et ma dot dans l'affaire de ton père qui marchait très bien. Il s'est passé des choses compliquées, que tu ne comprendrais pas. Les discussions étaient journalières. Je servais de trait d'union entre les deux hommes. Chacun employait pour parler de l'autre des mots qui étaient peu flatteurs. Je n'en pouvais plus : mon père d'un côté, mon mari de l'autre... Ta grand-mère s'en est mêlée... Tu la connais, elle faisait des éclats. J'en souffrais beaucoup. Là-dessus ton père a rechuté, il est parti pour la Suisse, il est resté en sana pendant deux ans. Quand il est revenu c'était pire, pendant son absence son affaire avait périclité. Je l'ai supplié de rembourser mon père, au moins cela... A l'usine il y avait vingt-cinq scies mécaniques et ton père m'appelait la vingt-sixième scie... Il trouvait encore le moyen de rire! Il n'y avait pourtant pas de quoi. Nous avions perdu notre enfant, il était tuberculeux jusqu'à la moelle, l'usine ne valait plus rien... Après tout, toute ma dot était là-dedans, j'avais aussi mon mot à dire. Je n'aurai un jour qu'une petite part de la terre, elle appartiendra à tes oncles; il fallait que je préserve mon avenir et celui de ton frère... Le tien aussi bien sûr mais tu n'étais pas encore née.

« Notre fortune n'est pas immense mais elle est ancienne. Le premier grand-père qui est venu ici était un poète. Il a perdu plus d'argent qu'il n'en a gagné dans ce pays. Il faut préserver ce qu'il nous reste. Grâce à cela nous pouvons encore faire le bien, aider nos ouvriers. »

Ma mère parlait des ouvriers avec le même respect et la même crainte que lorsqu'elle parlait des saints. Je sentais que les uns et les autres étaient nécessaires à la bonne pratique de sa religion. En faisant la charité aux uns et en priant les autres on finissait par aboutir au paradis.

Quelques ouvriers vivaient à la ferme avec leur famille tout au long de l'année. Ils habitaient des logements pourvus d'eau courante et d'électricité qui donnaient sur la grande cour. Ces gens, pour la plupart, naissaient et mouraient là, laissant leurs places à leur progéniture. Je jouais avec les enfants de Barded qui avait joué lui-même avec ma mère, dont le père avait joué avec ma grand-mère et le grand-père avec mon arrière-grand-père, et ainsi de suite depuis cent ans passés. Je connaissais mieux les naissances, les morts et les unions de leur famille que celles de ma propre famille dont une partie vivait en France, trop loin, dans le froid, dans le vague. Ces ouvriers étaient entièrement sous notre protection. Nous partagions tout avec eux. Sauf le sang, l'argent et la terre.

Cette terre, les premiers colons s'étaient donné du mal pour la rendre cultivable. Ils avaient asséché les marécages qui grouillaient de vipères et de moustiques à paludisme. Ils avaient drainé l'eau salée qui imbibait les plaines côtières. Ils avaient ensuite dessalé ces plaines pour les rendre fertiles. Ils s'étaient crevés à la peine sous le soleil. Les fièvres et la fatigue les avaient fait mourir comme meurent les pionniers de légende, dans la maison qu'ils avaient construite de leurs mains, dans le précieux lit qui venait du vieux pays, un crucifix sur la poitrine, entourés de leurs enfants et de leurs serviteurs. Ils léguaient à ceux-ci leur terre rouge et le goût de travailler encore pour elle (car elle devenait belle avec ses vignes alignées, ses orangeraies, ses jardins), à ceux-là, la certitude de la sécurité (ils n'auraient jamais faim, ils ne seraient jamais nus, quand ils seraient vieux ils seraient vénérés comme on vénère les ancêtres, quand ils seraient malades on les soignerait), et plus encore, s'ils restaient serviables et fidèles. Tout le monde pleurait et les serviteurs peut-être encore plus que les enfants car les partages de cette terre arrachée à la stérilité étaient durs à faire. C'était comme cela de génération en génération.

Quand ma grand-mère arrivait à la ferme au moment des vendanges c'était le grand branle-bas de combat. Kader qui conduisait la limousine, vêtu de sa blouse et de sa casquette de chauffeur, klaxonnait tout au long de l'allée d'oliviers qui menait de la route à la maison et soulevait un maximum de poussière. C'est dans un brouillard rougeâtre qu'il faisait son entrée triomphale dans la cour lavée à grande eau, récurée, balayée, brossée, fleurie. Les ouvriers, leurs femmes et leurs enfants qui attendaient, excités, depuis longtemps, escortaient la voiture. Ma grand-mère en descendait et tous se précipitaient pour la toucher, embrasser ses mains et ses vêtements. C'était la chibania, la Ma, même pour ceux qui étaient plus vieux qu'elle. Elle riait, elle prenait de leurs nouvelles, à son tour elle donnait des nouvelles de chacun de ses fils. Elle regardait autour d'elle, elle voyait que tout était propre, solide, rassurant, immuable. Elle était née ici, exactement, comme ceux qui l'entouraient, ils se connaissaient depuis toujours.

Les vendanges étaient l'événement autour duquel tournait toute l'année. Les hommes avaient travaillé dur pour qu'elles soient belles. A la ville on regardait chaque jour par la fenêtre la pluie, la grêle, le vent et le soleil. On savait que, derrière ces manifestations naturelles, il y avait, là-bas, l'étendue immense des rangs de vigne qui souffraient ou s'épanouissaient. Par ailleurs, mon oncle commandait les ouvriers, dirigeait leurs efforts pour que les cultures soient bien labourées, bien taillées, bien sulfatées. Au moment où le raisin allait être mûr à point on faisait savoir dans la région qu'on engageait pour vendanger. Plusieurs centaines d'hommes auraient ainsi du travail pour une dizaine de jours.

Les vendangeurs venaient par petits groupes. Ils avaient souvent marché plusieurs jours pour arriver là. Au matin, quand on ouvrait la grande porte, on les trouvait installés sous les eucalyptus. Ils rencontraient des cousins, des amis. C'étaient toujours les mêmes familles qui fournissaient les saisonniers.

Pendant les vendanges le charivari régnait dans la cour dès quatre heures du matin. On sortait les chevaux et les mulets qui tiraient les pastières. La cave était illuminée, comme une cathédrale dans la nuit. Les hautes cuves, les tuyauteries, les robinets de cuivre étaient astiqués et luisants. Les équipes qui allaient travailler dans les pièces de vigne les plus éloignées s'entassaient dans les tombereaux et entraient dans l'ombre. Quand ils seraient arrivés là-bas le jour serait levé, car l'aube venait vite avec un soleil rouge. Elle éclairait les visages sous les chapeaux de paille et les tarbouchs, elle précédait à peine le jour qui naissait avec ses mouches et ses cigales. Alors on pouvait voir des hommes, plein les plaines et les vallons, cassés en deux, qui s'échinaient à soulager la vigne dont les mamelles gonflées traînaient jusque par terre.

Chaque matin, vers dix heures, ma grand-mère

s'installait sous un olivier près de la cave. Malgré sa capeline elle ouvrait une ombrelle au-dessus de sa tête pour se protéger du soleil car elle avait cette carnation de rousse propre à notre famille. Elle portait des vêtements légers faits de toile blanche, de mousseline mauve ou bleue qui flottait sur ses épaules et ses bras nus. Devant son fauteuil de rotin on dressait une table et une grosse balance. Elle était là pour recevoir, avec du thé à la menthe, les petits propriétaires arabes des environs qui avaient trop peu de vigne pour avoir leur propre cave et faire leur propre vin. Alors ils vendaient leur raisin à ma grand-mère. Certains étaient aussi vieux qu'elle. Ils s'étaient faits beaux pour venir la voir, ils avaient mis leur seroual blanc, leur tarbouch blanc et leur chemise blanche, avec un gilet de satin jaune ou mauve ou noir et leur grande gandoura de laine écrue qui sentait le propre. A leur taille, dans un petit étui de cuir rouge pendait le mouss, petit couteau qui servait aussi bien à trancher le pain qu'à régler les comptes. Ils arrivaient avec quelques paniers de grappes, quelquefois avec une charrette pleine. Ils touchaient du bout de leurs doigts la main tendue de ma grand-mère puis ils embrassaient leur index. Elle en faisait autant. Après ils se tapotaient mutuellement l'épaule et le dos en riant. Ils se connaissaient bien. Quand elle était petite elle troquait ses bagues et ses bracelets contre les mokroutes ou du pain de seigle qu'ils apportaient dans un grand mouchoir à carreaux. Ainsi, ils avaient gardé l'habitude d'échanger leurs trésors. Aujourd'hui ils troquaient leur raisin, c'est-à-dire leur année de travail contre quelques billets et quelques pièces. Ils surveillaient attentivement la pesée puis ils s'asseyaient en tailleur auprès d'elle, par terre. Ils roulaient une cigarette, ils ne parlaient guère. Ils regardaient en connaisseurs les va-et-vient de la cave et la quantité de raisin des autres vendeurs. De cette manière on savait ce qui se passait dans toute la région, sur des centaines et des centaines de kilomètres.

La ferme était le centre du monde.

Les journées passaient, brûlantes, éreintantes pour les hommes. Le pays était en proie à la fièvre du gain : les vendanges, cela signifiait des millions pour les uns, quelques centaines de sous pour les autres. Les hautes cuves se remplissaient une à une, les premières remplies commençaient déjà à fermenter : une épaisse mousse rosâtre se formait à leur surface. Bientôt il y aurait du vin nouveau. Un petit vin pétillant, fort en degrés, qui servait à couper les vins français. Les ouvriers n'en buvaient pas, leur religion le leur interdisait, mais ils savaient que de la qualité du vin qu'ils fabriquaient dépendait leur vie et celle de leur famille. Les hommes de cave avaient un visage grave et attentif pendant le travail. Il fallait qu'ils soient briqués et si, à l'extérieur, régnaient la poussière, les mouches, l'odeur du crottin, du moût et de la transpiration, à l'intérieur régnait la fraîcheur et la propreté d'un laboratoire. Tout était sans cesse lavé au jet, les allées, entre les cuves, étaient récurées à la brosse en chiendent, les grosses roues de cuivre qui fermaient les portes des cuves luisaient de loin en loin, dans la pénombre. Le bruit des machines qui entraînaient le raisin, le précipitaient dans le fouloir, le broyaient, le pressaient, était infernal.

Un matin c'était terminé. Plus de bruits, plus d'allées et venues. Mais des occupations furtives, des murmures, des palpitations sourdes, dès le petit matin. Une ambiance frémissante, comme des ailes de libellule. On préparait en sourdine la fête des vendanges. Il allait y avoir d'abord le couscous et le méchoui. Déjà les fosses étaient creusées et le bois préparé pour y faire de la braise. Les moutons dépecés, embrochés, empalés sur des pieux dressés contre le mur de l'entrée, attendaient de rôtir; il y en avait une fameuse série! Les femmes caquetaient autour du couscous qu'elles préparaient dans la cour. Elles étaient excitées. En principe, il ne fallait pas que les hommes les voient puisqu'elles étaient sans haïk, sans hadjar, pourtant elles faisaient tout pour attirer leur attention. Les plus jeunes allaient épier les garçons à travers les roseaux du jardin ou simplement par les fentes du grand portail et elles se faisaient houspiller par les matrones qui avaient la garde de leur virginité.

Ces jours-là, il était beaucoup question de la générosité de ma famille. On savait dans la province que la fête des vendanges était particulièrement fastueuse chez nous. Je me sentais légère, je restais avec les femmes à grignoter des raisins secs et des amandes grillées.

Après le repas il y aurait une longue sieste à l'ombre des eucalyptus, pour la digestion. Puis ce serait la fête préparée par les ouvriers, avec des chants, des danses, des grands feux, dès que la nuit tomberait. Par les fenêtres du grand salon toute la famille leur lancera des paquets de tabac, du dentifrice, des savonnettes parfumées au patchouli, de petits miroirs de celluloïd, des peignes, des brosses à dents, des bijoux de pacotille. Un luxe inouï!

— Finalement j'ai demandé le divorce. Ton frère avait quatre ans. Cela a été dramatique. Après m'y avoir poussée, mes parents maintenant tremblaient de me voir quitter mon mari. Cela ne se fait pas dans notre famille. Mais je n'en pouvais plus. Je vivais dans la crainte perpétuelle non seulement de voir ton frère tomber malade mais aussi de perdre toute ma fortune. J'ai tenu bon dans ma résolution. Je suis partie de chez ton père.

« Ce n'est qu'une fois la procédure de divorce

entamée que je me suis rendu compte que j'étais de nouveau enceinte. »

A la vérité, cela ne s'est pas passé comme ça. Nous n'étions pas à la ferme, dans le salon, en face d'un feu de bois. Tout son monologue, toutes les précisions, les révélations et les instructions qu'elle me donnait sur la condition des femmes, sur la famille, sur la morale, sur l'argent, c'est dans la rue qu'elle me les débitait.

Une longue rue en pente dont, comme par hasard, j'ai oublié le nom. Une rue qui allait de la grande poste à l'hôtel Aletti. D'un côté des immeubles et de l'autre une rampe qui surplombait d'abord de très haut la rue d'Ornano puis, à la fin, descendait à son niveau.

Je pense qu'elle préférait me dire ce qu'elle avait à me dire, ce qu'il fallait qu'elle me dise, ce que (à son sens) je devais savoir, ailleurs que dans un lieu consacré à notre vie.

Kader n'était pas là à nous attendre avec son visage aimé, son nez fin et ses narines détachées qu'il faisait palpiter pour m'amuser, avec son uniforme blanc au col et aux revers bleus, sa casquette qu'il me mettait sur la tête quand nous étions seuls avec Nany et qu'il m'asseyait sur ses genoux pour me faire conduire. La voiture n'était pas là non plus, bien sûr, avec ses strapontins que j'aimais tant plier et déplier, avec ses petites niches d'acajou dans lesquelles se trouvaient des flacons à bouchons d'argent que j'ai toujours connus vides. C'était la guerre, il n'y avait plus d'essence.

Nous étions dans la rue, une rue du centre pleine de passants, de bruit. Ce que je voyais, car je baissais la tête pendant qu'elle parlait, c'était les dalles de ciment du trottoir et, sur ces dalles les résidus de la ville : de la poussière, des crachats, de vieux mégots, de la pisse et de la crotte de chiens. Le même trottoir sur lequel coulera plus tard le sang de la haine. Le même trottoir sur lequel, vingt ans après, j'aurai peur de tomber, acculée à la mort par la chose.

A chaque fois que je repensais à cette scène, je chassais la rue. Je créais un cadre rassurant pour soutenir le souvenir de cet unique entretien avec ma mère. Je me remémorais souvent son discours et, au cours des années, j'élaborais un décor dans lequel j'avais des prises et des possibilités d'évasion. Je me rappelais ses moindres mots, les moindres intonations de sa voix, les moindres expressions de son visage aperçues à chaque fois qu'un silence trop long me faisait lever la tête vers elle, pour voir où elle en était. Mais je ne voulais à aucun prix me rappeler que nous étions dans la rue. Cela devenait alors insupportable pour moi.

Dans la rue je voyais trop de choses, j'entendais trop de choses, je sentais trop de choses.

Jusqu'à la guerre je n'avais vu la rue qu'à travers les vitres de la voiture. Puis j'étais allée en classe toute seule, j'étais en sixième.

C'était trop me donner d'un seul coup! Cette liberté inconnue! Tous ces gens qui me dépassaient, me croisaient, me frôlaient, me bousculaient!

Dans la rue j'allais d'ébahissement en ébahissement, d'émotion en émotion, d'excitation en excitation.

La rue méditerranéenne! Avec les garçons qui sifflaient les filles, les filles qui se dandinaient en passant devant les garçons; leurs permanentes, leurs parfums violents, leurs maquillages, leurs fesses qui se balançaient en cadence. Les mendiants lançaient leurs plaintes tout en grattant leur gale : « Ya Ma! Ya ratra moulana! Ya, ana meskine besef! Ya chaba, ya zina, atténi sourdi! » Ils montraient leurs moignons, découvraient leurs ulcères, leurs chicots pourris, leurs croûtes, leurs yeux crevés et suintants, leurs varices : « Ya chaba, ya zina, atténi sourdi! » Les femmes exposaient leurs bébés mangés par les mouches, elles berçaient leurs corps déformés en psalmodiant : « Ya chaba, ya zina, atténi sourdi! » Par une ouverture de leurs guenilles, elles sortaient une guenille de plus mais celle-là striée de veines bleues, leur sein, qu'elles tendaient au petit qui se mettait à le sucer avidement. Les poses sexy des mannequins dans les magasins de vêtements. Des hommes, tout en marchant, crachaient d'épais glaviots qui allaient s'écraser sur le trottoir. Les terrasses des bistros desquelles venait une bonne odeur de café matinal. Les amoureux qui s'embrassaient dans les encoignures, bien encastrés l'un dans l'autre, loin de tout. Les marchands de fleurs des champs, les marchands de figues de Barbarie, les montreurs de singes dressés « y saute, y danse, idanidane idanidane! » Les rempailleurs de chaises gitans. Et puis, par moments, sur les glaces des vitrines, mon reflet : mon dos cambré, mes fesses hautes, mes boutons de nichons, mes cheveux blonds bouclés, mes grands bras et mes grandes jambes de gosse qui va bientôt ne plus en être une.

La circulation, les klaxons, les cloches des trams, les conducteurs qui s'engueulent : « La putain de ta mère, sale con. » « Va t'faire enculer! » La rue à traverser dans ce charivari. De l'autre côté, sur l'autre trottoir, c'était pareil.

La possibilité de prendre la première rue à gauche ou à droite, de changer mon itinéraire et tout sera nouveau. J'étais attentive à tout sauf à ma route et je me cognais sans cesse aux ficus plantés au beau milieu de la rue Michelet. Quand j'arrivais à mon école j'étais ivre, groggy, je perdais l'équilibre, le contraste était trop grand! Ce que l'on m'apprenait ne cadrait pas avec ce que je voyais. La charité, les bonnes mœurs, l'hygiène, la tenue! Je comprenais qu'il y avait deux vies : la nôtre et celle des gens de la rue. Dans notre vie je n'obtenais aucun bon résultat et dans la rue, qui m'attirait, tout me paraissait plus facile. La honte! J'avais peur parce que je voulais plaire à ma mère, je voulais vivre comme elle le désirait, et je sentais pourtant en moi une force épouvantable qui me poussait hors du chemin que je devais suivre.

Elle s'était arrêtée et, ses deux mains gantées appuyées sur la rampe de granit, elle regardait loin, plus loin que la rue qui, en contrebas, ouvrait une tranchée rectiligne dans la ville, plus loin que le port qui, encore plus bas, hérissait la chevelure de ses grues dans le tintamarre de son activité, plus loin que la baie blanche de chaleur, plate comme un miroir, plus loin que les collines de l'horizon, elle regardait là-bas où les souvenirs sont intacts, conservés dans la glace du passé.

Si j'avais pu savoir le mal qu'elle allait me faire, si, au lieu de n'en avoir que la prémonition, j'avais pu imaginer la vilaine blessure inguérissable qu'elle allait m'infliger, j'aurais poussé un hurlement. Bien campée sur mes deux jambes écartées j'aurais été chercher en moi la plainte fondamentale que je sentais se former, je l'aurais conduite jusqu'à ma gorge, jusqu'à ma bouche de laquelle elle serait sortie sourdement d'abord comme une corne de brume, puis, elle se serait effilée en un bruit de sirène et elle se serait enflée enfin en ouragan. J'aurais hurlé à la mort et je n'aurais jamais entendu les mots qu'elle allait laisser tomber sur moi comme autant de lames estropiantes.

Là, dans la rue, en quelques phrases, elle a crevé mes yeux, elle a percé mes tympans, elle a arraché mon scalp, elle a coupé mes mains, elle a cassé mes genoux, elle a torturé mon ventre, elle a mutilé mon sexe.

Je sais aujourd'hui qu'elle était inconsciente du mal qu'elle me faisait et je ne la hais plus. Elle chassait sa folie sur moi, je lui servais d'holocauste.

— Me trouver enceinte en plein divorce! Te rends-tu compte de ce que cela représente?... Je voulais me séparer d'un homme dont j'attendais un enfant!... Tu ne peux pas comprendre... Pour divorcer il faut ne plus vouloir d'un homme au point de ne plus supporter sa seule présence... Ah! tu es trop jeune, tu ne comprends pas ce que je veux dire!... Mais il faut que je te parle, il faut que tu saches ce que l'on peut endurer pour une bêtise, pour quelques secondes!...

« Il existe de mauvaises femmes et de mauvais médecins qui peuvent supprimer un enfant dans le ventre d'une femme. C'est un péché monstrueux que l'Eglise punit par l'Enfer et la France par la prison. C'est une des plus mauvaises actions qu'un être humain puisse commettre.

« Pourtant il se peut que, naturellement, c'est-à-dire sans avoir à recourir à un de ces mauvais médecins ou une de ces mauvaises femmes, on perde un enfant que l'on attend. Certains chocs peuvent provoquer cela, ou certaines maladies, certains médicaments, certains aliments, quelquefois simplement une frayeur. A ce moment ce n'est plus un péché, ce n'est rien, un accident voilà tout.

« Mais cela n'arrive pas si facilement qu'on le croit! Quand je pense aux précautions dont on entoure les femmes enceintes!... Qu'elles ne se fatiguent pas trop, qu'elles ne descendent pas les escaliers sans se tenir à la rampe, qu'elles restent allongées le plus possible... Tu parles!... De la rigolade! »

Quelle violence, quelle vulgarité, quelle haine encore dans son regard et dans ses mots; tant d'années après!

— Moi, ma fille, je suis allée chercher ma bicyclette qui rouillait dans la remise depuis je ne sais plus combien de temps et j'ai pédalé dans les champs, dans la terre labourée, partout. Rien. J'ai fait du cheval durant des heures : les obstacles, le trot — et pas enlevé du tout, je te prie de me croire. Rien. Quand je laissais ma bicyclette ou mon cheval j'allais jouer au tennis en pleine chaleur. Rien. J'ai avalé de la quinine et de l'aspirine par tubes entiers. Rien.

« Ecoute-moi bien : Quand un enfant est accroché on ne peut rien faire pour le décrocher. Et un enfant ça s'attrape en quelques secondes. Tu me comprends? Tu comprends pourquoi je veux te faire profiter de mon expérience? Tu comprends qu'on est prise au piège? Tu comprends pourquoi je veux te prévenir? Tu comprends pourquoi je veux que tu saches et que tu te méfies des hommes?

« .. Après plus de six mois de ce traitement j'ai été bien obligée d'admettre que j'étais enceinte et que j'allais avoir un autre enfant. D'ailleurs ça se voyait. Je me suis résignée. »

Elle me faisait face maintenant et, avec ces beaux gestes qu'ont les Blancs des colonies, ces gestes dans lesquels se mêlent la retenue de l'Europe et la volupté des pays chauds, elle s'appliquait à glisser sous le ruban de satin mes boucles de devant qui s'échappaient toujours.

— Finalement tu es née, car c'était toi que j'attendais. Le Seigneur m'a sûrement punie d'avoir voulu un peu aider la nature parce que tu es née en occipito-sacré, toute la face en avant, au lieu de ne présenter que le fond de ton crâne. J'ai souffert le martyre, beaucoup plus que pour ta sœur ou ton frère. Mais la punition n'était pas bien méchante puisque tu étais un beau bébé, en pleine santé. Pour passer tu avais dû bien frotter contre moi ton menton et tes pommettes car ils étaient tout rouges. On aurait dit que tu étais maquillée. Comme tu étais mignonne mon Dieu! La Sœur Césarien qui était là bien sûr, comme à toutes les naissances de la famille, t'a astiquée, emmaillotée, elle a même brossé le petit duvet doré que tu avais sur la tête, puis elle t'a installée dans ton joli berceau, tes mains croisées sur la poitrine, tu dormais. Elle a dit : « Regardez, Madame, on dirait une postulante », et nous avons bien ri. »

Elle riait encore à ce souvenir charmant : la petite fille-bébé toute maquillée, les mains croisées, les yeux fermés, comme une nonnette... Elle s'est penchée vers moi et, dans un élan tendre qu'elle avait rarement, elle a voulu m'embrasser. Mais, par un mouvement de recul inconscient, comme si je perdais pied, j'ai évité son baiser, j'ai évité la proximité de son ventre surtout.

Ah! Si seulement j'avais été dans le salon, comme je voulais l'imaginer par la suite, si j'avais senti la présence proche de Nany ou de Kader, je ne serais peut-être pas tombée dans cette fissure de la terre qui venait de s'ouvrir. Si j'avais pu entendre les chiens aboyer dans la soirée. Si j'avais pu entendre les chacals leur répondre depuis la forêt. Si elle avait eu ses beaux vêtements, son bon parfum, qu'elle mettait à la maison... Mais, non, nous étions dans le vacarme de la rue, dans la rigueur de nos vêtements de ville. Seules, face à face, nous vivions notre unique rencontre. Jusque-là ma vie n'avait été faite que d'une accumulation d'efforts pour détourner mon chemin vers elle. Je croyais qu'une fois croisée je continuerais ma route avec elle, mettant mes pas dans ses pas. Au lieu de cela, à peine rencontrée je forçais mon allure pour que ma route s'éloigne d'elle rapidement. Nous n'avions fait que nous couper. Nos deux vies formaient une de ces croix obliques dont on se sert pour barrer, annuler, supprimer.

La haine n'a pas fleuri tout de suite. D'abord s'est étendu devant moi un infini désert aride, plat, lassant, désespérant, uni. Durant toute mon adolescence j'ai arpenté ce désert comme un bœuf qui laboure, tirant la lourde charrue dérisoire de mon amour pour ma mère désormais inutile. Le sang a attendu que j'aie vingt ans pour me rendre visite, très irrégulièrement et dans des souffrances atroces. Puis je suis devenue une femme et j'ai attendu mon premier enfant. Quand j'ai su ce que c'était que d'avoir dans le ventre un petit de quatre mois, de cinq mois, de six mois, etc., je me suis mise à haïr ma mère, cette pauvre salope!

J'ignore ce que j'étais en train de faire quand c'est arrivé pour la première fois. D'ailleurs, depuis l'aveu de l'avortement raté de ma mère jusqu'à mon analyse, j'ai très peu de souvenirs saillants. Ma vie baignait à l'extérieur dans le gris, le terne, le correct, le conforme, le muet, et, à l'intérieur, dans le lourd, le secret, le honteux, et, de plus en plus souvent, dans l'effrayant. J'ai senti dans mon ventre, du côté droit, un contact presque imperceptible, un peu comme on sent le regard d'une personne qu'on ne voit pas. J'étais enceinte depuis un peu plus de quatre mois. Quelques jours plus tard, de nouveau ce frôlement, cette toute petite caresse : un doigt léger sur du velours.

C'était mon enfant qui bougeait! Larve, têtard, poisson des grandes profondeurs. Vie première aveugle et incertaine. Enorme tête d'hydrocéphale, échine d'oiseau, membres de méduse. Il existait, il habitait là, dans son eau chaude, arrimé au gros câble du cordon. Infirme, impuissant, horrible. Mon bébé! Celui qui venait du grand désir que j'avais eu d'un homme, du beau mouvement qui nous avait fait glisser l'un en l'autre, du rythme parfait que nous avions trouvé tout à coup, simplement, ensemble. De cette perfection ne pouvait naître qu'une merveille, un être précieux.

Il bougeait! Je faisais sa connaissance. Il bougeait quand cela lui convenait, je ne pouvais pas prévoir ses manifestations. Il avait son rythme propre qui n'était pas le mien. J'étais attentive, je l'attendais. Le voilà! De ma main je caressais l'endroit. Que bougeait-il? Un de ses trognons de doigts transparents? Un de ses genoux enflés? Un de ses pieds difformes? Ou son crâne de monstre? Il bougeait à peine, comme une bulle monte à la surface du marécage sans même avoir la force de le crever. Il bougeait comme bouge l'ombre d'un arbre, un jour sans vent. Il bougeait comme bouge la lumière quand un nuage passe devant le soleil.

Je savais où il était, comment il se plaçait au fur et à mesure que les semaines passaient et que ses mouvements devenaient vigoureux. Il cognait maintenant, il pédalait, il se tournait et se retournait.

Ma mère aussi savait où j'étais et comment j'étais. Elle le savait puisqu'elle avait fait des études médicales. Mais chacun de mes mouvements ne lui indiquait qu'une seule chose : elle n'était pas encore parvenue à me tuer. Ah! ce fœtus qui la dérangeait! C'est long une gestation, cela en fait des mois, des semaines, des jours, des heures, des minutes! On a bien le temps de le connaître ce petit qui vit en vous et qui n'est pas vous. Y a-t-il une intimité plus grande? Ou une promiscuité plus grande? Chacun de mes mouvements lui rappelait-il l'odieux accouplement duquel j'étais issue? La passion haineuse? le dégoût?

Alors elle enfourchait son vélo rouillé et en avant dans les terrains vagues, dans les détritus! J'espère que ça swingue là-dedans ma fille, mon petit poisson, tu vas voir comme je vais la briser ton arête! Fous le camp, va voir dehors si j'y suis!

Elle chevauchait son canasson et hop! Tu les sens les coups de bélier dans ton corps hideux? Ma mignonne! Ça en fait une belle tempête pour fracasser les petits sous-marins! Non? Ça en fait des beaux remous pour asphyxier les petits scaphandriers! Hein? Va-t'en ordure, mais va-t'en donc!

Tu bouges encore? Tiens, voilà de quoi te calmer. Quinine, aspirine! Caline, calin-calinette, dodo l'enfant do, laisse-toi bercer, bois ma belle, bois le bon elixir empoisonné. Tu vas voir comme tu vas t'amuser dans le toboggan de mon cul quand tu seras bien pourrie par les drogues, crevée comme un rat d'égout. A mort! A mort!

Pour finir, impuissante, résignée, vaincue, déçue, elle m'a laissée glisser vivante dans la vie, comme on laisse glisser un étron. Et la petite fille-étron qui venait doucement, la figure en avant, vers la lumière qu'elle voyait là-bas au bout de l'étroit conduit humide, au bout du tunnel, qu'allait-il lui arriver dans ce dehors qui l'avait tant malmenée? Dites ma mère, saviez-vous que vous la poussiez dans la folie? Vous en doutiez-vous?

Ce que j'ai appelé la saloperie de ma mère ce n'était pas d'avoir voulu avorter (il y a des moments où une femme n'est pas capable d'avoir un enfant, pas capable de l'aimer assez), sa saloperie c'était au contraire de n'avoir pas été au bout de son désir profond, de n'avoir pas avorté quand il le fallait; puis d'avoir continué à projeter sa haine sur moi alors que je bougeais en elle, et enfin de m'avoir raconté son crime minable, ses pauvres tentatives de meurtre. Comme si ayant raté son coup elle le reprenait quatorze ans après, en sécurité, sans risque d'y laisser sa propre peau.

C'est pourtant grâce à la saloperie de ma mère que j'ai pu beaucoup plus tard, sur le divan de l'impasse, analyser plus facilement le malaise de toute ma vie antérieure, cette inquiétude constante, cette crainte perpétuelle, ce dégoût de moi, qui avaient fini par s'épanouir dans la folie. Sans l'aveu de ma mère peut-être ne serais-je jamais parvenue à remonter jusqu'à son ventre, à retourner vers ce fœtus haï, traqué, que j'avais pourtant inconsciemment retrouvé lorsque je me recroquevillais entre le bidet et la baignoire, dans l'obscurité de la salle de bains.

Aujourd'hui je ne considère plus la « saloperie de ma mère » comme une saloperie. C'est une importante péripétie de ma vie. Je sais pourquoi cette femme a fait ça. Je la comprends.

VIII

« “ Tuyau ”, à quoi ça vous fait penser? »

Il y avait maintenant longtemps que ma psychanalyse était commencée. Longtemps que, trois fois par semaine, je venais déposer chez le petit docteur les sacs pesants de ma vie. Le bureau en était plein. Je m'allongeais sur le divan, parmi eux, et je parlais. J'avais vérifié à plusieurs reprises que le docteur était attentif, que je ne parlais pas dans le vide. Il se rappelait tout ce que je disais. Comment faisait-il? Prenait-il des notes? enregistrait-il mes monologues au magnétophone? J'avais scruté le silence pour tâcher de déceler le plus petit bruit de machine; un déclic, un chuintement de bande magnétique. Rien. Il m'était souvent arrivé de me tourner vers lui brusquement, au milieu d'une de mes divagations, croyant le surprendre en train d'écrire. Il était là, impassible, immuable, les bras sur les accoudoirs de son fauteuil, les jambes croisées. Il n'écrivait pas, il écoutait. J'aurais détesté qu'il y eût un instrument, un papier, un crayon entre lui et moi. Il connaissait aussi bien que moi le stock de mes souvenirs, de mes fantasmes, accumulé là. Il n'y avait que ma voix entre nous, rien d'autre. Je ne lui mentais pas et quand j'essayais de masquer une situation, de l'enjoliver, de l'adoucir (comme par exemple lorsque j'avais commencé par dire que j'étais dans le salon de la ferme au moment où ma mère me racontait ses salades, au lieu de dire que nous étions dans la rue), je finissais toujours par enlever le masque et dire l'exacte vérité. Je comprenais très bien, sans qu'il ait besoin de me le dire, que je cachais certaines images parce que j'avais peur inconsciemment qu'elles me fassent encore plus mal si je les mettais au grand jour, alors que, au contraire, c'était en débridant ces plaies, en les nettoyant à fond que la douleur disparaîtrait.

Jusqu'à ce jour, le jour où j'ai pris mon courage à deux mains pour lui parler enfin de l'hallucination et qu'il dise à la fin de ma description : « " Tuyau ", à quoi ça vous fait penser? », jusqu'à ce jour je n'avais jamais fait une véritable expédition dans l'inconscient. J'y avais été par hasard, presque sans savoir que j'y étais allée. Je n'avais parlé que d'événements dont j'avais le souvenir, que je connaissais par cœur et dont certains m'étouffaient parce que je ne les avais jamais confiés à personne : le robinet de papier, l'opération de mes poupées, la saloperie de ma mère. En les mettant à plat pour en faire une analyse totale, brutale, cruelle, j'avais fini par déceler les liens qui les unissaient. Je constatais que, dans chacune de ces occasions, d'une part je transpirais et d'autre part, si je paraissais muette et paralysée, à l'intérieur de moi au contraire se produisait une agitation extrême faite d'une profusion d'élans et de rétractations, dans tous les sens à la fois, que je ne comprenais pas, que je ne maîtrisais pas et qui me terrorisait. La chose était là.

La chose était là dès ma petite enfance, j'en avais la conviction. Elle survenait à chaque fois que je déplaisais ou que je croyais déplaire à ma mère. De là à en déduire, maintenant, dans l'impasse, que les plaisirs interdits par ma mère étaient générateurs de la chose, il n'y avait qu'un pas que j'ai fait facilement. Je prenais conscience qu'à trente ans passés j'avais toujours aussi peur de déplaire à ma mère. Je me rendais compte en même temps que le coup formidable qu'elle m'avait assené en me racontant son avortement raté m'avait laissé un profond dégoût de moi : je ne pouvais pas être aimée, je ne pouvais pas plaire, je ne pouvais qu'être rejetée. Ainsi, je vivais tous les départs, tous les contretemps, toutes les séparations comme des abandons. Un métro raté simplement agitait la chose. J'étais une ratée et par conséquent je ratais tout.

C'était simple et clair. Pourquoi n'étais-je pas arrivée toute seule à ces conclusions? Pourquoi ne les avais-je pas appliquées chaque fois qu'un malaise me prenait? C'est que je n'avais jusque-là jamais parlé à personne. Chaque terreur avait été vécue isolément et immédiatement refoulée, sans commentaire, le plus loin possible. Quand j'ai été en âge de juger les principes de ma mère (qui étaient ceux de ma classe) et de les trouver mauvais, stupides et hypocrites pour la plupart, c'était déjà trop tard, le lavage de cervelle avait été complètement effectué, les graines étaient très profondément enterrées, incapables de parvenir à la surface. Je ne voyais jamais les signaux « défendu » ou « abandon » que j'aurais dû abattre d'un simple haussement d'épaule. Quand j'arrivais dans leur parage c'était au contraire une meute épouvantable qui me courait aux trousses, hurlant « coupable », « mauvaise », « folle » ; la vieille chose, tapie dans le coin le plus sombre de mon esprit, profitait de mon désarroi, de ma fuite éperdue, pour me sauter à la gorge et c'était la crise. Quand j'essayais de comprendre je ne parvenais à aucun résultat puisque j'avais gommé « interdit par ma mère », « abandonnée par ma mère » et que j'avais écrit à la place « coupable », « folle ». J'étais folle, c'était la seule explication que je pouvais donner.

C'était tellement simple que c'était à n'y pas croire. Et pourtant la réalité était là : tous mes troubles psychosomatiques avaient disparu : le sang, l'impression de devenir aveugle et sourde. Et les angoisses s'espaçaient, je n'en avais plus que deux ou trois par semaine.

Toutefois, je n'étais pas encore normale. Si j'avais établi dans la ville certains itinéraires que je pouvais parcourir sans trop de craintes les autres déplacements m'étaient encore interdits. Je vivais toujours dans la peur constante des gens et des choses, je transpirais encore beaucoup, j'étais encore traquée, les poings serrés, la tête dans les épaules, et surtout mon hallucination persistait. Toujours la même, simple, précise, jamais ne s'y ajoutait la moindre variation. Cette perfection même me la rendait encore plus terrifiante.

Dans les premiers mois du traitement j'y avais fait allusion une fois :

— Vous savez docteur, de temps en temps j'ai un drôle de truc qui me prend : je vois un œil qui me regarde.

— Cet œil, à quoi vous fait-il penser?

— A mon père... Je ne sais pas pourquoi je dis ça car je n'ai aucun souvenir des yeux de mon père. Je sais qu'ils étaient noirs comme les miens, c'est tout ce que je sais d'eux.

Et puis j'avais parlé d'autre chose. Sans même m'en rendre compte j'avais esquivé le danger par une pirouette. J'avais pris un chemin plus facile, mieux indiqué. Mais je savais toutefois que l'obstacle de l'hallucination était là et qu'il faudrait qu'un jour je le passe pour aller plus loin.

Les angoisses nées de « plaisir défendu », « abandon », étaient désormais faciles à combattre, j'étais devenue capable de les chasser avant qu'elles aient eu le temps de prendre pied. Mais les autres, celles qui me tenaillaient encore, qui faisaient que je ne pouvais toujours pas vivre avec les autres, d'où venaient-elles, où trouver leurs racines? Je piétinais.

Le moment était venu de parler de l'hallucination.

Un jour je me suis sentie assez forte pour pouvoir le faire, la confiance que j'avais en mon docteur était assez grande. Je ne pensais plus qu'il me renverrait à la clinique psychiatrique.

Je me suis donc installée. Allongée, les bras et les jambes étendus, j'ai vérifié d'abord que mon matériel était bien là : ma mère, la terre rouge de la ferme, toutes les ombres, toutes les silhouettes, toutes les odeurs, toutes les lumières, tous les bruits, la petite fille surtout qui avait tant de choses à raconter. Et j'ai parlé.

— Par moments il m'arrive quelque chose de drôle. Ça ne vient jamais quand je suis en crise, mais ça provoque une crise à chaque fois, parce que ça me fait très peur. Ça peut m'arriver aussi bien quand je suis seule que quand je suis avec une ou plusieurs personnes. C'est d'ailleurs le plus souvent comme ça que ça vient : quand je suis avec quelqu'un. De l'œil gauche je vois la personne en face de moi, le décor avec ses moindres détails et de l'œil droit je vois, avec autant de précision, un tuyau qui vient s'adapter à mon orbite, doucement. Quand il est en place, je vois, à l'autre bout du tuyau, un œil qui me regarde. Ce tuyau, cet œil, sont aussi vivants que ce que je vois de l'œil gauche. Cela ne se situe pas ailleurs que dans le réel, c'est exactement dans le plan de ce que je suis en train de vivre, dans la même lumière, dans la même ambiance. Ce que je vois par l'œil gauche a exactement la même valeur d'existence que ce que je vois par l'œil droit. A part qu'une vision m'offre un spectacle normal tandis que l'autre me terrorise. Je n'arrive jamais à faire l'équilibre entre ces deux réalités, ça me fait perdre les pédales, je transpire, je veux fuir, c'est insupportable.

« L'œil qui me regarde n'est pas collé au tuyau comme le mien, sinon il ferait noir dans le tuyau, il serait bouché aux deux bouts. Dans le tuyau il ne fait donc pas tout à fait noir et l'œil, lui, est en pleine lumière, très proche de l'orifice, très précis, très attentif. Cet œil me fait transpirer car le regard qu'il laisse peser sur moi est sévère. Pas courroucé, il est d'une sévérité froide avec des nuances de mépris et d'indifférence. Il ne me lâche pas une seconde, il me scrute intensément, sans complaisance. Son expression ne change jamais. Si je ferme ma paupière cela n'arrange rien, l'œil reste, mauvais, cruel, glacé. Ça peut durer longtemps, plusieurs minutes, et puis ça disparaît comme c'est venu, tout à coup. Après, je me mets à trembler; j'ai une crise. J'éprouve aussi une très grande impression de honte. J'ai plus honte de cet œil que de toutes les autres manifestations de ma maladie. »

Voilà, j'avais tout raconté, je m'étais livrée complètement. Je savais que j'en étais arrivée à un moment important de mon analyse. Si je ne trouvais pas une explication à l'hallucination je n'arriverais plus à progresser, je n'arriverais jamais à avoir une vie normale.

C'est alors que le docteur a dit :

— Tuyau, à quoi ça vous fait penser?

Ça m'a agacée de l'entendre prononcer ces mots. Je voyais bien où il voulait en venir : tuyau = robinet de papier, sortie du ventre de ma mère. Ce n'était pas cela. Si cela avait été aussi simple je l'aurais trouvé toute seule. J'avais envie de me lever et de ficher le camp. Il m'exaspérait ce petit pantin muet avec son impassibilité et sa tranquillité d'initié.

— Vous me faites penser aux curés. Vous ne valez pas plus cher. Vous êtes le grand-prêtre de la religion du cul! Parce qu'il faut toujours en revenir là avec vous. Ça me dégoûte, vous me dégoûtez. Vous êtes un type dégueulasse qui écoute à longueur de journée les cochonneries des uns et des autres. C'est vous qui les provoquez ces cochonneries. Vous êtes infect. Pourquoi avez-vous choisi le mot tuyau? Vous imaginez bien que tuyau c'est pas un mot qui va me faire penser à des guirlandes de roses...

— ... Dites-moi sans réfléchir, à quoi tuyau vous fait penser.

— ... Tuyau ça me fait penser à tuyau. Un tuyau c'est un tuyau... Tuyau ça me fait penser à tube... à tunnel... Tunnel ça me fait penser au train... Quand j'étais petite je voyageais souvent. Nous passions tous nos étés en France et en Suisse. Nous prenions le bateau puis le train. Dans le train j'avais peur de faire pipi. Ma mère avait des principes d'hygiène très stricts et elle voyait des microbes partout...

Je divaguais, je divaguais. La petite fille était venue me rejoindre. J'étais la petite fille, j'avais trois ou quatre ans. Je venais de débarquer en France, un endroit difficile où il fallait sans arrêt bien se tenir, dire toujours : « Bonjour madame, bonjour monsieur, merci madame, merci monsieur, au revoir madame, au revoir monsieur. » Un endroit où je n'avais pas le droit d'enlever mes chaussures et de marcher pieds nus, un endroit où il était interdit de prononcer un mot à table et où je devais demander la permission de sortir, un endroit où il fallait laver mes mains vingt fois par jour.

C'était l'été. Nous étions dans le train, il faisait chaud, je m'ennuyais, c'était long. J'ai demandé à faire pipi. (Pour cela je devais dire à Nany : « Nany, number one, please. ») Nany a transmis à ma mère mon besoin de faire « numbeurreouane » (quand c'était plus consistant elle disait « numbeurretout ».) Elles se sont mises alors en demeure de chercher un certain sac parmi les bagages : le sac à pharmacie. Pharmacie ne me disait rien de bon, rien que des choses qui font mal, qui piquent, comme la teinture d'iode ou l'éther, qui arrachent les poils, comme le sparadrap. Pourquoi fallait-il le sac à pharmacie pour aller faire pipi dans le train? Ça devenait inquiétant.

Elles ont fini par trouver ce qu'elles cherchaient

parmi les cartons à chapeaux, les valises, les nécessaires de toilette, etc. et nous sommes sorties dans le couloir. Nous progressions, ma mère en avant, Nany derrière avec le sac à pharmacie et moi au milieu. Je pouvais me dégourdir les jambes, c'était mieux que dans le compartiment. Arrivées au bout du wagon, là où se trouvaient les toilettes, nous étions secouées comme dans un panier à salade et, par-dessus le marché, il faisait un de ces bruits! Nous avions du mal à rester debout. Ma mère et Nany s'agrippaient à ce qu'elles trouvaient, moi, je m'agrippais à leurs jupes. C'était drôle. Ce qui était moins drôle c'était l'odeur qui venait de l'endroit : une forte odeur d'urine, quelque chose de grossier, de mal élevé, de honteux.

Ma mère a dit à Nany : « Passez-moi l'alcool à 90. Vous nettoierez la cuvette et le siège, moi je nettoierai le lavabo. Nous en profiterons pour lui laver la figure et les mains elle est déjà noire de fumée de charbon. C'est incroyable la vitesse à laquelle cette enfant se salit. »

Avec de gros tampons de coton hydrophile imbibés d'alcool à 90 elles se sont mises à nettoyer avec acharnement ce lieu puant. Ma mère disait: « Tout ça, c'est plein de microbes. » Les microbes on me l'avait déjà appris, c'étaient ces petites bêtes qui rongeaient les poumons de mon père et qui avaient tué ma sœur. Je ne voulais plus faire pipi mais je n'osais pas le dire. Il me semblait que les toilettes grouillaient de scorpions invisibles, de serpents minuscules, de guêpes cachées. Toujours ces secousses et ce tintamarre épouvantables.

Une fois le nettoyage terminé elles ont étendu de la gaze blanche sur le siège. Maintenant, je pouvais faire pipi. Nany m'a déculottée. J'avais des culottes *Petit-Bateau* qui se boutonnaient sur une camisole à bretelles. Un bouton sur le ventre et un bouton de chaque côté. Le devant de la culotte restait fixe et l'arrière pouvait se rabattre, une coulisse de coton le fronçait plus ou moins selon qu'on grossissait, de même que les boutons se cousaient de plus en plus bas sur la camisole selon qu'on grandissait. « C'est très pratique », disait ma mère. Nany n'était pas du même avis.

J'avais donc les fesses à l'air. Nany m'a prise sous les bras et m'a soulevée pour m'asseoir sur l'énorme siège où j'étais écartelée. Elle tirait ma culotte en l'air pour que je ne fasse pas sur le rabat. Tant bien que mal elle essayait de garder son équilibre tout en me soutenant le dos. Ma mère regardait la scène d'un air critique : « Dépêche-toi, tu vois bien que ce n'est pas facile. »

A ce moment-là le vacarme est devenu assourdissant (nous devions passer sur un aiguillage). Tout bougeait si fort que je ne savais plus si j'avais la tête en haut ou en bas. J'ai regardé entre mes jambes et j'ai vu, au fond de la cuvette, au bout d'un large conduit rond et visqueux, plein de matières ignobles, la terre caillouteuse qui défilait à une vitesse vertigineuse. J'avais peur, peur, peur, peur. J'allais être aspirée dans ce trou, j'allais être happée par là, saisie par mon pipi et fracassée sur la caillasse lumineuse après être passée par le tuyau dégoûtant, plein d'excréments.

— Je n'ai plus envie de faire number one.

— Si, tu le feras. Maintenant que tout est installé, il ne manquerait plus que ça. Dépêche-toi.

— Je n'ai plus envie, je ne peux pas.

— Ah ! ces caprices que tu fais. Tu me les paieras !

Nany qui me connaissait bien a dit :

— Je crois qu'elle ne fera pas, Madame.

Dans ce tohu-bohu, dans cette folie, j'ai entendu un petit bruit régulier, rapide, rond : tap tap tap tap tap tap...

Taptaptaptaptaptaptaptaptaptaptap... J'avais quatre ans, j'avais trente-quatre ans. J'étais encore écartelée sur le cabinet du train, j'étais allongée sur le divan de l'impasse. Tap tap tap tap tap tap.

Je n'avais plus d'âge, je n'étais plus une personne, je n'étais plus que ce bruit : tap tap tap tap tap tap tap tap... léger comme une comptine, rythmé comme une berceuse... Taptaptaptaptaptap... D'où venait-il? Il était capital que je sache d'où il provenait.

— Docteur, j'ai mal à la tête.

Un mal épouvantable, une douleur intense à la base du crâne, plus forte que tout ce que j'avais ressenti jusqu'alors. On m'arrachait la cervelle par à-coups brutaux.

Fulgurance de la douleur. Eblouissement de l'extrême souffrance. Racines monstrueusement contorsionnées enserrant dans leurs convulsions pustuleuses des squelettes de dragons, des charognes de pieuvres, libérant, au fur et à mesure qu'on les extirpait au grand jour, une insupportable odeur de pourriture.

— Docteur je perds la tête! C'est épouvantable, je deviens folle!

Je savais que si je touchais à l'hallucination ce serait ma fin. Je n'aurais pas dû suivre cet instinct qui m'appelait vers elle. Je n'aurais pas dû aller dans cette contrée. J'aurais pu continuer à vivre comme j'étais, comme une infirme inoffensive, sans être enfermée dans un asile. Maintenant c'était trop tard, je sombrais dans la démence noire, dans l'agitation dévastatrice.

— Docteur, aidez-moi!

Ma tête éclate! Ça bascule, ça bascule...

Tap tap tap tap tap tap tap taptaptaptaptap...

Tap tap tap tap... Le bruit est là, tout proche! Il est la seule chose qui n'appartienne pas à la folie, qui soit en dehors de l'hystérie. Il faut que je le trouve. IL FAUT QUE J'AILLE VERS LUI.

Je suis un bébé, une toute petite fille qui sait à peine marcher. Je me promène dans une grande forêt avec ma Nany et mon papa. Je suis en train de faire

« number one please ». Nany m'a cachée derrière un buisson. Elle avait cherché longtemps pour en trouver un qui convienne exactement. Il faut se cacher pour faire « number one please ». Accroupie, je tiens le rabat de ma culotte *Petit-Bateau* contre moi et je regarde le jet de liquide qui sort de moi et s'enfonce dans la terre entre mes pieds, entre mes beaux souliers vernis tout neufs. C'est intéressant... Tap tap tap tap tap tap tap tap tap... Un bruit dans mon dos. Je tourne la tête et je vois mon père debout. Il tient devant un de ses yeux une drôle de chose noire, une sorte d'animal en fer qui a un œil au bout d'un tuyau. C'est ça qui fait le bruit! Je ne veux pas qu'il me voie en train de faire pipi. Mon père ne doit pas voir mon derrière. Je me redresse. Ma culotte me gêne pour marcher. Je vais quand même vers mon père et je le frappe de toutes mes forces. Je le bats tant que je peux. Je veux lui faire du mal. Je veux le tuer!

Nany essaie de m'arracher des jambes de mon père que je griffe, que je mords, que je bats et qui continue à me narguer avec son long œil rond. Taptaptap taptap... Je hais cet œil, ce tuyau. Il y a en moi une colère, une rage, formidables.

Finalement mon père et ma Nany me parlent. Ils me disent des mots que je ne comprends pas et d'autres que je comprends. « Folle, très vilaine, très méchante, folle, mal élevée! C'est mal, c'est honteux! Il ne faut pas taper maman, il ne faut pas taper papa! C'est très mal; c'est honteux! Punie, folle! Très laide, très vilaine, folle! Honte, honte, honte. Mal, mal, mal. Folle, folle, folle. » Je finis par comprendre qu'ils trouvent que ce que j'ai fait est horrible, épouvantable, terrifiant et, soudain, j'en ai honte moi-même.

Le bruit s'est arrêté.

Silence. Calme. Grand calme.

Je venais de démasquer l'hallucination, de l'exorciser. J'avais la certitude absolue, totale, complète, que l'hallucination ne reviendrait plus jamais.

Tout flottait autour de moi. Je revenais de très loin.

— Docteur j'ai trouvé, c'est fini. L'hallucination c'était tout ça.

— Certainement. La séance est terminée maintenant.

Quand je me suis levée j'ai senti la perfection de mon corps pour la première fois. Mes muscles actionnaient mes articulations avec une extrême aisance. Ma peau glissait sur eux facilement. J'étais debout, j'étais grande, plus grande que le docteur. Je respirais doucement et régulièrement l'exacte quantité d'air qui convenait à mes poumons. Mes côtes protégeaient mon cœur qui berçait inlassablement mon sang. Mon bassin était une vasque blanche dans laquelle mes viscères avaient juste la place qu'il leur fallait. Quelle harmonie! Cela ne faisait pas mal, c'était simple. Mes jambes solides me faisaient progresser vers la porte. Mon bras tendait ma main vers celle du docteur. Tout cela m'appartenait, tout cela marchait bien. Cela ne faisait pas peur!

— Au revoir docteur.

— Au revoir madame.

Mon regard a rencontré le sien et je suis certaine d'y avoir vu la joie. Quel bon travail nous avions fait ensemble! Pas vrai?

Il venait de m'aider à accoucher de moi-même. Je venais de naître. J'étais neuve!

Je suis sortie dans l'impasse. Tout était pareil et tout était différent. La bruine tombait, douce comme de la poudre de riz, sur mes joues fraîches et roses. Les vieux pavés caressaient la plante de mes pieds à travers mes semelles. Le ciel roux de la nuit parisienne se dressait au-dessus de moi comme le chapiteau d'un cirque gigantesque. Je me dirigeais vers la rue bruyante, vers une fête.

Subitement, comme j'approchais du bout de l'impasse, tout est devenu encore plus léger, gai, facile. J'étais souple, agile. C'est que mes épaules venaient de tomber tout d'un coup, libérant mon cou et ma nuque qui s'étaient enfoncés depuis tant d'années, que j'avais oublié le contact heureux de l'air dans mes cheveux, derrière ma tête. Ce qui était dans mon dos était aussi peu effrayant que ce qui était devant moi!

Je n'ai plus eu qu'un seul but : trouver ma mère et la questionner.

— Vous souvenez-vous d'une histoire qui m'est arrivée quand j'étais petite : j'ai battu mon père parce qu'il me filmait pendant que j'étais en train de faire pipi?

— C'est arrivé en effet. Je n'étais pas là mais j'ai vu le film. Ton père me l'avait fait projeter à l'époque. Qui t'a raconté ça?

— Personne. Je m'en suis souvenue. Est-ce que j'ai été punie?

— Sans doute. Tu as dû être privée de baiser du soir ou quelque chose comme ça, une petite fessée peut-être. Une punition de bébé quoi. C'est que tu étais sauvage quand tu étais petite.

— J'avais quel âge?

— Facile à se rappeler. C'est le premier été que tu passais en France. Ton père sortait de sana, il avait voulu faire ta connaissance. C'était ton père après tout... Tu avais entre quinze et dix-huit mois.

Elle m'a regardée d'un drôle d'air. J'ai cru voir dans ses yeux une sorte d'étonnement, de regret, un bouquet de fleurs fanées et odorantes encore. C'est à cette époque qu'elle a dû commencer à m'aimer telle que j'étais, si peu conforme à ce qu'elle aurait voulu que je sois.

C'était trop tard, je n'avais plus rien à faire de son amour.

IX

L'impasse était devenue le chemin de mon paradis, l'allée de mon triomphe, le canal de ma force, le fleuve de ma joie. Cela ne m'aurait pas étonnée que ce bras atrophié de la ville se soit transformé en un lieu de parade fantastique. Le petit docteur serait sorti par sa grille enchevêtrée de branchages. Il aurait eu ses vêtements habituels mais, en plus, il aurait eu sur la tête un chapeau haut de forme brillant de paillettes et, à la main, une longue chambrière de mousseline dorée.

Approchez mesdames et messieurs! Approchez! N'ayez pas peur, le spectacle est gratuit! Ne craignez rien, ouvrez vos portes et vos fenêtres, mesdames et messieurs! Venez voir ce que vous n'avez jamais vu! Mesdames et messieurs, ouvrez vos yeux et vos oreilles, contemplez un spectacle unique au monde!

Ran tan plan! Taratata! Boumbadaboum!

Oyez braves gens! Oyez l'histoire de la suante qui ne sue plus, de la tremblante qui ne tremble plus, de la saignante qui ne saigne plus, de la palpitante qui ne palpite plus. Approchez, approchez! Ecartez-lui les jambes, tâtez-lui le pouls, ouvrez-lui la cervelle. N'hésitez pas! Allez-y, je vous en prie, allez-y, vous n'y trouverez plus rien, plus rien!

Et maintenant constatez mesdames et messieurs!

Cette femme que vous avez vue passer et repasser depuis tant d'années devant vos maisons, repliée sur elle-même comme un fœtus, cette ombre qui rasait vos murs, cette pauvresse qui s'arrêtait pour grelotter de peur dans les encoignures de vos portes, cette malheureuse qui fuyait, poursuivie par la terreur, et se tordait les pieds sur vos trottoirs défoncés. Eh bien cette folle-là, regardez ce qu'elle est devenue!

Alors moi, par un long saut d'antilope, j'aurais fait une entrée éblouissante au bout de l'impasse, du côté de la rue. Belle! Belle à couper le souffle! Assez belle pour *Play Boy* ou pour la publicité des bas *Dim*. Déliée. Un long cou, de longs bras, de longues jambes, une longue taille. Moi, en pleine santé avec, pourtant, des fragilités attendrissantes aux articulations, aux chevilles, aux genoux, aux hanches, aux épaules, aux coudes, aux poignets. Moi, puissante, avec cependant des délicatesses aux commissures des lèvres, aux coins des yeux, aux attaches du nez, au départ de la nuque. Moi, éclatante de jeunesse, saisie dans mon élan par les flashes de la foule émerveillée. Les bras écartés du corps et légèrement levés, mes beaux cheveux blonds déployés dans le ciel comme un éventail brodé. Gaie, gaie! Moi, vêtue de ma robe de mariée faite par Marinette, la couturière de la famille, qui m'avait vue naître, qui m'habillait depuis toujours, qui avait des doigts de fée, qui avait exigé vingt longs essayages.

Ensuite j'aurais progressé par longues foulées félines, comme ça, en douceur, au ralenti. L'impasse aurait été couverte de gazon court embaumant l'herbe fraîchement coupée. Il y aurait eu tous les arbres que j'aimais : des palmiers, des grenadiers, des daturas, des orangers. Toutes les fleurs que j'aimais, tous les animaux que j'aimais. Tous les parfums. Et le bruit de la mer des beaux jours, celle qui pousse ses vaguelettes régulièrement, comme des navettes paisibles et laborieuses qui tisseraient la plage.

Le docteur aurait levé sa chambrière dont la douce lanière tressée aurait léché mes reins, et en avant! Saut périlleux, double saut périlleux, triple saut périlleux, le grand écart, le poirier, la roue, la cabriole, le cochon pendu, la brouette. Hop! Hop! Pirouette par-ci, galipette par-là! Et encore hop! Hop! jeté battu, pas de chat, chassé-croisé, pirouette. Et allez-y! Cul par-dessus tête! Je faisais de mon corps ce que je voulais, il m'obéissait, il me conduisait où bon me semblait. Il n'était plus, à côté de moi, ce gros tas de chairs suintant de partout, tremblotant, inéluctable et dégoûtant abri de mon esprit affolé.

Quelle victoire! Tout le monde applaudissait. Le public nous couronnait de fleurs!

Mais cela ne se passait pas comme ça. Le petit docteur était toujours assis dans son fauteuil, raide, correct, muet, presque cruel, parfois ironique dans son comportement. Et moi, comme un chien bien dressé, je venais lui porter, avec reconnaissance, mes trouvailles. Ainsi qu'autrefois j'apportais à ma mère des cailloux espérant qu'entre ses mains ils deviendraient des bijoux. Ma mère repoussait mes trésors imaginaires tandis que le docteur, lui, écoutait mes récits sans broncher mais avec une grande attention, m'aidant ainsi à me rendre compte par moi-même de la valeur exacte de mes rapports.

Je découvrais ma santé, mon corps, mon pouvoir de le commander, le privilège de me déplacer librement. J'en éprouvais une joie immense.

Je découvrais la nuit. Je ne me lassais pas de me laisser entraîner par elle chaque jour. Les lumières des lieux publics. C'était le temps de Noël. Le confort et le luxe des magasins sans clients éclairés de l'intérieur livrant leurs trésors aux curieux : les robes du soir, les manteaux de fourrure, le champagne, les foies gras, les bijoux, les jouets, les orchidées. Les trottoirs luisants de l'hiver. L'alternance des zones de lumière et d'ombre dans les rues. Les gens de la nuit. La chaleur des copains dans ce froid. L'alcool. Les hommes. La griserie que c'était d'entrer dans un endroit, de regarder à peine la foule et de jeter pourtant déjà mon dévolu sur celui-ci ou celui-là. La conquête. Le jeu de la conquérante conquise.

Je découvrais les chambres d'hôtel, les garçonnières, les studios. Ces hommes-là savaient-ils qui partageait leur lit pour quelques instants? Jamais aucun n'a deviné que ce qui comptait pour moi c'était de faire tout ce qui m'avait été défendu jusque-là. Je ne cherchais rien d'autre, mais je le cherchais avec une avidité extrême. C'était donc ça « faire la vie » ? Comme c'était facile! Je filais ensuite toute seule et c'était le meilleur moment. Je découvrais la solitude et le petit jour. Je n'avais pas peur. Une rue inconnue, le « péché » plein le corps, l'ombre partout, et je n'avais pas peur. Il était quatre ou cinq heures du matin. J'avais à peine une heure ou deux à dormir avant le réveil des enfants, pourtant je savais que je ne serais pas fatiguée, que demain ce serait le même plaisir.

Je découvrais le maquillage, les parfums, les robes, les dessous noirs, les colliers, les boucles d'oreilles. Dans les restaurants je me gavais de tout et pourtant je maigrissais, je maigrissais. Tous les kilos, qui s'étaient attachés à mon corps comme des boulets, fondaient sans que je fasse rien pour cela.

Pendant ces semaines, ces mois peut-être, je ne sais plus, j'étais sans arrêt ivre de joie, de santé, d'alcool, de nuit, de caresses nouvelles, de bonne nourriture. Je passais mes journées à m'amuser avec ce jouet extraordinaire : mon corps. Tout m'étonnait et me plaisait : comment mes doigts bougeaient, comment mes pieds me portaient, comment mes paupières battaient, comment ma voix sortait de ma gorge, comment je la modulais, comment tout cela fonctionnait bien. C'était moi. Je vivais.

Je m'amusais en secret à appeler le sang, la peur, le tuyau avec l'œil, la sueur. Je les faisais venir devant moi l'un après l'autre : ils restaient à l'extérieur. Je les détaillais, je les manipulais avec crainte d'abord puis hardiment; ils n'entraient pas.

J'aurais voulu que cela dure longtemps car je ne m'étais jamais amusée avec moi-même. Je ne connaissais pas l'insouciance. J'avais, toute ma vie, été lourde et tourmentée, même dans mes jeux d'enfant. Je n'avais pas vraiment joué à cache-cache, au chat perché, aux osselets, à la marelle ou à tu l'as (que j'orthographiais tue la). L'œil de ma mère, que je confondais avec celui de Dieu (et, inconsciemment, avec l'œil de la caméra), était là et me regardait, évaluant mes gestes, mes pensées, ne laissant rien passer. « Mon père, j'ai péché par pensée, par parole, par action et par... omission. » C'était ça le pire : je pouvais aussi pécher sans même le savoir. Les péchés étaient comme les microbes, il y en avait partout, ils ne se voyaient pas, je pouvais les attraper à n'importe quel moment, que je le veuille ou pas.

Après le péché il y a eu la faute, puis la chose. J'avais toujours vécu obsédée, traquée, épiée, coupable, jusqu'au jour où j'ai trouvé la signification de mon hallucination.

Je me suis alors laissée aller dans le mirage de la santé et de la liberté avec délice, avec une énorme fringale.

Mais la chose est revenue sournoisement, par bouffées de peur. Jusqu'à ce qu'une nuit elle me saute dessus carrément, me secouant comme un prunier, agitant ma cervelle qui se cognait aux draps douteux, à la suie de barbe qui poussait toute seule sur le visage de cet homme endormi près de moi, la bouche ouverte, au corps de la folle, cette femme de trente-quatre ans qui avait eu trois enfants, à la vanité de cette médiocre chambre de célibataire. J'ai couru dans la rue et j'ai vu les poubelles pleines, les clochards endormis dans leur vin sur les trottoirs, les chats maigres que ma course faisait détaler, les ouvriers et les putains de l'aube, la misère des hommes! La décomposition était partout! Tout pourrissait! Mon corps tout neuf était en train de pourrir!

Finie la vie! Envolée l'insouciance!

Je n'étais qu'un pantin, une marionnette, un robot, une poupée!

A quoi rimait ma santé? A quoi servait mon corps? A Rien!

La tempête était forte. Elle arrachait tout. La nouvelle arme de la chose était plus terrible que les précédentes. Plus terrible que le sang, plus terrible que la mort, plus terrible que le cœur qui bat la charge. La nouvelle arme de la chose c'était l'angoisse pure, droite, sèche, simple, sans paravent, sans bouclier, nue. Une angoisse sans transpiration, sans tremblements, sans tachycardie, sans ressort qui me poussait à courir ou à me recroqueviller. Je n'étais plus une malade. Je n'étais qu'une femme stupide, vieillissante, sans importance, dont la vie n'avait aucun sens. J'étais rien. Rien à en avoir le vertige, rien à hurler à la mort.

Mourir. Mourir et en finir. J'avais envie de la mort, envie de son mystère. J'en avais envie parce qu'elle était autre chose, une chose incompréhensible pour les hommes, une chose inimaginable. C'était cela que je désirais justement : l'inimaginable, l'inhumain. Je désirais me dissoudre dans une particule électrique, me désintégrer dans une pulsion circulaire, être anéantie. Le néant.

Pourquoi ne me suis-je pas tuée à cette époque? A cause de mes enfants? Je ne pouvais pas leur léguer cela : le cadavre d'une dingue qui aurait pesé sur leurs vies aussi lourd que ma mère avait pesé sur la mienne. Je ne voulais pas les faire entrer dans le cirque de la chose. Est-ce vraiment à cause d'eux que je ne me suis pas suicidée? Je ne le sais pas.

J'allais dans l'impasse et j'insultais le petit docteur. Je lui flanquais à la figure tout ce que j'avais entendu dire de la psychanalyse : que ça rend les gens encore plus fous, que ça en fait des obsédés sexuels, que ça détruit la personnalité.

J'appelais à ma rescousse le vocabulaire de la psychanalyse, ces mots qu'il m'avait demandé de laisser de côté au début des séances. Je jonglais avec la libido et l'égo et la schizophrénie et les complexes et l'Œdipe et le refoulement et le psychotique et le névrotique et la paranoïa et le fantasme et je gardais toujours le transfert pour la fin. Parce que cela me faisait mal de m'être si bien livrée à lui, de lui avoir fait tant confiance, de l'avoir aimé à ce point!

Il était le polichinelle de Freud! C'étaient les grosses ficelles de Freud qui le faisaient fonctionner! Il était le prêtre de la psychanalyse, cette religion dont se gargarisait une certaine élite intellectuelle pompeuse, vaniteuse et malfaisante.

— Oui, malfaisante, espèce de petit macaque! Une religion qui aliène encore plus le malade mental. Qu'est-ce que vous en faites du malade mental dans vos roucoulades de salons, de télévision, de magazines à gros tirages, espèce de curé défroqué? Je sais bien que vous avez fait une psychanalyse didactique comme tous les clowns de votre genre. Ça vous sert à quoi? A connaître les gestes de la messe? Vous savez comment on se couche, comment on parle, comment l'autre est dans votre dos à vous écouter, comment tout cela se passe dans une atmosphère feutrée et secrète, en catimini! De quoi avez-vous bien pu parler pendant votre analyse didactique? Hein? Des déboires qu'a dû vous causer votre petite queue de rat? Du mal que vous avez à choisir vos petits costards de premier communiant?

« Ce n'est pas pour cela que vous savez ce que c'est que la maladie mentale. C'est une maladie épouvantable! C'est vivre dans une épaisse mélasse faite de l'extérieur et de l'intérieur, du vif et du mort, du strident et du sourd, du léger et du lourd, de l'ici et du là-bas, de l'étouffant et de l'impalpable. C'est être livré à la chose horrifiante, changeant sans cesse, soudée au malade, fascinante, qui tiraille, qui coupe, qui additionne, qui pèse, qui traîne, qui ne laisse jamais en repos, qui occupe tout l'espace et tout le temps, qui fait peur, qui fait suer, qui paralyse, qui fait fuir, qui est l'incompréhensible et le vide! Mais un vide plein, un vide compact! Est-ce que vous comprenez ce que je veux dire seulement, espèce de pauvre con? »

Je n'en pouvais plus. En sortant de ces séances j'allais me soûler la gueule, me soûler à mort. Quand une femme emploie l'expression « se soûler la gueule », cela fait vulgaire et bas, pour un homme c'est moins vulgaire et cela sonne fort et triste. Une femme ça se grise, ça s'enivre, au pire ça boit. Je refuse d'employer ces mièvreries hypocrites. Je me soûlais : je me détruisais, je me perdais, je me méprisais, je me haïssais.

C'est que je n'avais plus aucune prise sur moi-même. J'étais personne. Je n'avais pas de désirs, pas de volonté, pas de goût, pas de dégoût. J'avais été entièrement façonnée pour ressembler le plus possible à un modèle humain que je n'avais pas choisi et qui ne me convenait pas. Jour après jour, depuis ma naissance, on avait fabriqué : mes gestes, mes attitudes, mon vocabulaire. On avait réprimé mes besoins, mes envies, mes élans, on les avait endigués, maquillés, déguisés, emprisonnés. Après m'avoir décervelée, après avoir vidé mon crâne de moi, on l'avait bourré de la pensée adéquate qui m'allait comme un tablier à une vache. Et quand il s'est avéré que la greffe avait bien pris, que je n'avais plus besoin de personne pour refouler les vagues qui venaient du tréfonds de ma personne, on m'a laissée vivre, librement.

Maintenant que, dans le fond de l'impasse, j'avais fait l'inventaire du gâchis, maintenant que je me rappelais, précisément, les détails du minutieux lavage de cervelle auquel j'avais été soumise et grâce auquel j'étais devenue à peu près digne de ma mère, de ma famille, de ma classe, maintenant que je savais, que je découvrais la supercherie par laquelle ces supplices avaient été pratiqués et endurés jusqu'au bout, pour l'amour, l'honneur, la beauté, le bien, que me restait-il? le vide. Qui étais-je? Personne. Où aller? Nulle part. Il n'y avait plus de beauté, plus d'honneur, plus de bien, plus d'amour, pas plus qu'il n'y avait, pour les mêmes raisons, de mal, de haine, de honte et de laideur.

En décodant l'hallucination j'avais cru me mettre au monde, j'avais cru naître. Maintenant il me semblait qu'en crevant l'œil au bout du tuyau je m'étais fait avorter de moi-même. Cet œil, ce n'était pas seulement celui de ma mère, de Dieu, de la société, c'était le mien aussi. Ce que j'étais était détruit et à ma place il y avait le zéro, ce commencement et cette fin, ce point d'où tout bascule dans le plus ou le moins, la zone de la vie morte et de la mort vivante. Pouvait-on à la fois avoir zéro jour et trente-quatre ans? J'étais un véritable monstre. Le plus effrayant n'était pas d'en être là mais de savoir que j'y étais et de le savoir dans la clarté froide et dans la certitude que donne la psychanalyse. J'étais une géante paralysée par un simple papier tue-mouches, ou une mouche emprisonnée dans un piège à géante. Grotesque, ridicule, stupide.

Eh ! Ouh la folle ! Eh ouh la folle !

Le pire était de penser que tous ceux de mon milieu avaient subi le même sort que moi. Pourquoi, alors, étais-je la seule à avoir réagi à la fois si bien et si mal au dressage ? Etait-ce parce que j'avais l'esprit réellement malade ou parce que j'étais particulièrement faible et inconsistante ? Je ne concevais que cette alternative qui était un gouffre, un enfer.

J'allais dans l'impasse, je m'allongeais, et maintenant je ne disais plus rien. Rien. Je n'avais plus rien à dire. Je ne trouvais plus rien à dire. Le docteur et moi nous nous connaissions si bien qu'il me suffisait de quelques mots pour lui rendre compte de ce qui s'était passé depuis la dernière séance. Ensuite c'était le silence. Un silence lourd, morne. Il m'est même arrivé de m'endormir là, sur le divan, échappant ainsi totalement à la réalité absurde et dérisoire.

Le vague. Le vague. Le même paysage que celui de mon adolescence : un désert gris, brumeux, sous un ciel beige, lisse. A quoi servait de continuer à marcher là-dedans ? C'était toujours pareil.

Pourquoi est-ce que je m'obstinais à aller dans l'impasse ? Le divan. Les yeux ouverts sur la toile de jute qui tapissait les murs, cette platitude grise et beige à la fois unie et floue. Les yeux ouverts sur mon désert angoissant à la fois brumeux et lisse.

Dans un lieu plat et lisse, sans végétation, sans relief, un jour maussade de mon enfance j'avais rencontré mon père. J'étais âgée de six ou sept ans. Il m'avait apporté un cadeau : un cube de velours rouge enrubanné de satin doré. Magnifique ! Un tel emballage ne pouvait contenir qu'un très beau cadeau. Comme toujours j'étais gênée par la présence douteuse de mon père, par sa tendresse et l'amour gai qu'il me portait. Il riait, ses yeux brillaient.

— Ouvre, tu vas voir ce qu'il y a là-dedans.

J'aurais préféré ouvrir la boîte en dehors de sa présence, mais il insistait.

— Ouvre, ouvre, je veux voir ta tête.

Alors, doucement, j'ai tiré un des pans du nœud doré et, brutalement, la boîte s'est ouverte d'elle-même, libérant un diablotin qui se balançait au bout d'un ressort, tirant la langue, dardant des yeux exorbités, grimaçant. C'était très laid, très bête, cela m'avait fait peur. Quelle déception! Je me suis mise à pleurer, au comble de la honte. Trahie!

Mon diablotin d'adulte c'était le petit docteur. Je me payais le luxe de venir voir trois fois par semaine un diablotin qui me décevait et me ridiculisait. La dépense était énorme. Le prix des séances engloutissait presque tout ce que je gagnais. Une fois le loyer payé ainsi que le gaz, l'électricité et les cantines des enfants, il me restait cinq francs par jour pour tout le reste. C'était dur. Mais cette misère allait avec mon désert. Du moment que les enfants ne manquaient pas de l'essentiel, qu'aurais-je fait de plus d'argent? J'étais égarée dans l'inconsistance.

J'étais une nébuleuse échevelée tournoyant autour d'un centre indéfinissable. Jusque-là le centre de ma vie avait été, consciemment ou inconsciemment, ma mère. Elle avait été rongée par l'analyse comme par un acide. Il ne restait plus rien d'elle. Mais moi je ne savais pas faire autre chose que de tournoyer autour d'elle, de ses principes, de ses fantasmes, de sa passion, de sa tristesse. Même si certaines parties de mon être se déployaient en longues lanières ondulées qui flottaient au loin, libres en apparence, elles étaient, en fait, fermement attachées au centre du tourbillon qui était l'œil, maintenant crevé, de ma mère.

Dans le Sertao, une région particulièrement sèche et aride du Brésil, poussent quelques rares buissons de verdure. Quand on essaie de les arracher on découvre que leurs racines sont fortes et épaississent en s'enfonçant dans le sol. Si on s'obstine à les déterrer on constate qu'elles communiquent avec les racines des buissons avoisinants et qu'elles convergent toutes vers une grosse tige qui descend encore plus en grossissant et parvient enfin à un énorme tronc unique qui perce la terre comme un trépan. On se rend compte, en fait, qu'il s'agit d'un arbre énorme qui s'est enterré de lui-même à vingt ou trente mètres au-dessous de la surface du sol afin de trouver l'eau. Ainsi, ces buissons que l'on voit dans le désert du pays ne sont-ils que les extrémités des branches de cet arbre gigantesque.

J'étais ces buissons. Mais, privée du tronc qui drainait l'eau des profondeurs, j'allais mourir.

X

Je ne savais pas pourquoi je venais encore dans l'impasse. D'ailleurs je manquais beaucoup de séances. Je les oubliais complètement ou bien je me trompais de jour ou d'heure. J'arrivais devant la porte; il y avait une sorte de cérémonial pour sonner : il fallait ouvrir une première porte vitrée qui donnait directement sur le jardin, et, à l'intérieur, contre le chambranle, se trouvait un bouton sur lequel il suffisait de peser pour faire retentir un timbre dans le bureau du docteur. Seuls les initiés le savaient. Ainsi ne voyait-on jamais que lui. Si j'arrivais exactement à l'heure il me faisait entrer directement dans son bureau et je pouvais imaginer qu'il était resté là, à m'attendre, depuis la dernière séance. Mais il suffisait d'arriver cinq minutes trop tôt ou trop tard pour rencontrer des silhouettes, des ombres plutôt. Soit le « malade d'avant », la tête dans les épaules, l'attitude gênée, le regard camouflé et furtif. Soit des gens de la maison qu'au cours des années j'avais identifiés comme étant : le père, la mère, la sœur. Je ne sais pas s'ils étaient réellement cela.

A cette époque, donc, il m'arrivait souvent de monter les marches du perron étriqué, d'ouvrir la première porte vitrée, d'appuyer sur le bouton intérieur et d'attendre. J'entendais vite la porte du bureau s'ouvrir, les trois enjambées du docteur pour traverser le hall et je le voyais apparaître dans la porte d'entrée entrebâillée. Ses yeux plats, froids, nets, arrondis par une surprise feinte, son petit corps bien droit, sa voix un peu cassée et sèche pourtant.

— Vous vous trompez, je ne vous attends pas aujourd'hui. (Ou bien : « Ce n'est pas l'heure, je vous attendais plus tôt. »)

Je n'avais pas le temps de m'excuser qu'il avait déjà disparu, me laissant devant la porte fermée, c'est-à-dire devant moi-même. Frustrée et coupable. Coupable, car je savais le choc que c'était d'entendre cette sonnette en pleine séance, même quand on ne disait rien, de voir le docteur se lever, sortir, c'était insupportable.

Au cours de cette interminable période il avait fait, de loin en loin, quelques courtes remarques, qui, lentement, germaient en moi.

Que les séances manquées étaient dues. — Moi qui n'avais pas un sou, penser que trois quarts d'heure de mutisme ou d'absence me coûtaient une fortune : quarante francs.

Que le silence avait un sens. — Me taire ne signifiait pas que je n'avais rien à dire. Cela signifiait soit que je cachais quelque chose soit que je me trouvais devant un obstacle que j'avais peur de franchir. Si je voulais progresser je devais donc soit parler de ce que je voulais cacher, soit m'acharner à définir l'obstacle invisible qui m'arrêtait, le seul moyen d'y arriver était de dire absolument tout ce qui me passait par la tête, et il n'y passait rien.

Que les moindres de mes manifestations avaient un sens. — Par exemple, au cours de cette période de silence total, si je poussais un soupir, même très léger, le docteur disait : « Oui ?... Oui ? », comme pour me faire comprendre qu'il y avait peut-être une ouverture là, au moment précis où j'avais poussé le soupir. Il fallait que j'essaie de retrouver ce qu'il y avait dans mon esprit à cet instant. De même si je changeais de position (car je pouvais rester prostrée, couchée en chien de fusil, tournée vers le mur, sans bouger le moins du monde, pendant toute la séance) j'entendais son « Oui ?... Oui ? ».

Mon attitude dans la vie ne différait pas beaucoup de celle que j'avais chez le docteur. Si je me contrôlais avec mes enfants (quand nous étions tous les quatre nous parlions, nous jouions, nous préparions les devoirs et les leçons du lendemain), si je parvenais à faire mon travail (je rédigeais chez moi des textes publicitaires) grâce auquel je pouvais payer mes séances et nourrir mes enfants, le reste du temps j'étais muette. Je ne pouvais communiquer avec personne, je me recroquevillais sur mon lit et j'y restais des heures, ne pensant à rien de précis, noyée dans une sorte de soupe tiède et fade de laquelle la peur me tirait parfois, me faisant m'asseoir, m'agiter, activant ma respiration. Impossible de dire de quoi j'avais eu peur. Il m'arrivait de m'endormir toute habillée. J'ouvrais les yeux c'était l'aube, c'était pareil. Le fait qu'il y ait des jours et des nuits n'avait aucune importance.

L'oubli est la plus compliquée des serrures mais il n'est qu'une serrure, il n'est pas une gomme ou une épée, il n'efface pas, ne tue pas, il enferme. Je sais maintenant que l'esprit capte tout, classe tout, range tout et entretient tout. Tout, cela veut dire : même ce que je crois ne pas avoir vu, entendu ou senti, même ce que je crois ne pas avoir compris, même l'esprit des autres. Chaque événement aussi minuscule soit-il, aussi quotidien soit-il (comme par exemple de m'étirer le matin en bâillant) est catalogué, étiqueté, serré dans l'oubli mais indiqué dans la conscience par un signal souvent microscopique : une brindille d'odeur, une étincelle de couleur, un clignement de lumière, une parcelle de sensation, un éclat de mot. Et même encore moins que cela : un frôlement, un écho. Et même encore moins : un rien qui existerait.

Il suffit d'être attentif à ces signaux. Chacun garde un chemin au bout duquel il y a une porte verrouillée derrière laquelle se trouve le souvenir intact. Non pas figé dans la mort mais vivant au contraire, vraiment vivant, avec non seulement la lumière qui lui est propre, ses odeurs, ses mouvements, ses paroles, ses bruits, ses couleurs, mais aussi ses sensations, ses émotions, ses sentiments, sa pensée, et deux antennes, deux prises possibles sur l'avant et l'après.

En m'enfonçant, comme je l'ai fait pendant sept ans, pour me guérir, dans l'investigation de l'inconscient, j'ai compris d'abord le système des signaux, puis j'ai trouvé le secret de l'ouverture de la plupart des portes, enfin j'ai découvert qu'il y avait des portes que je croyais impossibles à ouvrir et devant lesquelles je restais à piétiner désespérément. L'angoisse venait alors du fait que j'avais la certitude qu'il n'y avait plus moyen de faire marche arrière. La situation était irréversible : impossible d'abandonner ou d'oublier une porte difficile à ouvrir et derrière laquelle se trouvait un remède pour apaiser et soigner mon esprit malade.

Et si je n'y arrivais pas? Et si tout cela n'était qu'une vulgaire suggestion? Et si j'étais entre les mains d'un charlatan? Et si je reprenais mes bons médicaments qui m'endormaient? Et si je laissais tout tomber?

La résistance que l'esprit offre à l'ouverture de ces portes est formidable. Le mien déployait une puissance fantastique. Il gardait là derrière quelque chose qui m'avait blessée, qui m'avait fait très mal, qui avait fait voler ma personne en éclats. Il ne voulait pas que j'y retourne, il ne voulait pas que je souffre de nouveau de ce mal oublié. Il mettait la mort en faction pour mieux garder la porte. La mort avec ses putréfactions, ses liquides puants, ses chairs en décomposition, son squelette blanchâtre duquel pendouillait une viande grouillante de vers. Il mettait des horreurs là devant; tout ce que moi, alors, j'estimais être des horreurs : des spectacles à me faire fuir, des visions à me faire vomir, quelque chose d'extrêmement dangereux. Mais, le plus souvent, devant la porte il y avait le vide. Un vide grouillant de choses invisibles, un vide fascinant qui me donnait le vertige, un vide épouvantable.

C'est presque sans que je m'en rende compte que la première porte s'est ouverte.

J'ai fait, une nuit, un rêve que je n'avais plus fait depuis longtemps et qui s'était cependant répété pendant presque toutes les nuits de ma jeunesse.

J'étais dans un lieu agréable qui, selon les jours, était soit tout à fait découvert soit planté de pins maritimes. Le sol en était meuble, parfois même sablonneux, mais ferme cependant.

Dans la paix et la douceur de ce cadre pénétrait un cavalier lui-même tout à fait en harmonie avec l'ensemble. Son cheval allait à un petit trot très lentement cadencé. Il l'engageait dans un manège rectangulaire qu'il délimitait précisément en faisant plusieurs tours exactement semblables, la bête posant ses sabots dans les traces qu'elle avait laissées aux passages précédents. L'homme pouvait être soit un chevalier du Moyen Age en armure (dans ce cas il brandissait un splendide gonfanon et le cheval était richement caparaçonné), soit un cavalier moderne vêtu de tweed et de linge fin (petit foulard de soie, parfum délicieux fait d'un mélange subtil de vétiver, de cuir et de crottin). Jamais il ne me regardait. Je le trouvais extrêmement séduisant et je savais qu'il connaissait ma présence.

A un moment donné il accélérait le rythme du trot : très exactement les mouvements du cheval devenaient plus profonds, plus marqués, un peu comme dans les exercices de Haute-Ecole; ce qui avait pour effet de balancer le cavalier d'avant en arrière, régulièrement. En même temps que la cadence devenait plus accusée, le cavalier raccourcissait son parcours, si bien qu'il finissait par tourner en rond au centre du rectangle. Je ne voyais pas ses yeux, je ne rencontrais pas son regard et pourtant je devinais qu'il me serait facile de sauter en croupe derrière lui et que cela ne lui aurait pas déplu que je le fasse. Cependant, plus il tournait plus le terrain devenait pour moi pâteux, une sorte de béchamel ou de mayonnaise dans laquelle je m'enlisais, je m'enfonçais, qui paralysait mes mouvements, les rendait pénibles. Je n'arrivais plus à me dégager de cette épaisse colle molle qui m'étouffait.

Je me réveillais en sursaut, couverte de transpiration, à bout de souffle. Je détestais ce rêve qui tournait au cauchemar et me faisait battre le cœur à tout rompre. J'étais incapable d'identifier le cavalier qui n'avait pas de visage pour moi puisqu'il n'avait pas de regard. D'ailleurs je ne comprenais rien à cette vision qui me laissait une impression d'effroi et dont je cherchais à refouler le souvenir.

En revivant ce rêve sur le divan de l'impasse, en précisant le plus possible chacun des éléments qui le composaient, j'ai pris conscience que j'étais en train de décrire deux univers. L'un que je connaissais bien, celui de mon milieu, l'univers de ma mère : sans danger, agréable, un peu ennuyeux, un peu triste, sage, convenable, harmonieux, plat. L'autre que je ne connaissais pas, mais qu'inconsciemment je désirais à l'époque où je faisais ce rêve, celui de l'aventure, de l'homme, du sexe (car le cavalier me plaisait énormément), l'univers de la rue. Rester et partir. Je m'enlisais à résoudre ce problème insoluble pour une petite fille.

Ma mère, c'était l'harmonie triste du paysage. Je n'avais pas besoin de son œil pour m'imposer sa règle. Son œil était déjà en moi. Je voyais par elle.

Je n'avais moi-même plus de regard ou du moins étais-je capable dès l'âge de sept ou huit ans (quand j'ai commencé à rêver au cavalier) de combattre et de repousser inconsciemment mon propre regard au risque d'en être paralysée ou asphyxiée.

Le cavalier, lui, ne me regardait pas, il me laissait libre. En parlant de lui je me suis mise à comprendre ce que j'aimais vraiment, ce que je désirais vraiment quand j'étais une enfant. J'ai compris aussi pourquoi, plus tard, je n'aimais pas qu'on me regarde quand je faisais l'amour et pourquoi, lorsque ma maladie s'est aggravée, je ne pouvais prendre du plaisir que si j'imaginais que je m'accouplais avec un animal, un chien surtout. Fantasme qui me dégoûtait encore plus de moi-même et dont je n'osais même pas parler au docteur.

Je me suis mise à en parler et le fantasme s'est éloigné de moi, comme l'hallucination. C'était pourtant simple : un chien, ça ne pouvait pas me juger, ça me laissait libre, le regard d'un chien ça ne pouvait ni m'humilier ni me blesser.

A chaque fois que j'ai ouvert une des portes redoutées j'ai constaté d'une part que le mécanisme de la serrure n'était pas aussi compliqué que je le croyais et que, d'autre part, là où je redoutais de découvrir l'épouvante, la torture, l'horreur, je découvrais la petite fille dans tous ses états : malheureuse, affolée, terrifiée. J'avais peur de trouver ce qui pouvait faire peur à une femme de trente-quatre ans qui avait vu des hommes se tuer dans la rue, qui avait senti ses enfants naître en déchirant ses entrailles, qui savait ce que c'était que le napalm, la torture, les camps de concentration. Mais ce que je découvrais c'était la peur d'une enfant. Derrière la porte il y avait la petite fille terrorisée parce qu'un gros cafard venait d'entrer dans un trou du mur, juste au-dessus de sa tête, bouleversée parce qu'un monsieur la filmait pendant qu'elle faisait pipi, paralysée par un cavalier qui lui rendait visite la nuit, épouvantée par un robinet de papier. Je revivais le moment avec elle, je devenais elle, j'avais sa peur. Puis elle disparaissait. Moi je me réveillais et je me mettais à débroussailler le terrain nouvellement conquis. Mon espace devenait de plus en plus vaste. J'allais mieux.

Pendant la première partie de l'analyse j'avais conquis la santé et la liberté de mon corps. Maintenant j'allais me mettre, lentement, à découvrir ma personne.

Au commencement cela s'est passé péniblement car je me méfiais de moi-même. Je craignais de rencontrer une personne dont je n'aurais pas su contenir les défauts et les vices. Il a fallu que je fasse de nombreuses incursions dans l'inconscient pour me convaincre qu'il était sauvage et libre mais incapable de malignité. Le bien et le mal appartenaient à ma conscience, à moi de les forger à ma convenance.

Le traitement a pris fin quand je me suis sentie capable de prendre la responsabilité de mes pensées et de mes actes, quels qu'ils soient. Cela m'a demandé encore quatre années.

XI

Il m'a fallu les quatre premières années d'analyse, ce grand nombre de séances, pour que je prenne conscience que j'étais en train de suivre une psychanalyse. Jusque-là je m'étais livrée à ce traitement comme à une sorcellerie, une sorte de tour de magie qui me mettait à l'abri de la clinique psychiatrique. J'avais beau progresser, je n'arrivais pas à me convaincre que ma simple parole allait chasser définitivement mon désarroi, ce mal si profond, ce désordre dévastateur, cette peur permanente... Je m'attendais à ce que, d'un moment à l'autre, tout recommence : le sang, l'angoisse, la sueur, les tremblements. Je m'émerveillais tellement à voir se prolonger le répit que je ne me rendais pas compte que j'avais changé profondément. J'étais de moins en moins livrée arbitrairement aux autres et au hasard.

L'impasse devenait un laboratoire en même temps que le château des portes fermées. Le petit docteur était mon garde-fou et le témoin de mes voyages dans l'inconscient. Ma route était maintenant jalonnée de points de repère qu'il connaissait aussi bien que moi. Je ne pouvais plus me perdre.

J'ai d'abord revécu des moments qui m'ont servi de bouclier contre la chose, comme si je voulais lui prouver et me prouver à moi-même que je n'avais pas toujours été une malade, qu'il existait en moi un embryon caché que je pouvais retrouver et à partir duquel je m'épanouirais. Je cherchais à préciser comment et pourquoi j'étais devenue une malade mentale.

En faisant cela j'ai mis à jour la personnalité malsaine de ma mère. Je revoyais les scènes que je vais décrire maintenant dans l'éclat de la vie. J'étais, de nouveau, totalement l'enfant.

Nous passions une partie de nos vacances d'été dans une maison de bord de mer qui s'appelait la Salamandre. Blanche avec des volets bleus. Un couloir central desservant huit chambres à coucher et, au bout, un grand living-room donnant sur la Méditerranée. A l'autre extrémité du couloir une cour plantée de zinnias, de volubilis, et, autour, la cuisine, les chambres de service, la buanderie, le lavoir, le garage. Un petit univers fermé sur la famille réunie là au grand complet mais ouvert sur le ciel et la mer.

La vie y était gaie et libre. Je passais mes journées en costume de bain à courir dans les rochers et sur le sable, à jouer dans l'eau. Nany me surveillait de la plage où elle restait des heures à bavarder et à tricoter avec les nurses des villas voisines occupées par des amis ou des relations.

Les repas à la Salamandre étaient délicieux, faits de gaspachos, de salades, de sorbets, de fritures, de crustacés, mais je n'y avais pas droit. Jusqu'à l'âge de dix ans les enfants ne devaient pas manger à table avec les grandes personnes. Ils avaient, en outre, un régime spécial, dans le style britannico-américain, à base de céréales, de steaks hachés, de fruits et de légumes cuits ou crus. Très sain. Je prenais donc mes repas avant les adultes. Nany restait près de moi et veillait à ma tenue et à ma mastication. Car ma mère disait doctement : « Les aliments bien mâchés se digèrent mieux. » Alors Nany répétait : « Mâche. Por l'amor de dios, mâche ! »

Un soir, à la Salamandre, je m'étais installée devant mon couvert, au bout de la table déjà dressée pour le dîner des grands.

Benaouda avait fermé les volets en me faisant une grimace à chaque fenêtre. C'était notre jeu du soir. Le côté salle à manger du living-room était éclairé par un lustre arabe que je trouvais magnifique parce qu'il ressemblait à un arbre de Noël. Il était fait d'une superposition d'étoiles de cuivre dont les nombreuses et longues branches supportaient des coupelles de verre coloré : bleues, rouges, jaunes, vertes. Dans ces coupelles (anciennes lampes à huile) brûlaient des ampoules qui projetaient dans ce coin-là de la vaste pièce des lumières multicolores.

Le côté salon restait dans la pénombre. Le plus jeune de mes oncles, qui n'avait qu'une dizaine d'années de plus que moi, c'est-à-dire qu'il avait à peu près quinze ans, s'ennuyait dans un gros fauteuil de rotin. Devant lui sa jambe droite était allongée dans une gouttière : il souffrait d'un épanchement de synovie. Ma mère m'avait expliqué que le liquide synovial était semblable à l'huile que Kader mettait sur la chaîne et les pédales de ma bicyclette. Ainsi, mon jeune oncle, à la suite d'une chute, avait-il perdu le liquide qui servait à graisser son genou. Pour le retrouver il fallait qu'il reste sans bouger... Il m'aimait beaucoup et me faisait toujours des compliments sur mes boucles, sur mes taches de rousseur, sur mes genoux écorchés, sur mes robes. Moi aussi je l'aimais beaucoup. Il n'était ni un adulte ni un enfant et il avait pourtant cette supériorité extraordinaire d'être mon oncle, le frère de ma mère. Il m'arrivait, tant j'étais fourbue par mes journées de mer, de soleil et de sable, de m'endormir à table au milieu de mon dîner. Mon oncle, quand il était valide, me prenait alors dans ses bras et m'emportait jusque dans ma chambre. Je sentais sa tendresse juste avant de m'enfoncer complètement dans le sommeil.

Ainsi étais-je bien à l'abri ce soir-là : Nany à côté de moi, mon oncle en face, de l'autre côté de la table, le lustre étoilé au-dessus de ma tête, et la mer qui se reposait dehors en poussant de profonds soupirs. C'est alors que Messaouda a posé devant moi une pleine assiette de potage de légumes. Je détestais ça. Particulièrement les filandres des poireaux pour lesquels j'éprouvais une répulsion absolue. Je ne pouvais pas les avaler. C'était un refus viscéral impossible à surmonter. Je serrais les mâchoires, je ne voulais pas porter la cuillère à ma bouche. Nany, pour m'aider, la mettait contre mes dents. J'avalais le bouillon qui glissait tout seul dans ma gorge mais je ne laissais passer aucune parcelle de légumes, surtout pas les poireaux.

C'est alors que ma mère est entrée, belle, parfumée, les crans de ses cheveux bien plaqués sur son crâne. En un seul coup d'œil elle avait compris la situation.

— Elle doit manger son potage.

— Madame, il n'y a rien à faire pour lui faire avaler les légumes.

— Laissez-moi faire.

Elle a pris la place de Nany, la cuillère.

— Tu n'as pas honte, il faut te faire manger comme un bébé !

Rien à faire, mon dégoût était trop grand, impossible de desserrer les dents. Ma mère, agacée, s'est levée.

— Continuez. Elle n'ira se coucher que lorsqu'elle aura terminé ce qu'il y a dans son assiette et elle n'aura rien d'autre.

Puis elle est sortie et moi je suis restée devant ma soupe, certaine que je ne mangerais rien malgré la peine que je pouvais faire à ma mère en agissant ainsi.

Quelques instants plus tard le gravier a crissé devant la maison. Quelqu'un marchait sous les fenêtres. Puis un caillou a heurté le volet le plus proche de moi. J'ai ouvert la bouche et avalé les légumes. Mon oncle et Nany ne disaient rien. Encore un temps et un second caillou, une autre cuillerée engloutie comme une purge. Un troisième caillou, une troisième, une quatrième, une cinquième cuillerée, en m'agrippant à la table pour combattre l'écœurement. C'est alors que mon oncle, qui n'avait pas du tout l'air affolé, a dit :

— Tu ferais mieux de manger toute ta soupe parce que j'ai l'impression que le marchand d'habits est par là et si tu n'es pas gentille il va t'emporter.

Le marchand d'habits était un homme qui achetait les vieux vêtements dans les beaux quartiers et allait les revendre ailleurs. Il marchait lentement dans les rues en lançant, à intervalles réguliers, un cri perçant : « Ha... Bi! Ha... Bi... ou! » Il m'inspirait une véritable terreur parce qu'il portait, pendues par la queue à sa ceinture, des dépouilles de rats séchées qui lui faisaient une sorte de basque sur les hanches. Je me cachais quand j'entendais son cri et ma mère me menaçait, si je n'étais pas sage, de me donner au marchand d'habits.

Mais le marchand d'habits ne passait pas à la Salamandre, cela ne pouvait pas être lui. J'avalais quand même tout rond les cuillerées que Nany me présentait.

Soudain, dans le silence complet de la grande pièce, dans la nuit, dans le temps suspendu par la surprise, j'ai entendu tout près de moi :

— Ha...bi! Ha... bi.....ou!

Il était là! Mon assiette n'était pas finie! Il allait m'emmener! Une horreur m'a envahie, une sorte de grand frisson m'a secouée, a serré mon ventre et, comme si je rendais mon cœur, la soupe avalée est ressortie en geyser par ma bouche. J'étais prise de spasmes, je vomissais de l'eau, de l'air, rien. Nany me tenait le front et, chose surprenante, mon oncle riait.

Ma mère était de retour. En une fraction de seconde elle a vu la belle nappe éclaboussée de vomi. Son visage s'est serré : je l'avais, une fois de plus, déçue. Moi, je comprenais son stratagème : elle avait fait le marchand d'habits pour me forcer à manger ma soupe. Ça n'avait pas marché comme elle le croyait. Il y avait dans son regard et dans sa voix une exaspération hystérique.

— Elle mangera son potage jusqu'au bout, quand même! Cette enfant devra un jour cesser, une fois pour toutes, ses caprices. Je ne bougerai pas de là. Nous ne dînerons pas tant qu'elle n'aura pas fini.

Alors j'ai mangé toute seule mon vomi de soupe et je l'ai fait non pas pour lui plaire mais parce que je sentais en elle quelque chose de dangereux, de malade, quelque chose de plus fort qu'elle et de plus fort que moi, quelque chose de plus épouvantable que le marchand d'habits.

Cette histoire a fait ensuite rire toute la famille alertée par les éclats de voix. Ils se la rapportaient les uns aux autres dans ses moindres détails. Pour conclure on a dit de ma mère : « Elle est sévère, maïs elle est juste. » Cette phrase ne parvenait pas à entrer dans ma tête. Je ne comprenais pas ce qu'elle voulait dire, je la refusais.

Je n'arrivais à fixer longuement sur moi l'affection et l'attention de ma mère que lorsque j'étais malade. Je rentrais de classe brûlante, les yeux brillants, je grelottais. Nany, sur la route de la maison, avait déjà décrété : « Ça ne va pas. » A peine arrivées, ma mère était prévenue et ma chambre se transformait en chambre de malade. Ma mère étendait sur la commode une sorte de nappe d'autel empesée et brodée sur laquelle elle installait les remèdes, le thermomètre, des cuillères en argent sur des soucoupes, et, trônant au milieu de cet attirail, une petite bouilloire de porcelaine à fleurs dont la base formait une grotte dans laquelle brûlait une veilleuse qui maintenait toujours chaude l'infusion de verveine que j'adorais.

— Il faut boire beaucoup quand on a de la fièvre.

Ma mère venait vers mon lit, elle s'asseyait, elle se penchait vers moi et tâtait plutôt qu'elle n'embrassait mon front et mes tempes. Elle faisait cela avec le coin de ses lèvres et sa joue, attentivement, un côté du visage puis l'autre côté, par petits coups répétés, en maintenant bien mon menton dans ses mains. Ces effleurements rapides et précis me comblaient de bonheur et de tendresse.

— Tu as une bonne fièvre. Fais voir, ouvre la bouche.

C'était toujours là que se découvrait le pot aux roses. Elle se servait d'une des cuillères de la commode pour abaisser ma langue, elle dirigeait une petite lampe de poche pour éclairer ma gorge.

— Une bonne angine avec des points blancs. Tu en as pour huit jours!

Elle essayait bien de m'expliquer que j'étais malade parce que j'étais négligente, désobéissante, imprudente, etc. mais cela ne m'empêchait pas d'être la plus satisfaite des petites filles du monde. Je savais que, pendant huit jours, elle me soignerait avec le plus grand zèle. La gorge douloureuse, le corps déjà courbatu, je me laissais aller dans mon lit qu'on venait de tendre de draps frais, si frais que leur contact m'avait fait frissonner quand je m'y étais blottie. J'étais aussi molle et fragile qu'un fruit très mûr.

Non seulement elle me soignait mais elle restait là, près de moi, silencieuse, occupée par une lecture ou un ouvrage. Les jours passaient vite en sa présence et, lorsque la nuit tombait, ma chambre tout entière se mettait à vaciller à cause de la flamme tremblotante de la veilleuse qui faisait rendre à la verveine un parfum délicat, délicieux. Les ombres disproportionnées des meubles et des objets formaient une caverne enchantée et chaude dans laquelle la voix de ma mère s'élevait pour m'endormir, me bercer, douce, pleine, un peu basse : « La maman du petit homme lui dit un matin : à quinze ans t'es haut tout comme notre huche à pain. A la ville tu peux faire un bon apprenti, mais pour labourer la terre, t'es ben trop petit mon ami, t'es ben trop petit, Dame oui ! » Suivait l'histoire de Grégoire le petit chouan, jusqu'à son trépas au milieu du sifflement des balles : « Mais l'une d'elles le frappe entre les deux yeux, par le trou l'âme s'échappe, Grégoire est aux cieux. » L'atrocité de cette fin et le couplet suivant où Jésus entrouvre « son manteau rose » pour garder l'enfant et le cacher, me bouleversaient. Elle chantait en s'appliquant particulièrement aux passages poétiques et dramatiques. Il y avait aussi les *Petits Mouchoirs de Cholet* et bien d'autres chansons tristes et jolies qui sont restées dans ma tête et n'en sortiront jamais. Pour moi elles seront toujours importantes parce que lourdes de nuits odorantes et d'amour.

Ses mains étaient fraîches, légères, extrêmement habiles et faites pour soigner. Nul comme elle ne savait faire une piqûre ou changer un pansement. Des mains comme des oiseaux, comme des chats. Des mains qui se multipliaient, qui allaient vite, expertes. Elle me bordait, tâtait encore mon front :

— Maintenant tu vas dormir ma petite fille chérie.

Elle me parlait comme je l'avais entendue parler à son enfant dans la tombe au cimetière. Sa voix et ses mains me caressaient.

Ah, je le tenais son amour ! Comme c'était beau,

comme c'était simple. Je m'endormais béatement, bouillante de fièvre.

Le mieux arrivait un matin. Au réveil la gorge faisait moins mal, la salive passait plus facilement, le thermomètre indiquait une baisse de température. Je sentais des impatiences dans mes mollets et l'envie de bouger.

— Tu ne dois pas sortir de ton lit. Tu es encore loin d'être guérie.

Pour me faire tenir tranquille elle m'asseyait, installait des oreillers dans mon dos et me faisait la lecture. Elle me lisait principalement des fables de La Fontaine et des poèmes, en y mettant le ton. Elle prenait toujours les mêmes livres pour ces séances. Je connaissais exactement leur place dans la bibliothèque. Il y en avait un que j'attendais avec un mélange d'impatience et d'horreur, c'était un recueil de poèmes de Jehan Rictus, auteur parigot et misérabiliste. Parmi ces textes elle en appréciait particulièrement un qui s'intitulait : « La jasante de la vieille ». Quand elle me l'annonçait j'en avais la chair de poule. C'était l'histoire d'un gosse de Ménilmontant qui tournait mal et finissait sur l'échafaud. La mère du voyou, agenouillée sur la terre anonyme du carré des condamnés d'un cimetière de Paris, laissait s'échapper une plainte qui s'étirait sur plusieurs pages. Ma mère lui prêtait sa voix. Cette transformation de ma mère, comme si elle avait mis un masque de putain sur son visage, un déguisement de pauvresse sur son corps, faisait naître en moi une curiosité extrêmement aiguë. A vrai dire, à cet instant, ma mère me fascinait mais elle me dégoûtait aussi. Où allait-elle chercher une gouaille pareille, si étonnante pour une femme comme elle, tellement digne, tellement fière, tellement bien élevée, tellement rigoureuse? C'est que le texte était écrit en argot parisien et ma mère laissait pendre ses lèvres dans un abandon veule pour prononcer des « Menilmuche » et des

« Montmertre » et des « coups de surin » et des « jules » auxquels je ne comprenais pas grand-chose à part qu'il s'agissait d'un langage populaire. Mais elle me donnait des explications et alors je comprenais que la pauvre femme pleurait parce qu'on venait d'enterrer son fils là, dans cette terre, sans qu'elle sache exactement où, car on n'indiquait par aucune croix, ni aucun signe, la sépulture des décapités... Elle pleurait, pleurait et tout en pleurant elle revoyait son garçon du temps qu'il n'était qu'un bébé rose et dodu sur le ventre duquel elle s'amusait à faire des « prout » pour le faire rire, elle revoyait sa bouche aux lèvres tendres qui tétait son sein et sa tête aux boucles blondes. Cette tête que justement on venait de trancher et qui était enterrée là, séparée du corps.

Ce texte était un des morceaux de bravoure de ma mère et il n'était pas rare de voir apparaître, lorsqu'elle le lisait, des gens de la maison qui venaient l'écouter. D'ailleurs, dans ma famille, on disait de ma mère : « C'est une véritable artiste. »

Quelquefois elle mettait sur mes genoux, pour que je regarde les images, *l'Enfer* de Dante, illustré par Gustave Doré, qu'elle avait fait relier avec de la peau de serpent, ou le catéchisme de mon arrière-grand-mère plein d'anges gras et extatiques et de démons grimaçants...

Puis la guérison venait et la vie reprenait comme avant. Dès l'instant où je n'étais plus physiquement faible, elle se redressait et s'éloignait, elle retournait à ses pauvres, à ses malades. Il me restait le souvenir précieux de son attention et de sa présence et l'impression que j'étais trop petite pour comprendre ses chansons, ses images et ses lectures. J'avais le vague sentiment qu'elle se trompait, qu'elle n'était pas normale.

En Suisse nous habitions un grand chalet, l'Edelweiss : une bâtisse de bois, à deux étages, entourée d'une galerie en plein air sur laquelle donnaient toutes les pièces du rez-de-chaussée. Autour de la maison s'étendait le paysage helvétique qui fait rêver tous les Blancs des colonies : une prairie d'herbe verte et fraîche piquetée de fleurettes ravissantes, une forêt de sapins au loin et, à l'horizon, les chaînes des Alpes.

— Respirez profondément, aérez vos poumons : vous êtes ici pour vous faire une santé.

Nous vivions là avec la meilleure amie de ma mère et ses deux fils qui avaient le même âge que moi. Trois enfants de six et sept ans, confiés, pour ce qui était des études, à un précepteur ecclésiastique, l'abbé de Grandmont, que notre fougue de jeunes méditerranéens dépassait et qui, pour nous faire tenir tranquilles, nous racontait la vie de saint Guy de Fontgalant, jeune homme récemment béatifié, qui avait la particularité de faire retrouver les objets perdus quand on l'en priait : « saint Guy de Fontgalant, faites que je retrouve mon mouchoir ». Et on retrouvait le mouchoir.

Nous étions en 1936.

Notre salle d'études se trouvait au deuxième étage du chalet, comme suspendue entre le ciel et les sommets enneigés des montagnes.

Un matin, un cri, un hurlement plutôt, une voix forte qui donnait l'alarme. En une seconde nous étions sur le palier, penchés sur la rampe de chêne ciré. Tous les habitants de la maison en avaient fait autant, si bien que je voyais, plus bas, des épaules et des nuques penchées, comme les nôtres, vers le hall d'entrée. Au centre de la vaste cage d'escalier ma mère dressait son visage bouleversé, ses traits tirés en arrière comme par des griffes, ses yeux écarquillés par une terreur, encore plus verts que d'habitude :

— Les communistes ont pris le pouvoir! La radio vient de l'annoncer!

Les communistes? Qu'est-ce que cela veut dire? Est-ce que ce sont des Allemands qui vont nous clouer aux portes des granges comme pendant la Grande Guerre? Pourquoi ma mère a-t-elle si peur?

La panique s'était emparée de la maison. En vingt-quatre heures les malles étaient faites, le chalet bouclé, nous rentrions en Algérie, au galop!

— Nous prendrons l'express de nuit, comme cela nous traverserons la France sans rien voir.

Et c'est vrai qu'au matin c'était déjà Marseille, la Méditerranée, le port et le gros paquebot à quai. Ouf! Nous étions les premiers embarqués. J'avais l'impression de l'avoir échappé belle. Apparemment les communistes ne se trouvaient pas au bord de la mer car tout paraissait calme. Encore une chance que nous habitions en Algérie et pas en France. Je ne posais pas de questions et je veillais à être sage car, dans ces moments d'extrême tension, ma mère avait la main leste et savait administrer, pour un oui ou un non, des paires de claques qui cinglaient en laissant la marque des cinq doigts sur le visage ou les fesses. Nany aussi filait doux, et tout le monde avec elle.

Tout de même, une fois à bord l'atmosphère s'est détendue. Il y avait des fleurs dans la cabine de ma mère. Qui les avait envoyées?

Ma mère parlait à Nany :

— J'ai pu faire parvenir un télégramme à la maison pour les prévenir. D'après le commandant il paraît que tout va bien là-bas... Pas d'agitation.

Puis nous sommes sorties. Maintenant il y avait beaucoup de monde sur l'embarcadère. Un monsieur vêtu d'un costume blanc (un de ces costumes comme en portaient les Français qui allaient aux colonies), arpentait notre pont au milieu d'un groupe d'hommes qui l'écoutaient gravement. Il avait aussi des chaussures blanches, un panama, une cravate rouge et un œillet rouge à la boutonnière.

Un haut-parleur a annoncé que les visiteurs et les accompagnateurs devaient quitter le bord. Nous allions appareiller.

L'homme était resté seul et il est venu s'accouder au bastingage, tout près de nous. La foule avait encore grossi sur les quais et même sur la terrasse de la Transat, juste en face de nous. L'homme faisait des signes à des gens de l'autre côté. On entendait des cris incompréhensibles, par-ci par-là, dans le brouhaha. Je sentais ma mère nerveuse. L'atmosphère était électrique.

Et soudain l'homme, qui avait pourtant l'air très bien élevé, a levé son bras droit au bout duquel il tendait son poing fermé et toute la foule, en face, après un grand « ah! », en a fait autant. Une forêt de poings au-dessus des têtes. Ma mère a pris un ton sec pour parler à Nany.

— Je m'en doutais depuis un moment. C'est sûrement un des dirigeants de leur parti... Apparemment ils ne sont pas si pauvres que ça puisqu'ils voyagent en première classe et en costume d'alpaga par-dessus le marché!

J'ai osé demander :

— Qui est-ce?

— Un communiste!

Un communiste!

— Et les gens?

— Des communistes, des ouvriers. Ne m'agace plus avec tes questions.

Des ouvriers! Des communistes! D'après le ton de sa voix elle avait eu l'air de dire que c'était pareil. Je n'y comprenais rien. Les communistes paraissaient être des gens dangereux et pourtant ma mère disait toujours : « Il faut être très polie avec les ouvriers, ce sont des malheureux, de pauvres gens. » Ou bien : « Il y a des enfants d'ouvriers qui n'ont rien à mettre dans leur assiette, pas un jouet pour s'amuser. Tu devrais penser à eux quand tu gaspilles. » Ma perplexité était si grande que, au risque de me faire mal recevoir, j'ai encore questionné :

— Qu'est-ce qu'ils veulent?

— Notre argent, nos maisons, nos vêtements.

— Pourquoi?

— Parce qu'ils ne nous aiment pas.

— Parce qu'on n'a pas été assez polis avec eux?

Ma mère a haussé les épaules, je l'exaspérais. Il valait mieux que je me taise et que je demande plus tard des explications à Nany.

Puis la sirène a lancé le signal du départ. Des matelots se sont affairés à terre et à bord pour larguer les amarres. Et quand le bateau s'est mis visiblement à s'éloigner du quai, la foule, en une seule énorme voix, a fait monter une chanson inconnue, large, formidable, très belle : « C'est la lutte finale, groupons-nous et demain... » Ma mère était pâle, elle parlait par saccades.

— Nous devons rester là dignement. Il ne faut pas leur faire croire que nous les craignons... Tu dois te tenir mieux que jamais. N'aie pas peur, ce n'est qu'une mascarade.

Elle m'a poussée devant elle. Je me tenais droite, presque au garde-à-vous, comme paralysée, pendant que déferlait sur moi le chant des communistes. Je ne sais pourquoi j'ai pensé que ma redingote de flanelle grise venait de l'Enfant Roi, que mon béret écossais venait de chez Old England, que mes chaussures venaient de je ne sais plus où, et mes chaussettes de fil de la Grande maison de Blanc. J'étais bien correcte, toute propre, pour représenter dignement ma famille. Ça tombait bien pour une fois, moi qui étais toujours tellement « débraillée », comme disait ma mère.

L'homme en blanc près de nous avait entendu les paroles de ma mère et vu son geste, alors il s'est mis à chanter lui aussi, en tendant son poing encore plus haut : « Debout les damnés de la terre, debout les forçats de la faim... »

De la fin? Quelle fin? Notre fin? Notre mort? Ma mère était tout à fait blême maintenant, raide, avec un visage figé. Je n'avais jamais assisté à un événement aussi grandiose et aussi dramatique. Les yeux de la foule ne quittaient pas l'homme à l'œillet rouge. Je n'avais jamais vu des regards comparables : déterminés, prêts à tout, dangereux.

Moi qui aimais tant courir sur le bateau pendant la traversée, je n'ai pas mis les pieds dehors cette fois-là.

Quelque temps après nous étions à la Salamandre. Je ne pensais plus aux communistes, bien qu'ils aient été le thème principal des conversations de ma famille qui, au salon, quand j'allais dire bonsoir, jonglait avec les noms d'hommes politiques, lisait des journaux et des revues, était pendue à la radio.

Pour moi, le sujet des communistes était un sujet douteux que je ne cherchais pas trop à élucider. On m'avait toujours enseigné qu'il fallait s'aimer les uns les autres, partager avec les pauvres, etc. Or, quand les pauvres demandaient autrement qu'en mendiant dans la rue, il ne fallait rien leur donner. Pourquoi? Mystère.

J'étais prête pour le dîner lorsqu'un de mes oncles a fait une entrée sur les chapeaux de roues dans la cour de la Salamandre. Il a claqué sa portière puis s'est engouffré en courant dans la maison jusqu'à la chambre de ma grand-mère où, à bout de souffle, il a annoncé : « Les rouges préparent une descente vers les villas de la plage! Avertissez les voisins! »

Les Rouges? L'œillet rouge, la cravate rouge! Les Rouges c'étaient les communistes, encore eux! On allait encore me mettre sur mon trente et un et me pousser devant eux pendant qu'ils chanteraient leur grande chanson effrayante. Non! Je ne m'en sentais pas capable.

Au lieu de cela, comme en Suisse, le charivari, le

branle-bas de combat, la maison sens dessus dessous. Ma mère avait pris le commandement. Elle organisait notre retranchement : barres de fer aux fenêtres et aux portes, tous les verrous tirés, tous les cadenas cadenassés et, pour plus de sûreté, une fois les domestiques enfermés avec nous, chargés de paniers de vivres, elle faisait pousser les gros meubles devant les ouvertures les plus fragiles.

J'étais plus que terrifiée, j'étais horrifiée. Je tremblais de tous mes membres. Pour ne pas gêner les allées et venues et les déménagements on m'avait envoyée au lit où j'imaginais les communistes en train de me couper les mains, de m'étriper...

Les heures passaient. J'étais blottie dans mon lit essayant de deviner l'approche des communistes dans la nuit qui était tombée maintenant. J'avais compris que ma famille avait décidé de jouer au bridge calmement et ma grand-mère avait même dit à Lola dans le couloir : « Servez-nous du champagne, ce sera peut-être le dernier, autant en profiter et ouvrez-en pour la cuisine mes enfants ! », ce qui avait redoublé mes tremblements. Je les trouvais bien plus courageux que moi. Nany avait fait un passage hâtif dans ma chambre, déposant un gros pot de chambre derrière ma porte, ce qui indiquait que je ne devais bouger de là sous aucun prétexte.

Un très gros hanneton affolé lui aussi, incapable de sortir, tournoyait avec un bruit de ventilateur autour de la lumière de la suspension. Parfois il se heurtait au plafond et le choc était si fort qu'il se trouvait projeté par terre où il restait un moment à gigoter de toutes ses pattes maigres pour se remettre en position d'envol. Avant de retrouver la lumière au centre de la pièce il se lançait dans des vols bas et se posait parfois, cessant alors son bruit et entreprenant des progressions maladroites de blindé. Au-dessus de ma tête, à cinquante centimètres environ, il y avait dans le mur un profond trou rond dont je ne connaissais pas l'utilité. Tout à coup j'ai pensé que je ne supporterais pas que le hanneton s'enfourne là-dedans. C'est pourtant ce qu'il a fait à un moment donné. J'étais paralysée par la peur, clouée à mon lit, incapable de faire le moindre mouvement. Le hanneton s'agrippait tant bien que mal au bord de l'orifice. Il allait me tomber dessus et me griffer la figure, me crever les yeux peut-être. Alors je me suis mise à hurler. C'est mon jeune oncle qui est arrivé le premier. Je me souviens qu'il m'avait prise dans ses bras et empêchait ma mère de me flanquer une paire de claques. C'est que je leur avais fait une belle peur avec mes cris.

— Dans un moment pareil! Tu choisis tes jours! A ton âge, avoir peur d'un hanneton. Décidément cette enfant n'est pas normale.

On a chassé l'insecte et je me suis endormie. Je n'ai pas entendu les communistes. Mais, le lendemain, en sortant de la maison pour me rendre à la plage, j'ai su qu'ils étaient passés : sur notre porte et sur les portes des voisins il y avait un grand dessin, une sorte de croix aux bras cassés peinte à gros coups de pinceau trempé dans du goudron qui avait dégouliné par endroits en d'épaisses traînées noires maintenant séchées par le soleil. Personne ne m'a dit que c'étaient les communistes qui avaient fait ça mais je le savais. J'ai appris que ces signes s'appelaient des croix gammées et j'ai compris, au silence de mes parents, qu'ils étaient infamants. Je ne sais pourquoi j'ai éprouvé pendant quelques jours une honte profonde à vivre dans une maison ainsi désignée. Surtout que, malgré un ravalage vivement opéré, les marques ressortaient, à cause de leur épaisseur, à travers la peinture fraîche, comme des cicatrices. J'ai eu l'impression que ma famille aussi en avait honte, qu'elle n'était pas parfaite.

Chaque année, à la Toussaint, j'accompagnais ma mère au cimetière.

Avant la guerre nous y venions en voiture et Kader portait les fleurs et les paquets. Plus tard, il nous fallait plus d'une heure et plusieurs changements de trams pour parvenir dans cet endroit escarpé surplombant la Méditerranée qui, là, loin des plages de la baie et à cause de la chute abrupte du sol dans la mer, était déjà profonde, sombre, mystérieuse. On la voyait de partout à travers le tronc et le feuillage noir des cyprès qui bordaient les allées. Odeur poivrée des arbres. Odeur fade des chrysanthèmes. Odeur marine. Odeur des morts. Odeur minérale de toutes ces dalles au ras du sol assaillant la montagne jusqu'à son faîte où était plantée une basilique vouée à Notre Dame d'Afrique : Vierge au visage fin barbouillé de cirage noir, comme les négresses de carnaval, vêtue d'une chape d'or, raide, hiératique et portant son bébé assis sur son bras replié. Malgré le jaillissement des croix au-dessus des tombes et des clochetons au-dessus des chapelles, tout était écrasé entre le ciel immense et la mer énorme qui se réunissaient au loin.

Sur ce lieu qui forçait quiconque à penser à l'anéantissement, à l'ignorance de notre sort, passait un petit vent marin heureux, gai, vivant, qui sentait bon, qui donnait envie de danser et d'aimer. Un air de fête. Particulièrement en ces jours de Toussaint à cause de l'abondance des fleurs, des toilettes des visiteuses, et de la lumière magique de l'automne ensoleillé, cette saison de résurrection après l'été torride.

Nous grimpions jusqu'à « notre » tombe, à mi-pente, à mi-falaise, surchargées de brassées de fleurs et d'instruments de nettoyage qui se heurtaient régulièrement dans un seau métallique, cadençant notre ascension.

Chemin faisant ma mère détaillait les tombes et me montrait celles qui étaient belles et celles qui ne l'étaient pas. Elle s'arrêtait souvent et soulignait pour moi la vulgarité ou la distinction qui avait fait pousser les différents monuments funéraires que nous rencontrions. Je sus ainsi rapidement que les angelots fessus de porcelaine, les fleurs artificielles, les livres de marbre dans les fausses pages desquels s'incrustaient des photos en couleurs de défunts gominés et de défuntes maquillées, tout cela, que pour ma part je trouvais magnifique, c'était bon pour les « épiciers enrichis ». Par contre, la simplicité dans l'opulence, la dalle de marbre précieux avec une croix sans fioriture, ça, c'était beau et discret. Les vieilles tombes abandonnées des morts de la conquête l'attiraient beaucoup, ainsi que les tombes des pauvres. Petit tumulus de mauvaise herbe avec un verre à moutarde, contenant une ou deux fleurs en celluloïd, enfoncé dans la terre, comme dans le nombril décomposé du cadavre. Cela méritait qu'on s'arrête et qu'on prie. Elle prenait dans nos provisions quelques belles fleurs qu'elle disposait çà et là dans la nécropole de la misère. Devant le champ de ces pauvres tombeaux elle disait : « Ils sont mieux là qu'ailleurs. » Ce que je traduisais par : il vaut mieux être mort que pauvre. D'où les frayeurs profondes qui me bouleversaient lorsque j'entendais dire par quelqu'un de ma famille, à propos d'une dépense importante : « Si ça continue nous irons mendier dans la rue. »

Si elle était capable de faire des réflexions aigres-douces, parfois même cinglantes, sur les vivants, les morts, eux, étaient toujours l'objet de son attention affectueuse. Il y avait une complicité entre elle et la décomposition, un goût de la mort qu'elle ne cherchait pas à cacher : sa chambre était tapissée de photos de gens morts, parfois même photographiés sur leur lit de mort. Quand elle déposait ses fleurs sur les tombes des pauvres elle avait un geste gentil; comme lorsqu'elle me donnait un bonbon ou qu'elle relevait une mèche qui tombait sur mon visage.

Arrivées à notre tombe qui était la plus simple de

tout le cimetière : une grande dalle de marbre rare, claire, sans croix, sans rien, avec juste un nom en haut à gauche, celui de sa petite fille et deux dates : la naissance et la mort (entre les deux il y avait eu onze mois de vie), elle s'agenouillait, elle passait la main sur la pierre comme pour une caresse et elle pleurait. Elle lui parlait : « Je vais te faire une belle tombe ma chérie, ce sera la plus belle. Je t'ai apporté les plus belles fleurs de Madame Philippars, les plus belles d'Alger. Ma petite chérie, ma toute petite fille, mon amour, ma pauvre enfant. »

Ma besogne consistait à aller chercher de l'eau. Je faisais des allées et venues avec mon seau. Le chemin longeait l'ossuaire : long et haut mur divisé en centaines de petites cases, chacune ayant son étagère pour permettre de poser un pot de fleurs ou un ex-voto devant le compartiment. Je savais qu'on y mettait les ossements de ceux qui n'avaient pas de concession à perpétuité. J'avais très bien compris que c'étaient les pauvres, ceux aux tumulus de mauvaise herbe, qui passaient, au bout de quelques années, dans ces tiroirs. Dans la vie ils grouillaient dans les bidonvilles, une fois morts ils grouillaient dans l'ossuaire. Comme les autres : dans la vie ils avaient des villas, dans la mort ils avaient des tombeaux pour eux tout seuls, chaque famille bien séparée de ses voisins. C'était logique.

Les gens faisaient la queue avec leurs récipients. Le robinet coulait lentement, par saccades, en crachant. Si on l'ouvrait plus grand il jouait des tours. D'abord, l'eau formait un beau bulbe transparent qui se mettait à enfler, à grossir, à gonfler. Ensuite, avec de violentes et brusques éructations, elle éclatait en ombrelle puis en soleil et giclait alors sur l'assistance qui poussait des cris et reculait frénétiquement. Le gardien alerté arrivait en soufflant, disait qu'il ne fallait pas toucher au robinet, qu'il le réglait pour la dernière fois. Puis, comme un toréador qui pose des banderilles, les mains au bout des bras, les bras au bout des épaules, le corps plié en deux pour protéger le ventre, les pointes des pieds projetant le tout le plus loin possible, il réduisait le débit du robinet qui se mettait à crachoter à nouveau. Les gens reprenaient leur place dans la file. C'était long. Plus la matinée avançait, plus les cyprès, chauffés par le soleil, sentaient forts.

A mon retour, le seau tirant mon bras, je la voyais qui ponçait la pierre, elle la polissait, la brossait, la lavait. Ses belles mains étaient rougies par l'ouvrage. Son front était en sueur.

— Comme tu as été longue!

— C'est qu'il y a la queue au robinet.

— Chaque année c'est pareil.

— Vous voulez que je jette l'eau maintenant?

— Oui, et puis tu retourneras en chercher.

J'agrippais le seau d'une main par le bord, de l'autre par le fond et j'en balançais le contenu sur la tombe. Cela faisait d'abord dans l'air et le soleil un éventail liquide et irisé qui, dans la seconde même, venait s'écraser sur le marbre et roulait en entraînant les débris, les poussières, les raclures, avec la souplesse et la puissance des lames de fond qui passaient par-dessus le môle du port les jours de grosse mer. L'eau s'écoulait enfin sagement par les gouttières creusées à cet effet en contrebas de la dalle. La pierre déjà bien poncée à certains endroits était éblouissante.

Elle reprenait sa besogne et moi je repartais chercher de l'eau.

Pendant mes absences je savais qu'elle continuait à pleurer et à parler à son enfant. Au début, il y a longtemps, il paraît qu'elle venait là chaque jour. Maintenant seize ou dix-sept années étaient passées depuis la mort de sa petite fille. Ce n'était plus pareil. Elle n'avait plus besoin de venir aussi souvent car, peu à peu, son bébé mort avait de nouveau germé en elle et y vivait pour toujours. Elle en serait enceinte jusqu'à sa mort. Alors, j'imaginais qu'elles naîtraient à l'infini, ensemble, l'une berçant l'autre, flottantes, heureuses, folâtrant dans l'Harmonie, parmi le parfum des champs aériens de frésias où s'ébattraient des ânes roses, des papillons dorés et des girafes de peluche. Elles riraient, elles dormiraient, rassasiées du mutuel et constant amour qu'elles se donneraient.

Au cimetière, son enfant n'était donc plus que la grande plaque de marbre blanc. Au cours des discours qu'elle tenait à la pierre, il lui arrivait de l'embrasser avec une tendresse extrême. Dans ces instants j'aurais aimé être la pierre et, par extension, être morte. Ainsi m'aimerait-elle peut-être autant que cette petite fille que je n'avais jamais connue et à laquelle je ressemblais, paraît-il, si peu. Je me voyais allongée parmi les fleurs, ravissante, inerte, morte, et elle me couvrant de baisers.

Lorsque, à cause du soleil qui était passé au zénith, la pierre était devenue aveuglante de blancheur et de propreté, elle se mettait à disposer les fleurs dessus avec un goût parfait. Elle savait tout des couleurs, des formes, de la souplesse ou de la rigidité, de l'essence des fleurs. Elle formait une grande croix folle, belle, échevelée ou nette, qui divaguait. Une croix c'est simple et c'est, en apparence, toujours pareil, c'est l'intersection de deux droites qui se coupent le plus souvent à angle droit, mais c'est aussi la cathédrale de Chartres. Ma mère élevait des cathédrales végétales sur la tombe de son enfant.

Je la voyais faire et je savais qu'elle travaillerait jusqu'à obtenir une composition à la fois délicate et forte qui serait l'expression exacte de son amour, de sa peine, de sa tendresse, de son cœur gonflé de manque.

Dans la famille on disait d'elle : « C'est une martyre. »

Toutes ces histoires montaient à la surface, s'ordonnaient les unes par rapport aux autres, en attiraient d'autres encore, plus anciennes ou plus récentes, plus courtes ou plus longues, des flashes ou des mouvements d'existence s'étalant sur plusieurs années.

Cette petite fille qui ressuscitait lentement sur le divan du docteur était différente de la petite fille dont j'avais gardé le souvenir au cours de ma maladie (c'est-à-dire, à peu près, depuis le récit de l'avortement raté de ma mère jusqu'à la psychanalyse), l'une était obéissante, confite dans l'amour de sa mère, constamment aux aguets de ses propres défauts et de ses fautes pour les corriger, les repousser, sans un seul regard qui lui soit propre, se laissant guider en toute circonstance. L'autre petite fille avait un œil au contraire, et quel œil! Un œil qui voyait clairement, durement même, sa mère et ce qui l'entourait. Elle voyait sa mère lui faire manger son vomi de soupe, sa mère se laissant aller à la vulgarité de la pauvre vieille de Jehan Rictus, sa mère hurlant dans les escaliers du chalet suisse, sa mère poussant les meubles devant les portes avec un acharnement et une force insoupçonnés, sa mère embrassant la pierre du cimetière, sa mère s'exhibant devant elle, une toute petite fille, comme devant un public obligatoirement subjugué. Un œil, surtout, qui était sensible à la chose, un œil que la chose bouleversait, un œil qui avait vu la chose dans sa mère.

Tout le monde n'est pas sensible à la chose. La chose ne se reconnaît que lorsqu'elle est folie ou génie. Mais, entre ces deux pôles, quand est-elle imagination ou fantasme, crise de nerfs ou arrangements floraux, guérisseuse ou médecin, sorcière ou prêtre, comédienne ou possédée? Difficile à savoir. Moi, je le savais (même si j'étais inconsciente de cette science), je me méfiais de ma mère. Elle avait voulu me faire la peau, elle avait raté son coup, il ne fallait pas qu'elle recommence. J'étais une personne autoritaire et meurtrie qui n'acceptait pas de passer par n'importe quel chemin. Que peut faire une enfant, même autoritaire, face à une adulte impérieuse, séduisante, secrètement folle, et qui, en plus, est sa mère? Dissimuler le plus possible ses plumes de faucon, se transformer en colombe, pour préserver sa vraie nature. J'avais joué le jeu si tôt et si longtemps que j'avais fini par oublier mon goût de la chasse, de la conquête, de la liberté. Je croyais être une soumise et j'étais une révoltée. Je l'étais de naissance. J'existais!

Je ne comprenais pas encore complètement le sens de ma découverte. Je savais seulement que je possédais un caractère qui m'était propre et qui n'était pas si facile que cela. Je comprenais aussi pourquoi le dressage avait été tellement cruel et intensif. Il y avait en moi une indépendance, un orgueil, une curiosité, un sens de la justice et de la jouissance, qui ne cadraient pas avec le rôle qui m'avait été dévolu dans la société de ma famille. Pour étouffer tout cela ou n'en laisser apparaître que la mesure convenable, il fallait frapper fort et longtemps. Le travail avait été bien fait. La seule partie qui était restée intacte c'était mon sens de la chose. Dans le fond, j'ai toujours su que ma mère était une malade et, au centre de la grosse boule de mon amour pour elle, il y avait un dur cœur fait de peur d'elle et de mépris trempé d'orgueil.

Maintenant que je connaissais certains de mes défauts j'étais capable de m'approcher d'elle comme je ne l'avais jamais fait avant. Ils me protégeaient mieux que ma vertu. Je n'avais plus peur de me faire blesser, ils me servaient d'armure. Je la voyais se débattant dans ses tourments, je la voyais avec son gros ventre odieux, cette charge supplémentaire, cette honte à traîner aujourd'hui et demain, toute sa vie. Je la voyais telle qu'elle était à vingt-huit ans, quand je suis née, avec sa jeunesse, ses cheveux blond-roux, ses yeux verts, ses belles mains, la passion qu'il y avait dans son cœur, son besoin d'amour grand, vaste, magnifique comme le ciel, ses dons, son talent, son charme, son intelligence et ce maudit embryon qui gonflait, qui la ramenait à une réalité détestée : elle, cette jeune femme qui avait raté sa vie, gâché ses trésors. Car sa religion était intransigeante : en cas de divorce, plus jamais l'amour d'un homme, plus jamais de bras forts pour la bercer, la caresser, plus jamais la peau tiède d'un autre contre sa peau, plus jamais de lèvres fraîches pour apaiser le feu qui la brûlait. Plus jamais! En outre, le sens qu'elle avait de sa classe lui interdisait de gagner sa vie, de développer son esprit au-delà des limites données aux femmes. Elle aurait pu être un chirurgien génial, un architecte inspiré... Interdit! Alors, qu'au moins elle fasse de cette fille qu'elle avait mise au monde, cette fille si différente de l'autre, la première, la merveilleuse, celle qui était morte, quelque chose d'exceptionnel. Il fallait que cette enfant, la postulante aux joues roses, puisqu'elle n'avait pas su mourir pour lui plaire, devienne ce qu'elle n'était pas arrivée, elle, à devenir : une sainte, une héroïne, quelqu'un de différent des autres. Comme les fées qui déposent des dons dans les berceaux des nouveau-nés princiers, ma mère m'avait octroyé, à ma naissance, la mort et la folie. Combien de fois, au cours de mon enfance, ne m'avait-elle pas tendu la perche pour que j'accomplisse sa volonté! A chaque fois j'avais refusé cette main tendue qui m'aurait cependant fait passer sur la berge de son amour. Je voulais l'aimer, mais à ma façon. Je refusais de m'engager dans les méandres macabres ou déments qu'elle me proposait. A chaque fois je l'avais vue faire son geste et je m'étais réfugiée derrière l'imbécillité, la docilité ou la pleurnicherie, attitudes qui l'exaspéraient et m'attiraient ses sarcasmes : « Tu es une martyre obscure » ou bien « Tu es la martyre du 24! » (car nous habitions au numéro 24 de notre rue), une martyre risible, quoi! Quand je la décevais vraiment trop, elle m'appelait alors par mon nom de famille, celui de mon père, m'indiquant ainsi que je n'étais pas du même sang qu'elle, que j'étais rien. Pour lui plaire je ne voulais pas me laisser prendre dans une situation héroïque, une sorte de suicide religieux, un sacrifice de moi qui l'aurait lavée de ses fautes, qui aurait satisfait son manque insupportable. Pour rien au monde je ne voulais être une Jeanne d'Arc ou une Blanche de Castille. Alors il ne me restait qu'à m'aplatir comme une punaise. Ce que j'ai fait jusqu'à devenir punaise.

Et puis, dans le souvenir de ces déchirements (moi voulant qu'elle se laisse aimer à ma manière, elle voulant que je l'aime à la sienne), dans la mémoire vivante du chaos qui avait broyé mon enfance, est revenu aussi, brillant comme un cristal de roche, le rappel de l'Harmonie. Certaines nuits se sont animées de nouveau sur le divan de l'impasse. Des nuits chaudes sur les plages de la Méditerranée, des nuits froides dans la neige du Djurdjura. Des nuits de Noël sans doute, ou de 14 juillet. Pourquoi, sans cela, aurais-je été dehors si tard? Plusieurs fois nous nous étions trouvées seules, elle et moi, dans le noir, sous un ciel plein d'étoiles et elle m'apprenait les constellations, elle me mettait en contact avec le cosmos.

— Tu vois cette étoile?... La plus brillante, là-bas. C'est l'étoile du berger. Elle se lève la première... On raconte que c'est elle qui guidait les rois mages.

— Tu vois celles-là... Regarde bien... Suis mon doigt. Il y en a quatre en rectangle et puis trois derrière comme une queue. C'est la Grande Ourse... Tu la vois?

Elle s'assurait que j'avais bien vu le Chariot dans

la noirceur et elle continuait à détailler la nuit.

— Voilà la Petite Ourse... Et ce W là, tu le vois?... Le vois-tu?... C'est Véga.

— Et ce brouillard par-là, c'est la Voie lactée... Une assemblée d'étoiles, il y en a des millions et des millions...

J'étais debout contre elle. Elle me tenait par la main. Elle me racontait les distances énormes qui nous séparaient de ces lumières dont certaines étaient déjà éteintes mais dont nous percevions encore le reflet tant le chemin était long pour aller de là-bas à nous. Elle me parlait de la lune, du soleil, de la terre, de cette pavane fantastique que dansaient tous les astres et nous avec eux. Cela me faisait un peu peur et je me serrais contre elle, dans son parfum, dans sa chaleur. Mais je sentais que son exaltation convenait à la majesté du sujet. C'était une bonne peur, une peur normalement exaltante. Je trouvais beau ce grand univers auquel j'avais la chance d'appartenir.

Nous nous entendions bien dans ces moments-là. Pourquoi les avais-je oubliés?

Est-ce à cause de ces instants que, tout au long de ma vie, jusqu'à aujourd'hui, mes réflexions m'ont toujours conduite à ma condition : une particule de l'univers? Est-ce à cause de l'harmonie de ces nuits anciennes que je n'accepte mon existence que dans la mesure où je la sens cosmique? Est-ce à cause de l'accord qu'il y avait alors entre elle et moi que je ne suis heureuse que lorsque je me sens participer à un tout?

XII

La rencontre avec mes premiers vrais défauts me donnait une assurance que je n'avais jamais eue. Ils mettaient en valeur mes qualités que je découvrais aussi et qui m'intéressaient moins. Mes qualités ne me faisaient progresser que lorsque mes défauts les excitaient. Ils supprimaient le péché, cette marque infamante qui désigne la méchante, la mauvaise, la damnée. Mes défauts étaient dynamiques. Je ressentais profondément qu'en les connaissant ils devenaient des outils utiles à ma construction. Il ne s'agissait plus de les repousser, ou de les supprimer, encore moins d'en avoir honte, mais de les maîtriser et de m'en servir, le cas échéant. Mes défauts étaient des qualités, en quelque sorte.

Maintenant, je venais dans l'impasse comme, jadis, j'allais à l'université : pour apprendre. Je voulais tout savoir.

J'avais vaincu des résistances si fortes que je ne craignais plus de me trouver nez à nez avec moi-même. Les angoisses avaient totalement disparu. Je pouvais (et je peux toujours) ressentir les symptômes physiques de l'angoisse (la transpiration, l'accélération du rythme cardiaque, le refroidissement des extrémités), mais la peur ne venait plus. Ces symptômes me servaient maintenant à dénicher de nouvelles clefs : mon cœur bat! Pourquoi? Depuis quand? Que s'est-il passé à cet instant? Quel mot m'a frappée, quelle couleur, quelle odeur, quelle atmosphère, quelle idée, quel bruit? Je retrouvais mon calme et j'apportais chez le docteur l'instant à analyser quand je n'étais pas capable de le faire toute seule.

Il m'arrivait souvent de patauger, de ne pas retrouver l'origine de mon malaise, de n'être apaisée que par le fait de savoir qu'il avait une origine. Sur le divan, les yeux fermés, j'essayais de démêler les fils embrouillés. Je ne m'excitais plus comme avant, je ne me laissais plus aller au mutisme ou aux injures dont je connaissais maintenant le sens et dont je savais, par conséquent, qu'ils étaient aussi éloquents que des paroles calmes mais plus fatigants. Je cherchais la détente, la paix, la liberté. J'étais dans l'impasse pour me guérir tout à fait. Je laissais venir les images, les idées, qui s'entraînaient les unes les autres et je tâchais de les exprimer sans faire de tri, sans choisir les plus flatteuses, ou les plus intelligentes, ou les plus jolies, ou les plus drôles, plutôt que les médiocres, les basses, les laides, les bêtes. C'était difficile car le docteur et moi-même nous formions un public terriblement perspicace et exigeant, une sorte de tribunal, pour le théâtre de mes ombres. Certaines fuyaient comme du sable entre les doigts. Nous les sentions là, toutes proches, prêtes à apparaître et pourtant, dans la seconde où nous pensions les saisir, elles s'étaient évanouies, disparues dans l'inconscient qu'elles hantaient. Mes mots nous avaient trahis. Il fallait recommencer le travail épuisant où j'étais à la fois spectatrice et actrice, où le docteur était à la fois spectateur et metteur en scène : un seul de ses « et ça... à quoi ça vous fait penser? » pouvait tout transformer, à condition que j'aie dit le « ça ».

C'est ainsi que j'ai découvert mon plus grand défaut, celui qui anime mes plus grandes qualités, celui qui me donne, par moments, un réel pouvoir, celui qui fait de moi la personne que je suis véritablement.

Depuis quelque temps il m'arrivait de pleurer pour un oui ou pour un non, sans que je sache vraiment pourquoi, trouvant même souvent que ces pleurs étaient mal venus, qu'ils étaient excessifs à certains moments. Il est vrai que j'avais pris un grand plaisir à retrouver les larmes dont j'avais été privée pendant si longtemps. Je ressentais leur tiédeur comme un bienfait. Elles étaient nécessaires, ainsi que tous les liquides chauds dont le corps a besoin pour apaiser sa souffrance ou son désir. Je me souvenais du plaisir que j'éprouvais à chaque fois qu'au cours de mes accouchements on m'avait percé la poche des eaux, laissant ainsi s'écouler le liquide amniotique sur mes fesses, mes cuisses, mon bassin : un répit, une douceur, une sieste, avant les grands spasmes de la délivrance.

Mais il n'y avait pas que le simple plaisir de pleurer qui jaillissait avec mes larmes. Je sentais qu'il y avait quelque chose d'autre. Quoi? Simplement l'habitude que j'avais prise, étant enfant, de me réfugier dans les pleurnicheries? La consolation de me prendre pour une victime? Je n'étais plus une enfant, plus une victime. Alors quoi? Le réconfort de mettre tous mes échecs sur le compte de l'ingratitude des autres : personne ne m'aime, c'est toujours sur moi que ça retombe? Ce n'était pas vrai. Je ne savais pas trouver la solution de ce problème. Je ne savais pas pourquoi mes larmes coulaient tant. Je pleurais même chez le docteur, parce que le téléphone sonnait en cours de séance, ou parce qu'il me disait que c'était terminé en plein milieu d'une de mes divagations. J'avais une grosse boule dans la gorge et je laissais les gouttes chaudes napper mon visage comme un délicieux baume doux-amer. Parfois même des sanglots secouaient mes épaules, ma cage thoracique, ma carcasse tout entière.

Quand j'avais commencé à me mettre au monde, à me considérer comme une personne indépendante, comme un individu, j'avais éprouvé le besoin d'avoir une voiture pour aller plus loin, plus vite. J'avais hâte de rattraper le temps perdu, de tout voir, de tout connaître. J'avais donc acheté, pour quelques centaines de francs, une vieille 2 CV. Je me sentais bien à son volant, à la fois capable et protégée. Elle était devenue ma meilleure copine. Je pleurais, je chantais avec elle, je lui parlais en la conduisant. Elle rendait ma vie plus large et moins fatigante. J'habitais en banlieue et grâce à ma bagnole je n'avais plus à attendre sur les quais de gare glacés, plus à m'inquiéter du dernier métro, etc. Je parlais souvent au docteur de mon accord avec cette auto, de l'affection qui me liait à elle. Enfin je conduisais au lieu de me laisser conduire!

Un jour, avant de me rendre dans l'impasse, j'avais arrêté ma vieille charrette rouillée et cabossée dans un stationnement visiblement interdit. Juste une course à faire, un paquet à prendre, j'en avais pour deux minutes. Il faut dire que ma voiture ne constituait une dépense supportable pour mon budget que dans la mesure où je n'avais pas de réparation à effectuer sur elle et où je n'attrapais pas de contravention. Je l'entretenais donc le mieux possible et je veillais à ne pas me mettre en infraction.

Je cours, je prends mon paquet en vitesse, je reviens et je vois un agent bien tranquillement en train de me coller une contredanse. Je vais vers lui, la gorge déjà serrée :

— C'était pour mon travail. Je ne suis pas restée cinq minutes.

— Vos papiers s'il vous plaît.

Je lui tends mes papiers et je me mets en même temps à pleurer comme un veau. Une crise de larmes, des sanglots, des hoquets, impossible de m'arrêter. L'agent me rend mes papiers avec l'air de celui auquel on ne la fait pas. Je braille encore plus.

— Vous réglez la contravention tout de suite ou plus tard?

— Plus tard.

— Alors, circulez! Ça vous apprendra à ranger votre voiture n'importe où.

J'arrive chez le docteur dans un état lamentable. Je m'allonge sur le divan le visage bouilli par les larmes, tétant ma morve parce que, comme par hasard, je n'ai pas de mouchoir, reniflant par petits coups, la gorge crispée à me faire mal, dure comme une pierre.

Je commence à raconter ma petite histoire : le stationnement interdit, la rue à traverser, le paquet à prendre, quelques secondes seulement et pourtant l'agent déjà là avec son carnet à souches. Je me plains d'être sans un sou... D'être toujours prise pour un bouc émissaire... De ne pas savoir me faire aimer, de ne pas être attirante... d'avoir un physique désagréable. Ma mère me disait toujours : « Tu es laide comme un pou. » « Tu as des yeux comme des trous de mite. » « Tu es trop cambrée, tu as des pieds trop grands, heureusement que tu as de jolies oreilles. »...

Ma gorge serrée à bloc me fait souffrir. Impression de ne plus pouvoir avaler ma salive, de respirer difficilement. J'étouffe... J'ai deux ou trois ans, je suis dans la salle de jeux de mon enfance, avec mon frère. C'est l'hiver, un feu de bois brûle dans la cheminée. Mes poupées sont rangées en rang d'oignon sur des étagères qui font le tour de la pièce. Tout le monde me donne des poupées pour Noël ou mon anniversaire. C'est le plus beau cadeau pour une petite fille. J'en ai de toutes les tailles et de toutes les couleurs, des blondes, des brunes, des rousses, des avec des iris bleus et des avec des iris bruns. Je ne m'amuse jamais avec elles. Je n'aime pas leurs yeux bêtes, leurs faux cheveux, leurs mains qui ne se referment pas, leurs pieds sans doigts, leur corps grassouillet. Je préfère les jeux et les jouets des garçons.

Près de la cheminée, dans un berceau habillé d'organdi, dort celle de mes poupées que je déteste le plus. En fait, c'est un poupon, c'est-à-dire qu'il est comme les filles à part qu'il n'a pas de longs cheveux frisés sur la tête et qu'il n'a pas de robe. Il s'appelle Philippe. C'est maman qui trouve toujours le nom de mes poupées au moment où on me les donne. Je ne comprends pas pourquoi il faut donner des noms d'enfants à ces objets, pourquoi il faut dire : « Elle s'appellera Delphine, ou Catherine, ou Pierre, ou Jacques. »

Il y a quelques jours j'ai donné Philippe à mon frère, officiellement, devant Nany. Le poupon lui appartient désormais. Comme ça je m'en suis débarrassée et, par la même occasion, je me suis ménagé les bonnes grâces de mon frère qui a cinq ans de plus que moi et qui me taquine sans arrêt. Il me fait peur, il me pince, il se moque de moi, et la nuit il me réveille pour que je l'accompagne jusqu'au petit coin : il a peur d'aller faire pipi dans le noir. Mais il me menace de m'arracher tous les cheveux, de me gifler et d'appeler le marchand d'habits si je dis qu'il a peur du noir. Et puis il est aimé de ma mère. Sous prétexte qu'il est très maigre elle le dorlote, elle s'inquiète sans cesse de sa santé, de son humeur.

De tous mes jouets, celui que je préfère est un singe en peluche à roulettes. Il a une drôle de tête, des yeux de verre couleur noisette, une longue queue en trompette qui bouge quand je le tire derrière moi. Il est doux à caresser.

Tout à coup mon frère s'énerve, il veut me prendre des mains une raquette de ping-pong qui lui appartient mais avec laquelle je joue pour le moment. Je ne veux pas la lui rendre. Alors, il saisit mon singe par la queue et, d'un moulinet du bras, il le précipite directement dans le feu. Presque en même temps vient de la cheminée une odeur de laine brûlée. Mon singe brûle!

Un véritable vent de fureur me secoue comme si j'étais un arbre, un séisme s'empare de moi, une rage meurtrière m'envahit. Je suis impuissante devant la taille et la force de mon frère, alors je me jette sur le poupon, je le tire de son berceau et je me mets à le piétiner de toutes mes forces. Je veux surtout détruire sa tête, écraser son visage, qu'il n'en reste rien. Je m'acharne à le briser, à le supprimer, à le tuer.

Ma mère arrive et me flanque une paire de claques, à toute volée. Je me mets à hurler, à trépigner. Ma mère me gifle encore. Cela m'excite davantage, je suis devenue enragée, je veux mordre, déchirer, casser. J'entends ma mère dire à Nany :

— Il faut la mettre sous la douche, il n'y a que ça pour la calmer.

Je ne crois pas qu'elles vont me mettre sous la douche. Même quand je sens qu'on m'empoigne et qu'on m'emmène vers la salle de bains, je ne crois pas qu'elles vont mettre le projet à exécution. Je hurle encore plus fort, je gigote, je me débats, je veux mon singe. Je ressens mon impuissance à les battre comme une véritable torture. Ce n'est pas juste, je n'ai rien fait, je ne mérite pas ce traitement. C'est la faute de mon frère, je veux lui faire du mal, me venger.

Le jet d'eau froide me prend en pleine face, me coupe le souffle. Ma mère me maintient la tête, Nany me pousse en avant tout en tirant mes bras derrière mon dos, mon frère regarde, au bout de la baignoire. Je ressens cette situation comme intolérable, inadmissible. Il faut que cela s'arrête. Je comprends qu'ils sont tous les trois trop forts pour moi et que je n'ai qu'une chose à faire pour stopper l'eau qui me vient dans la bouche, dans le nez, dans le cou, c'est de m'arrêter et de me calmer.

Pour faire cesser la colère qui fuse par tous les pores de ma peau, par mes cheveux, par mes doigts, par mon être entier, je fais un effort énorme. Du fond de moi monte une puissance colossale qui contraint ma rage : la volonté; et un autre pouvoir vient à ma rescousse : la dissimulation. Toutes mes forces sont mobilisées pour saisir ma violence, l'enfermer, l'enterrer le plus loin possible. Pour y parvenir je dois me concentrer à un point tel que cela me fait souffrir. J'ai mal partout, à la gorge surtout par où plus rien ne doit sortir.

Je suis au milieu de la baignoire maintenant, trempée, la douche ne coule plus. Ils me regardent silencieusement tous les trois. Je sais que je ne me retrouverais plus dans une situation pareille, ma gorge est serrée comme par un étau, des restes de sanglots refoulés me font prendre de grandes inspirations saccadées. Les larmes débordent doucement et apaisent mon visage brûlé par la fureur.

Sur le divan de l'impasse mes pleurs se sont calmés. Je venais, stupéfaite, de retrouver ma violence.

Moi qui prêchais la non-violence, moi qui n'avais jamais donné la moindre taloche à mes enfants, moi qui n'avais jamais répondu à l'injustice ou à l'autorité arbitraire que par du silence ou des pleurs! Moi, j'étais pétrie de violence, j'étais la violence même, la violence incarnée!

Tout à l'heure, l'agent, devant ma voiture, je lui aurais volontiers cassé la figure et, quand j'ai compris qu'il me mettrait une contravention quoi qu'il arrive, ma gorge s'est serrée, puis elle s'est durcie en une boule douloureuse. Les larmes ont commencé à couler pour que ma douleur soit supportable, j'avais refoulé ma rage alors que je ne savais même pas qu'elle était en moi.

Cette révélation soudaine de ma violence est, je pense, le moment le plus important de ma psychanalyse. Sous ce nouvel éclairage tout devenait plus cohérent. J'ai eu la certitude que cette force rentrée, muselée, enchaînée, qui grondait constamment en moi comme un orage, était la meilleure nourriture de la chose.

Une fois de plus j'étais émerveillée par la belle et compliquée organisation de l'esprit des êtres humains. La rencontre avec ma violence est intervenue quand il le fallait. Je ne l'aurais pas supportée avant, je n'aurais pas été capable de l'assumer. Comment, au moment où j'avais élucidé l'hallucination, ne m'étais-je pas arrêtée au fait que la petite fille, que je voyais encore comme un angelot, avait réagi à une agression par une autre agression? Elle avait pourtant battu son père tant qu'elle avait pu jusqu'à ce qu'on lui fasse honte. La leçon n'avait pas suffi, quelques mois plus tard il avait fallu recourir à la douche. Cette fois-là le châtiment avait été suffisamment fort pour que la violence soit cadenassée pendant trente-cinq ans!

Au cours de mon adolescence ma violence avait resurgi quelques fois. Mais je ne savais pas que c'était elle, je me croyais en proie à une crise de nerfs que je sentais monter dans ma gorge. Je m'enfermais alors dans un endroit, et, seule, honteusement, je déchirais mes vêtements ou je cassais un objet. Une seule fois ma mère m'avait surprise alors que je jetais contre un mur un vase d'argent. Elle avait ri, puis elle m'avait dit : « Quand tu te marieras je donnerai à ton futur époux ce vase, pour qu'il voie le beau caractère de sa femme!... » Une autre fois j'avais saisi une lourde gourmette et j'en avais assené un coup si fort sur le mur de ma chambre que les maillons s'étaient imprimés dans le plâtre puis, comme un boomerang, la gourmette était revenue fouetter ma main, me cassant probablement un os. Pendant des mois j'avais traîné ma main endolorie sans jamais en parler à personne, cachant son enflure comme une marque honteuse.

Après, plus rien que le calme, la douceur triste.

Mon inconscient avait donc bien préparé le chemin car, depuis l'explication de l'hallucination jusqu'à la révélation de ma violence, j'avais fait la connaissance d'une personne qui était moi et qui n'était pas un ange. J'avais eu le temps de m'habituer à mon orgueil, à mon goût de l'indépendance et de l'autorité, à mon égocentrisme. J'avais compris que ces traits de caractère pouvaient aussi bien être des défauts que des qualités selon que je les manipulais d'une manière ou d'une autre. Ils étaient comme des chevaux sauvages tirant mon attelage. A moi de les conduire correctement. Cela ne me faisait pas peur, je les sentais à ma main.

Aujourd'hui la violence me venait comme un présent splendide et dangereux, une arme redoutable, incrustée d'or et de nacre, que j'allais devoir manipuler avec la plus grande précaution. Il me tardait de me mettre à l'épreuve. Je savais que je ne voulais m'en servir que pour construire et non pour détruire.

Avec la conscience de ma violence est venue, en même temps, la conscience de ma vitalité, de ma gaieté et de ma générosité.

J'étais presque construite.

XIII

Au fur et à mesure que, dans l'impasse, se construisait mon équilibre, ma vie, à l'extérieur, prenait elle aussi un sens et une forme. Je devenais de plus en plus capable de parler avec les autres, de les écouter, d'assister à des réunions, d'aller seule d'un lieu à un autre...

Comme mes enfants n'étaient plus mon unique point de contact avec la réalité, je pesais moins sur eux, je les élevais mieux, je les comprenais mieux. C'est à cette époque que nous avons construit tous les quatre des ponts qui allaient de chacun d'eux à moi et de moi à chacun d'eux. Je supposais que ma maladie, malgré mes efforts pour les en éloigner, avait dû les toucher, les blesser peut-être. Plus mon traitement se déroulait, plus je me méfiais du rôle traditionnel de la mère. Alors, j'ai pris une position d'observatrice, j'ai essayé de les regarder le plus possible sans intervenir, sans m'entourer d'interdits surtout. Le seul point fixe, le seul indice de sécurité pour eux, était ma présence constante à leurs côtés, ma disponibilité à leur égard, en toute circonstance. Je me sentais (et je me sens toujours) responsable de les avoir mis au monde mais j'étais en train d'apprendre que je ne devais surtout pas me sentir responsable de leurs individualités. Ils n'étaient pas moi et je n'étais pas eux. J'avais à faire leur connaissance comme ils avaient à faire la mienne. Cette occupation m'absorbait, j'avais l'impression d'avoir perdu du temps là aussi, l'aîné avait presque dix ans maintenant.

En dehors de cela, la nuit et le matin très tôt, j'écrivais. J'avais un petit carnet et j'écrivais dedans. Quand ce carnet a été plein j'en ai pris un autre. Dans la journée je les cachais sous mon matelas. Lorsque je fermais sur moi la porte de ma chambre, le soir, je les retrouvais avec la même joie que s'ils avaient été un bel amoureux tout neuf.

Cela se faisait simplement, facilement. Je ne pensais même pas que j'écrivais. Je prenais mon crayon, mon carnet, et je me laissais aller à divaguer. Pas comme sur le divan de l'impasse. Les divagations de mes carnets étaient faites d'éléments de ma vie que j'arrangeais comme cela me plaisait, j'allais où je voulais, je vivais des instants que je n'avais pas vécus mais que j'imaginais, je n'étais pas tenue par le carcan de la vérité comme avec le docteur. Je me sentais libre comme je ne l'avais jamais été.

Puis un jour, avec ma machine à écrire, j'ai commencé à transcrire mes carnets sur des feuilles de papier. Je ne savais pas pourquoi je faisais cela.

J'avais trouvé mon travail (qui consistait à écrire des textes publicitaires) grâce à mes diplômes. Il est vrai que je savais construire des phrases correctes et que je connaissais bien ma grammaire puisque je l'avais enseignée pendant quelques années avant de tomber gravement malade. Ecrire c'était cela pour moi : transcrire correctement en mots, selon les règles rigoureuses de la grammaire, les renseignements et les informations que l'on me donnait. Progresser dans ce domaine consistait à enrichir le plus possible mon vocabulaire et à apprendre le Grevisse quasiment par cœur. Je chérissais ce livre dont le titre désuet, *le Bon Usage,* me semblait garantir le côté sérieux et convenable de mon amour pour lui. De même que, au cours de mon enfance, j'aimais dire que je lisais *les Petites Filles modèles*. Dans le Grevisse il y a beaucoup de portes ouvertes sur la liberté et la fantaisie, beaucoup de clins d'œil, de signes de connivence, vers ceux qui ne s'enferment pas dans l'orthodoxie d'une langue morte et d'une grammaire strictement corsetée. J'estimais toutefois que ces voies d'évasion n'étaient pas pour moi, qu'elles étaient réservées aux écrivains. J'avais pour les livres un trop grand respect, une trop grande vénération même, pour imaginer que je puisse en faire un. Des livres tels que *Madame Bovary, les Dialogues* de Platon, les romans et les essais de Sartre, ceux de Julien Gracq, certains bouquins des Américains et des Russes, avaient brûlé comme des feux de joie dans la nuit de mon adolescence et de mes années d'étude. Après les avoir lus en transpirant, avidement, je les avais refermés avec un sentiment de déchirement. J'aurais voulu rester encore dans leurs pages, à l'abri de leur force, de leur liberté, de leur beauté, de leur courage.

Le fait même d'écrire me semblait être un acte important dont je n'étais pas digne. Jamais ne m'était venue à l'esprit la prétention d'écrire. Absolument jamais. Jamais n'était sorti de ma main droite munie d'une plume aucun poème, aucune note, aucune ébauche de journal ou de récit.

Ces feuilles que je couvrais des signes typographiques de ma machine à écrire, c'était quoi? Je ne le savais pas et je ne cherchais pas à le savoir. J'éprouvais, à le faire, une satisfaction importante, voilà tout.

Noël est venu cette année-là avec Jean-Pierre qui débarquait d'Amérique du Nord. Pour les enfants c'était une fête. Je m'attachais à ce que leur père, malgré son absence, fasse partie de leur vie quotidienne. S'il n'était pas là c'est que son métier l'appelait ailleurs, comme les marins, les voyageurs de commerce, les explorateurs; mais son port d'attache c'était nous. Il ne devait rien y avoir d'anormal à ce qu'il ne soit pas là. Chaque jour je leur parlais de lui, de ce qu'aurait été sa réaction devant chaque événement de notre vie. Je leur racontais des histoires de leur père comme d'autres racontent des histoires de cow-boys et d'Indiens. Je m'étais constitué un répertoire puisé dans l'enfance et la jeunesse de Jean-Pierre, puisé aussi dans le pays où il était né : le Nord, la mine, les mineurs, la bruine et la suie. « Maman, raconte-nous quand papa a dit que... Quand papa est allé à... Quand le petit grand-père est descendu dans la mine... Quand papa réparait sa moto... etc. » Il était ainsi devenu le personnage le plus important de notre famille. D'autant plus important que lorsqu'il passait ce n'était jamais que pour quelques jours au cours desquels il était entièrement à ses enfants. Il avait alors toutes les patiences, toutes les curiosités, toutes les indulgences, toutes les inventions. Les enfants le vénéraient et c'était bien comme ça. Pour rien au monde je n'aurais voulu qu'ils aient, comme moi, une enfance sans père.

Pour nous deux, c'était différent. Les passages de Jean-Pierre étaient des moments gênants. Ma maladie avait ouvert un fossé que, sans nous l'être dit, nous pensions impossible à combler. Le malentendu était d'autant plus profond qu'il croyait être en partie responsable de mes malaises, ce qui le culpabilisait et lui donnait, en même temps, une impression d'échec. Impression confirmée par le fait que, étant moi-même incapable de dire de quoi je souffrais et ce qui me faisait souffrir, j'avais tendance à l'accuser de me faire mener une vie mauvaise. En fait, c'est à partir de mon mariage que la chose s'était enflée au point de tout envahir finalement. Elle s'était nourrie des grossesses, des mois d'allaitement, de la fatigue quotidienne dans laquelle vit une jeune femme qui a trois enfants, un métier, une maison, un mari. Dans l'état d'inconscience où j'étais, je ne pouvais pas voir plus loin que le bout de mon nez et, lorsque je jetais un regard sur mon passé, j'en concluais que j'étais malade depuis que je vivais avec Jean-Pierre, que c'était lui qui me rendait malade. Mais ces réflexions étaient vécues séparément, nous ne communiquions pas, nous évoluions loin l'un de l'autre. Notre couple était une défaite. Nous avions eu à mener un combat ensemble et nous l'avions perdu même si, en apparence, cela ne se voyait pas. Nos enfants étaient une source d'intérêt et d'amour suffisamment abondante pour que, pendant les quelques jours où nous étions réunis, nous ayons l'air d'un couple heureux.

J'avais très peur du divorce, très peur de suivre le chemin de ma mère, de conduire mes enfants là où elle m'avait conduite. Il me semblait que le divorce nous aurait séparés d'une façon dramatique, alors que les milliers de kilomètres qu'il y avait entre nous n'étaient vécus dramatiquement ni par les enfants ni par moi-même. Ainsi, je n'ai jamais eu l'impression d'élever mes enfants seule, même si j'étais seule à m'en occuper matériellement, même s'il n'y avait auprès d'eux que mon unique présence.

Jean-Pierre n'avait parlé qu'une seule fois de divorce. Il y a longtemps, à l'époque où je commençais à saigner anormalement. Quelques mois plus tard j'allais être livrée totalement à la chose.

Cela se passait au Portugal où nous étions tous deux professeurs au lycée français. Mon troisième enfant venait de naître. Je n'ai aucun souvenir du visage des gens ni de la configuration des lieux que j'habitais. J'étais déjà dans l'univers de la chose.

Je vivais comme un automate dans une sorte de cauchemar flou duquel me tiraient des crises de frayeur inexplicable. Peur de rien, peur de tout. Un comprimé me faisait retomber dans ma léthargie, dans mon brouillard. Je luttais pour paraître normale. J'allais au lycée, je faisais mes cours, je rentrais, je m'occupais de mes enfants, de la maison. Je ne parlais pas. Cela n'était ni plaisant ni déplaisant, ni facile ni difficile. Il n'y avait plus de temps. Je ne vivais pas la vie que j'avais l'air de vivre. J'étais à l'intérieur de moi-même confrontée à l'incompréhensible, à l'absurde. Seule émergeait dans la réalité, poignante, l'impression que je m'aliénais, que je m'éloignais des autres. Je me faisais penser à ces fusées qu'on envoie vers la lune à une vitesse vertigineuse et qui décollent cependant lentement, maladroitement, presque en hésitant, comme si leur départ était un arrachement. Je sentais que j'étais en plein arrachement et qu'à un moment donné j'allais être précipitée à une allure démente hors du monde. Je faisais tout pour rester dans la réalité des autres et cet effort constant m'épuisait.

C'est pour avoir l'air d'être comme tout le monde que j'avais décidé d'organiser une grande fête en l'honneur de mes filles, l'une qui venait de naître, l'autre qui allait avoir deux ans. J'avais invité une quantité d'enfants à goûter et j'avais prié leurs parents et d'autres amis de venir les chercher et de rester prendre un verre. J'avais convié le ban et l'arrière-ban de toutes nos connaissances. Le grand « raout » quoi, comme si je voulais mettre les bouchées doubles pour conjurer le sort. J'allais être la jeune femme modèle, digne de ma mère, tout serait parfait : l'argenterie brillerait, les nappes seraient empesées, la cuisine embaumerait la bonne pâtisserie, il y aurait des fleurs partout, la maison luirait d'encaustique. Jean-Pierre et moi recevrions nos invités entourés de nos enfants. Je serais exorcisée. Une telle fête demandait des jours de travail, je m'étais lancée dans l'entreprise comme dans un assaut.

Tout s'est parfaitement passé. J'avais une robe de soie rose, le buffet (entièrement fait maison) était délicieux, il y avait juste ce qu'il fallait de luxe discret, de beauté délicate, de gaieté distinguée, de simplicité, de raffinement. C'était un tour de force, une prouesse que j'avais réalisés là. J'étais une de ces merveilleuses petites jeunes femmes qui, héroïquement, paient de leur personne pour que se perpétuent les traditions de leur classe.

Quand j'ai fermé la porte sur le dernier invité je me suis effondrée. Je n'en pouvais plus, de ma vie je n'avais subi une épreuve aussi dure! J'avais dû faire appel à toute mon éducation pour tenir le coup, rester souriante, et être attentive à l'agrément de mes hôtes. Car Jean-Pierre n'était pas venu et son absence avait insidieusement empoisonné la réunion. Il était parti le matin pour le lycée et je ne l'avais plus revu. Au début, les gens m'avaient demandé où il était et j'avais répondu avec assurance qu'il allait arriver d'un moment à l'autre. Puis on ne m'avait plus questionnée et les invités étaient partis plus tôt que prévu.

Le spectacle de la maison bouleversée par la fête était le reflet de mon esprit : j'avais voulu sortir du désordre et je me trouvais, au contraire, dans un désordre encore plus grand.

Il était tard quand Jean-Pierre est rentré. Je l'ai entendu ouvrir la porte, monter les escaliers et se diriger directement vers notre chambre. La maison était grande, il aurait pu aller dormir dans une autre pièce, éviter l'affrontement, je ne serais pas allée le chercher. Au lieu de cela il était là, debout au pied du lit. Il me regardait. Il voyait que j'avais beaucoup pleuré. Il se taisait. Il détaillait mon corps recroquevillé sous le drap. Peut-être imaginait-il le sang qui, déjà à cette époque, nous avait fait consulter tous les médecins de la ville : une loque humaine. Dans ses yeux il y avait du mépris, du dégoût et de l'agacement.

— J'en ai marre de te voir toujours malade, tu n'arrêtes pas de te plaindre.

— Justement aujourd'hui j'avais organisé une fête...

— Tu parles d'une fête! Un carnaval d'imbéciles endimanchés!

— L'ambassadeur a dit que la maison était très belle, que les enfants étaient très beaux... Il s'est étonné de ne pas te voir...

— Je me fous de l'ambassadeur! Tu comprends ça? Je m'en fous. Je veux divorcer. Je veux tout laisser tomber. J'en ai marre, je ne suis pas capable de te rendre heureuse, tu n'es pas capable de me rendre heureux. Je suis jeune, je ne veux pas m'enterrer avec toi. Je veux foutre le camp. Je veux divorcer.

— Non, pas divorcer!

Il me faisait peur. Lui si pondéré, si calme, si raisonnable, je le sentais à bout, déterminé à en finir. Et moi je ne pouvais envisager de me séparer de lui. Pourtant je n'étais presque plus sa femme, il n'était pas mon ami, mais je ne pouvais pas divorcer, quelque chose de très fort me poussait à rester près de lui, à m'accrocher à lui.

J'ai eu l'impression qu'il avait senti cet élan inexplicable vers lui et que cela l'avait touché. Il s'est assis sur le lit, dans la lumière de ma lampe. Il restait sans rien dire. Sur la peau très bronzée de ses bras j'ai vu les traces blanches que laissent les gouttes d'eau de mer en séchant, des cristaux de sel accrochés à ses cils faisaient des couronnes légères autour de ses beaux yeux clairs.

— Tu as passé la journée à la plage?

— Oui.

— Dans les dunes?

— Oui.

— Avec une femme?

— Oui... Avec une femme qui vit, une femme qui m'aime.

J'ai senti naître la jalousie et monter le chagrin. Je crois que mes yeux qu'il regardait étaient des lacs de peine.

Il a cru que c'était l'idée de cette femme qui me blessait. Mais il se trompait. Ce qui me bouleversait c'était d'imaginer le plaisir qu'il avait pris à entrer dans les vagues, à nager au large, à se laisser sécher au soleil, à sentir le sable sous ses pieds nus. C'est moi qui lui avais appris la mer, la plage, le vent chaud, la liberté du corps qui se donne à l'eau, se laisse caresser et porter par elle. Il était d'un pays froid où l'océan est un terrain de sport, j'étais d'un pays chaud où il est volupté.

Cette image de Jean-Pierre dans les vagues me crevait la tête. Elle m'indiquait mieux que n'importe quel autre signe la grande distance qu'il y avait maintenant entre les autres et moi : je ne pouvais plus nager, plus courir sur le sable humide. J'étais une infirme, il ne fallait pas qu'il me laisse seule avec les enfants.

La vision de son corps tout vernissé par l'eau me mettait cruellement en face de mon propre corps : lourd, négligé, avachi, les seins gonflés de lait, le ventre déformé.

— Non, pas le divorce.

Nous n'avons pas divorcé mais il a accepté un poste très loin de moi.

Il savait que je faisais une psychanalyse, il voyait que j'allais mieux, il en était content. Mais quand il était là j'avais du mal à lui parler. Tant d'années à vivre séparément nos vies! Tant de tromperies secrètes, tant d'actions qui n'avaient pas été partagées! Impossible de retrouver le chemin de la confiance, de la simplicité.

Cette fois-là, pourtant, le premier matin qui a suivi son arrivée, je lui ai dit :

— Tu sais, la nuit, depuis quelque temps, j'écris.

— Tu écris quoi?

— Je ne sais pas. Ça fait des pages et des pages.

— Tu veux que je les lise?

— Si tu veux... Je ne sais pas pourquoi je te parle de ça.

— Fais voir.

Je suis allée chercher mes pages sous le matelas.

— Tu les caches? Pourquoi?

— Je ne sais pas. Je ne les cache pas.

— Donne.

J'habitais, en banlieue, un petit immeuble à prétention « résidentielle ». Ma chambre était un cube de béton blanc meublé de rayonnages sur lesquels s'entassaient les livres et les dossiers, et d'un matelas posé à même le sol. La fenêtre s'ouvrait sur un arbre et sur le ciel. Cela me permettait de voir les saisons se succéder en France. Je regardais avec curiosité les subtilités et les hésitations de la nature européenne, cet automne qui pointait le nez dès la mi-août, ce printemps qui travaillait les branches griffues dès la mi-février. Dans mon pays les saisons s'installaient en quelques jours, elles éclataient.

La maison était calme, les enfants s'amusaient dehors. Jean-Pierre s'était installé sur le côté pour lire mes pages, il avait tassé son oreiller contre le mur et remonté le drap dans son dos. Moi, à côté, je comptais m'assoupir.

Le fait d'être allongée sur le dos, les yeux fermés, comme chez le docteur, me faisait penser à ces pages comme je ne l'avais jamais fait... Dans le fond, je n'aurais pas dû les lui donner à lire... Un souvenir embarrassant montait à ma conscience, tournait dans ma tête, allait, venait, gênant, sans que je puisse définir pourquoi il me gênait.

Quelques mois auparavant j'avais eu à rédiger un texte publicitaire pour une coopérative laitière. Au bureau j'avais rencontré le directeur de cette coopérative qui, devant toute l'équipe de la rédaction, avait déclaré :

— Le mieux serait que vous veniez visiter l'usine. Ça vous parlera plus que les renseignements que je vous ai apportés.

Tout le monde étant convenu que c'était en effet la meilleure solution, j'avais été bien obligée de l'accepter. Ils ne se rendaient pas compte de ce que cela représentait pour moi ! Ils ne savaient pas dans quel dédale je vivais. C'était l'époque où, à grand-peine, je recommençais à parler au docteur, à découvrir mes défauts. La peur me talonnait encore par moments. Or, cette usine était située dans la grande banlieue nord de Paris. Arriverais-je à traverser seule cette zone de misère et de tristesse où les grands ensembles modernes s'élevaient dans le ciel ? D'autre part j'avais une répulsion absolue pour le lait, l'odeur du lait, le goût du lait, l'aspect du lait. Je ne pouvais pas leur dire cela, et encore moins que la chose risquait de m'empoigner, de me faire courir, de me faire transpirer, de me faire haleter. Pourtant je ne pouvais pas refuser. Mon travail était un élément capital de mon équilibre. Comment, sans cela, aurais-je pu vivre et payer le docteur ?

J'y suis allée et cela s'est très bien passé. J'étais si contente d'avoir surmonté ma peur que, dans l'enthousiasme, j'avais rédigé un texte où je comparais l'usine (qui avait la forme d'un U) à une personne, une sorte de prestidigitateur qui engloutirait des camions-citernes et les transformerait miraculeusement en petits pots de yaourt et de képhyr, en berlingots et en bouteilles de lait... Jamais je n'avais fait preuve d'une telle fantaisie dans mon travail... Est-ce que je pouvais me permettre cela? Avant de porter mes feuillets à la direction je les ai montrés à celui des rédacteurs que je trouvais le plus intelligent, le plus intéressant et aussi le plus habile.

— J'ai fait un texte pour la coopérative laitière. Je me demande ce qu'il vaut. Ça t'ennuie d'y jeter un coup d'œil?

Il avait lu attentivement puis il s'était tourné vers moi avec un air moqueur :

— Alors, madame fait du Jean Cau maintenant?

— C'est qui Jean Cau?

— Un con qui pense ou qui croit penser.

— Autrement dit tu ne trouves pas ça formidable.

— Bof! Il est bon quand même ton truc. Donne-le, il passera.

Quelque temps après j'ai appris que Jean Cau avait eu le prix Goncourt et, le soir même, en rentrant à la maison, j'ai commencé à transformer mes carnets en pages dactylographiées.

A certains moments je croyais que Jean-Pierre s'était endormi, il restait immobile, et puis non : il tournait une page. J'aurais bien voulu savoir où il en était mais je n'osais pas bouger, je continuais à faire semblant de dormir.

Oui, c'était bien ça, c'était à partir du jour où j'ai su que Jean Cau était un écrivain que j'avais commencé à donner une forme aux gribouillis de mes carnets. Je m'identifiais à un écrivain? Je me prenais pour un écrivain? Mais non voyons, ce n'était pas possible, pas moi. Un écrivain, moi? Même mauvais? J'écrivais, moi? Quelle idée! C'était encore mon analyse qui me montait à la tête. J'allais tellement mieux que je me croyais tout permis.

L'immeuble était surchauffé pendant l'hiver, impossible de garder une couverture. Nous étions là, Jean-Pierre et moi, allongés sur le matelas, couverts d'un drap blanc, Jean-Pierre tourné sur le côté pour lire plus commodément et moi couchée sur le dos, cherchant la somnolence. J'avais d'abord longuement regardé l'arbre dehors, agitant ses branches décharnées dans un ciel gris et blanc, puis j'avais fermé les yeux, ce qui m'avait fait ressentir encore mieux le silence et l'immobilité de nos corps. De temps en temps le bruit d'une feuille qu'il posait pour en prendre une autre : ces deux frôlements, rien d'autre dans la chambre.

Si cela l'intéressait le moins du monde il le manifesterait, il ferait un commentaire. Je savais bien que Jean-Pierre était un homme silencieux, très discret, qui n'aimait pas les exhibitions tapageuses, mais quand même!... Non, s'il restait muet à ce point c'est que cela ne lui plaisait pas... Tant pis, ce n'était pas grave.

J'ouvre les yeux, je vois le drap qui va de la pointe de mes pieds à mon menton et qui s'incurve au milieu, jusqu'à toucher mon ventre. Il bat. Le drap bat, il tressaute à peine mais régulièrement et vite. Il bat au rythme de mon cœur... C'est grave que Jean-Pierre lise ces pages... Je me rends compte qu'elles sont importantes, qu'elles portent un élan fondamental de mon esprit... Elles sont même ce que j'ai fait de plus important dans toute ma vie...

J'aurais dû y réfléchir avant, m'arrêter au fait que j'écrivais, que je racontais une histoire à du papier. J'aurais dû en parler au docteur. Je devrais pourtant commencer à savoir qu'on ne fait pas les choses par hasard, surtout ce genre de choses-là... Livrer ces pages à Jean-Pierre, lui qui analysait les textes qu'il lisait avec tant d'intelligence et d'intuition, lui qui avait de notre langue (à cause de son agrégation de grammaire) une connaissance si profonde, presque amoureuse! C'était de la folie! C'était comme si je brûlais mes lignes, comme si je les détruisais, au moment même où je prenais conscience de l'importance qu'elles avaient pour moi.

Jean-Pierre avait pris l'habitude de me parler comme à quelqu'un de malade, quelqu'un de fragile, une vieille enfant qui ne supportait pas les chocs, à laquelle on ne pouvait pas s'adresser franchement. Pour atténuer sa pensée il allait employer des mots qui me blesseraient plus que la mauvaise critique qu'il aurait dû normalement me faire. Il ne savait pas qui j'étais devenue, je ne lui avais pas dit, je l'avais si peu vu... Maintenant, avec ces feuillets dont je venais de découvrir la prétention ridicule, je perdais les dernières chances de me rapprocher de lui. Ils allaient tout embrouiller. Il ne me comprendrait pas, ne me croirait pas.

Il a bougé un peu. Il a mis longtemps pour se tourner vers moi. Je n'osais pas le regarder, je faisais encore semblant de dormir. Enfin je me suis à mon tour tournée vers lui. Ses yeux étaient pleins de larmes! Pleurer, lui, Jean-Pierre, mais pourquoi? Il ne voulait pas me faire de mal? Il me plaignait?

Il me regardait avec intensité. Il y avait de la tendresse, de la surprise dans son regard et aussi de la retenue, comme on regarde quelqu'un qu'on ne connaît pas. Puis il a tendu sa main qu'il a posée doucement sur mon épaule.

— C'est bien, c'est épatant, c'est un livre. C'est même un beau livre que tu écris.

Deux larmes avaient passé le barrage de ses paupières et roulaient sur ses joues, indécentes, précieuses.

Beaux yeux, belles larmes! Beaux bleus, beaux verts, beaux ors! Enfin! Enfin!

Le bonheur ça existe! Je le savais, je l'avais toujours su! Le bonheur carré, simple, plein. Le bonheur auquel j'avais réservé une grande place au centre de ma personne et qui venait de s'y installer tout à coup, au bout de tant d'années. Plus de trente ans passés à l'attendre.

Il s'était rapproché de moi. Il avait glissé son autre bras au creux de mon cou. Il me caressait.

— Comme tu es changée. Tu m'intimides, qui es-tu?

J'étais trop émue, je ne trouvais pas les mots pour parler. Je lui disais avec mes prunelles sombres, aussi sombres que les siennes étaient claires, que j'avais envie d'aimer et d'être aimée, que j'avais envie de rire et de construire, que j'étais neuve.

Il me serrait contre lui. Il embrassait mes paupières, mon front, les ailes de mon nez, le coin de mes lèvres, le bord de mes oreilles. Je sentais son ventre plat, ses jambes musculeuses.

— Ecoute, je ne sais pas ce qui me prend, je suis amoureux de la femme qui a écrit ces pages.

Viens, regardons-nous, ne me lâche pas des yeux. Nous allons entrer dans les vagues. Je connais un passage de sable blanc où tu ne te blesseras pas, où tu n'auras qu'à te laisser aller. Rappelle-toi, mon doux, mon beau, que la mer est bonne si tu ne la crains pas. Elle ne veut que te lécher, te caresser, te porter, te bercer, permets-lui de le faire et elle te plaira encore. Sinon elle te fera peur.

Accroche-toi à la mousse. Tu sens sous tes pieds le

sable qui file avec la vague? File avec lui! Maintenant laisse le courant prendre ton dos. Hop la cabriole! Plonge, plonge! Laisse-toi pétrir laisse-toi masser par l'eau.

Une fois les vagues traversées nous allons nager vers le large. Je t'en prie, ne me quitte pas des yeux.

— Il y a des phrases que tu as écrites qui me bouleversent, parce qu'elles sont belles et aussi parce que je ne connais pas celle qui les a écrites. Pourtant c'est toi.

Tais-toi, ne parle pas, la mer n'aime pas qu'on se distraie d'elle. Nageons. Etire tes bras et tes jambes. Libère tes épaules et tes hanches, laisse tes membres brasser et baratter l'eau, régulièrement, lentement, librement. Sens-tu que tu deviens dauphin? Sens-tu les longues caresses de l'eau fuseler ton corps?

Quand nous serons fatigués tu te mettras sur le dos, nous nous coucherons dans la mer et nous fermerons les yeux pour que le soleil ne les brûle pas. Nous vivrons un moment comme cela, dans la transparence rouge de nos paupières, portés par l'eau comme par une nourrice aux seins frais et moelleux.

Puis nous plongerons à grands coups de reins vers le fond, vers les algues dont les longs doigts glissants nous caresseront le ventre et les cuisses, le visage et la poitrine, et le dos, jusqu'au bout de notre souffle.

Alors nous remonterons doucement vers le plateau de mercure de la surface. De nos bras, de nos jambes et de nos lèvres sortiront des bulles de joie qui grimperont en grappe, plus vite que nous, pour prévenir les rochers, la plage et le ciel de notre apparition.

A partir de ce jour-là Jean-Pierre et moi nous avons commencé à former un bloc. Nous nous sommes nourris de nos différences. Nous avons confronté nos vies sans jamais les critiquer, partageant les meilleurs morceaux. A chaque fois que nous nous sommes retrouvés nous étions chargés d'un butin hétéroclite dont nous dressions ensemble un inventaire détaillé. Cette réunion de nos deux existences est, pour nous, un trésor inestimable, un festin délicieux dont nous ne parvenons pas à nous rassasier. Ainsi mes premières pages ont-elles au moins eu le mérite d'avoir suscité la première de nos conversations, celles où nous étalons tout, où nous nous disons nos désirs, nos obstacles, nos rêves. Au commencement ces conversations n'étaient alimentées que par les découvertes que je faisais grâce à l'analyse. Mon évolution était si spectaculaire que Jean-Pierre en était fasciné. Peu à peu lui-même s'est mis à changer. Les trouvailles que nous faisons séparément ne cessent d'alimenter notre moulin que je trouve grand et solide et qui tourne vite.

Quand j'ai terminé mon premier manuscrit je l'ai déposé chez un éditeur auquel j'avais été recommandée. Six jours après j'ai signé mon premier contrat, avec un vieux monsieur très courtois et très connu dont le nom était lié étroitement au monde des livres. Il me parlait très sérieusement de mon manuscrit, de ses qualités. Je n'en revenais pas. Je n'arrivais à en croire ni mes yeux ni mes oreilles. Je n'osais pas le regarder. Et s'il avait su qu'il s'adressait à la folle! Je ne pouvais m'empêcher de penser à elle. Je l'imaginais telle qu'elle était il n'y avait pas si longtemps, nue, assise dans son sang, recroquevillée sur elle-même dans la nuit de la salle de bains, entre le bidet et la baignoire, grelottante, suante, terrorisée, incapable de vivre.

Je t'ai tirée de là ma vieille, je t'ai tirée de là !

Cela tenait du miracle, du conte de fées, de la sorcellerie. Ma vie était entièrement transformée. Non seulement j'avais découvert le moyen de m'exprimer mais j'avais trouvé toute seule le chemin qui m'éloignait de ma famille, de mon milieu, me permettant ainsi de construire un univers qui m'était propre.

XIV

Ceux qui avaient connu la folle l'avaient oubliée, Jean-Pierre lui-même l'avait oubliée. Le livre avait balayé la pauvre femme comme si elle n'avait pas pesé plus lourd qu'une feuille d'automne. Seuls, le docteur et moi, nous savions qu'elle existait toujours dans un coin de mon crâne. Par moments elle s'agitait d'une façon incompréhensible, elle faisait entrer ma tête dans mes épaules, elle crispait mes poings, une sueur à l'odeur forte sourdait de mes aisselles. Mais qu'avait-elle donc? Qu'est-ce qui la réveillait encore? D'où me venait cette inquiétude, cette pesanteur?

Je n'allais plus que deux fois par semaine dans l'impasse. Un beau matin je m'étais sentie capable de rester quatre longs jours sans aller là-bas. Le docteur et moi nous avons alors décidé, d'un commun accord, que je viendrais moins souvent.

Je commençais à connaître mes frontières et à pouvoir y vivre librement. Le territoire était vaste, je n'aurais sûrement pas assez de toute ma vie pour l'occuper. Cependant des zones lointaines restaient floues, elles étaient situées dans des confins mystérieux dont je ne m'approchais guère. Du reste je ne connaissais pas les chemins qui m'auraient permis d'y accéder. Pourquoi y serais-je allée puisque le domaine où je vivais me suffisait largement? Je n'avais pas besoin de plus.

Mon premier livre avait bien marché. Grâce à lui les journaux me demandaient maintenant des articles et des nouvelles, je faisais des enquêtes pour un magazine. Les personnes avec lesquelles je travaillais me considéraient comme quelqu'un de solide, de capable et, en effet, j'étais solide et capable. Je ne ménageais pas mon équilibre tout neuf. Les fondations que lui avait données l'analyse étaient parfaites, lui convenaient totalement. Je me sentais en accord avec moi-même, à l'aise avec ma vie. Je maîtrisais facilement tout ce que j'avais appris de mon caractère. Comme prévu ma violence me jouait des tours et me faisait vivre de véritables séances de rodéo. Elle se cabrait entre mes bras et mes cuisses, elle m'entraînait dans des cavalcades furibondes. Dès que je sentais la gorge me tirailler je pensais « La voilà. Pas question de la refouler et de me mettre à pleurer. Non, laisse-la passer et maîtrise-la. » C'est qu'elle était dangereuse la garce, elle était capable de me conduire au meurtre, à la destruction, que ça saigne, que ça éclate, que ça crève. Je me sentais devenir livide, je voulais me battre à mains nues, étrangler, étriper. Pour canaliser ma violence j'ai dû apprendre le respect des autres, de tous les autres, quels qu'ils soient, et le respect de moi-même. Je suis devenue responsable.

Pourtant je savais que ma psychanalyse n'était pas terminée. Quelque chose n'était pas défini dans ma géographie, il y avait une zone blanche sur la carte de ma personne, une zone inconnue, cachée. C'est parce que j'allais voir le docteur deux fois par semaine que mon équilibre tenait bon, j'en étais consciente. Et, dans l'impasse, pourtant, il ne se passait rien, c'était de nouveau le vague, le grand désert gris et plat qui s'étendait derrière mes paupières fermées, l'impression que je n'arriverais jamais au bout.

Je me suis mise alors à rêver beaucoup. Comme j'avais retrouvé les larmes avec joie, je retrouvais avec un grand plaisir ma vie onirique. Pendant ma maladie je ne rêvais pas, je n'avais pas le moindre souvenir d'un rêve, même pas l'impression d'avoir rêvé. Mon sommeil était un cube noir inentamable, un écran aveugle sur lequel l'analyse a commencé par projeter des rêves anciens. Le rêve du cavalier puis un autre aussi vieux, celui où je rebondissais de plus en plus haut, avec délice d'abord puis avec horreur. Je ne pouvais plus m'arrêter, chaque rebond augmentait inéluctablement la distance entre la terre et moi...

En général, grâce à l'analyse je comprenais mes rêves. Ils me servaient à situer les tensions les plus lourdes de mon esprit. Ils confirmaient aussi ma confiance en la psychanalyse. Je tirais un si grand profit de leur étude systématique que je me demandais par quelle aberration la médecine s'occupait si peu d'une activité aussi importante des êtres humains. Comment pouvait-on poser mille questions sur la façon dont on se nourrissait, marchait, respirait, et jamais une seule question pour savoir si on rêvait et de quoi on rêvait? Comme si sept ou huit heures de la vie quotidienne des gens n'avaient aucune importance. Comme si le sommeil c'était le non-être. Pourtant les yeux des dormeurs bougent pendant le rêve, leur corps aussi, leur activité cérébrale est par moments intense. Pourquoi ce qui se passe alors en eux est-il négligeable?

J'étais une dormeuse inerte, je devenais une dormeuse active. C'est par brassées que j'amenais mes rêves dans l'impasse. Je les avais tous élucidés, ou presque, mais j'aimais bien faire étalage chez le docteur de mon bon fonctionnement. Ce qui paraissait normal aux autres était extraordinaire pour moi, et seul le docteur pouvait apprécier la valeur énorme de chacune de mes journées nouvelles. Lorsque je m'allongeais sur le divan je me faisais penser à ces marchands arabes qui s'installaient sur les places des marchés de mon enfance. Ils s'accroupissaient, sortaient des plis de leur gandoura un paquet de chiffon qu'ils ouvraient et étalaient devant eux. C'était un grand mouchoir carré dans lequel se trouvaient quelques épingles et aiguilles rouillées, des clous tordus, des bouts de fil de fer, quelques vis usagées, des boutons et des écrous qui n'allaient pas ensemble, des morceaux de tuyau de plomb. L'homme, avec des gestes habiles, faisait des petits tas de ces ferrailles, puis il roulait une cigarette et se mettait à attendre paisiblement dans l'ombre qu'il avait choisie, une ombre dentelée et mouvante d'eucalyptus ou une ombre épaisse de platane. Il savait que, dans la journée, des clients se détacheraient des grappes caquetantes d'acheteurs, grouillant dans la poussière et le soleil, viendraient vers lui et découvriraient peut-être, au creux de son mouchoir sale, « la » vis, « le » boulon, la pièce unique, introuvable, qui leur servirait à réparer ou à reconstituer un vieil outil, un vieil objet précieux, perdu sans cela. Et, en prime, pour compléter leur joie, ils auraient deux ou trois aiguilles tordues ou une épingle à nourrice émoussée. Malgré les apparences le vendeur savait que son mouchoir contenait des merveilles et c'est pour cela qu'il était si calme.

Ainsi je venais et j'étalais devant le docteur le matériel hétéroclite de mes rêves. Je constituais des petits tas de mots et d'images que je groupais ensemble selon que je les rattachais au « chien », au « tuyau », au « frigidaire », etc. Mots clefs que nous avions, le docteur et moi, détachés de mon vocabulaire habituel et qui, dans leur concision, servaient à désigner une zone entière, parfois très vaste, de mon individu. Les explications de mes rêves ne pouvaient donc avoir de sens que pour lui et pour moi. Ainsi « Tuyau » s'attachait à l'avortement raté de ma mère, « Chien » à la peur d'être jugée et abandonnée, « Frigidaire » à la confusion, à l'inconscient, etc. Nous nous comprenions très bien et c'était l'essentiel.

Tout au long de mon analyse (et encore aujourd'hui) je n'ai cessé de m'émerveiller devant l'admirable travail qui s'opère entre la conscience et l'inconscient. Des abeilles inlassables. L'inconscient allant chercher dans le tréfonds de la vie les richesses qui m'étaient propres, les déposant sur une berge de mon sommeil et la conscience, sur l'autre berge, de loin, inspectant la nouveauté, l'estimant, me la laissant pressentir ou la rejetant. Ainsi faisait parfois irruption dans ma réalité une vérité facile à comprendre, simple, claire, mais qui ne m'était apparue que lorsque j'avais été en mesure de l'accueillir. Mon inconscient avait depuis longtemps préparé le terrain, se signalant à la conscience, de-ci, de-là, par des mots, des images, des rêves auxquels je n'avais pas prêté attention. Jusqu'au jour où, mûre pour recevoir la nouvelle vérité, j'avais pu faire le chemin vers elle en quelques secondes. Cela s'était passé ainsi pour ma violence que je n'avais vue que lorsque j'avais été capable de la supporter.

A la fin de cette période où j'avais appris à analyser mes songes, j'ai fait un rêve que j'étais incapable de résoudre et dont j'ai senti qu'il allait hâter la progression de l'analyse.

Une grande partie de ce rêve m'avait fait revivre un moment réellement vécu. Je me trouvais à Lourmarin, en Provence, où je passais quelques jours avec mes meilleurs amis : André et sa femme Barbara. J'avais vingt et un ans, ils étaient un peu plus âgés que moi. Les relations qui me liaient à eux étaient les meilleures qui puissent unir des êtres humains, elles étaient faites d'admiration, de chaleur, de gaieté, de tendresse et de respect. Lui était peintre et ce qui sortait de ses mains me plaisait et me subjuguait. J'avais appris, en le regardant faire, la beauté de ce qui n'est pas symétrique, pas orthodoxe, pas classique. Auparavant j'avais appris, par ma mère et par mes professeurs, la splendeur des chefs-d'œuvre de notre culture. La peinture moderne n'en faisait pas partie : « Picasso est un fou et les gens qui l'admirent sont des snobs. » Point final. Or je trouvais secrètement que le pays auquel André m'avait donné accès, par ses recherches et son travail, était magnifique. J'apprenais l'importance de la composition, des volumes, et surtout de la matière. Je l'avais vu ramasser n'importe où, dans les rues ou dans les champs, des morceaux de bois, de papier ou de métal, des cailloux, des noyaux de cerises, de la ficelle ou du bouchon, et garder précieusement ces déchets qui n'étaient pour moi que des ordures. Il s'en servait pour orner son atelier et sa maison ou bien il les incorporait à ses compositions. Barbara, sa femme, poussait des cris d'admiration quand il apportait ses trouvailles. Elle était slave et roulait les « r » : « And « r » é, qué c'est beau! » elle appelait leurs enfants pour qu'ils admirent. Sous mes yeux l'ordure devenait trésor, était véritablement un trésor. Mais une fois sortie de chez eux elle redevenait ordure. Je n'étais pas capable de m'éloigner seule du bon goût et du conformisme qui étaient de bon ton dans mon milieu.

J'étais donc venue les rejoindre à Lourmarin avec l'impression que ces vacances en leur compagnie étaient une grande marque d'indépendance de ma part vis-à-vis de ma famille, un acte osé. Nous couchions sous la tente, nous n'avions pas un sou. C'était la bohème quoi! Un jour André m'a proposé une promenade : la visite d'un colombier qu'il avait découvert dans le Luberon. J'ai enfourché derrière lui sa vieille moto ferraillante (comme j'aurais voulu enfourcher le destrier du cavalier de mon rêve), et nous voilà partis.

En moto on a toujours l'impression d'aller vite, même quand on va doucement. On fend le ciel comme l'étrave d'un cuirassé partage l'océan. En Provence, à l'heure où le soleil rougit les montagnes, en été, l'air est rempli d'odeurs de plantes et des crécelles des cigales. Nous nous y enfoncions à toute vitesse comme dans une jungle légère, frôlant des lianes de thym, écartant des frondaisons de géranium, faisant fuir, avec nos pétarades, des perroquets de romarin, agitant des orchidées de sauterelles. Comme j'aimais ce pays!

Au bout de notre course se trouvait une colline pelée au sommet de laquelle un embrouillamini de figuiers et de ronces cachait presque entièrement une ruine haute. Nous avons grimpé jusqu'à elle, écrasant sous nos pieds des grumeaux de terre sèche. André ne parlait pas. Ce n'était pas dans ses habitudes de faire des discours. Il s'exprimait plutôt avec ses yeux et ses mains. Mais je sentais qu'il aimait comme moi tout ce qui l'entourait : le chevauchement des buttes blanches du pays, le vol gris des criquets, le bleu du ciel mangé par la lumière, les petits nuages rosis par le soleil couchant. La belle planète!

La ruine était une tour très haute, une sorte de cylindre fait de pierres, sans aucune ouverture si ce n'est une petite porte à la base, devant laquelle nous nous tenions. André, qui connaissait le chemin, avait tout de suite trouvé l'entrée et il s'était engagé le premier à l'intérieur de la tour. Il tenait la porte ouverte et, pendant que j'essayais de me dégager des ronces qui agrippaient mon blue-jean, je voyais sur le sol de la tour une herbe verte et pimpante, une courte végétation ravissante piquetée de rose et de bleu, semblable à celle qui pousse aux pieds de l'ange annonciateur dans le tableau de Botticelli. C'était étonnant cette joliesse parmi la beauté sèche et rigoureuse qui m'entourait encore. J'ai pensé, tout en continuant à me dépatouiller avec ces maudites ronces : « Ce sont les excréments des oiseaux qui doivent fertiliser le sol à cet endroit. »

Enfin je suis entrée et la beauté du lieu m'a saisie, comme si on m'avait jeté un charme. La tour n'avait pas de toit, elle conduisait directement de la terre au ciel dans lequel elle découpait un rond presque régulier. Les parois étaient percées de profonds alvéoles de porcelaine bleus et jaunes, un rang bleu, un rang jaune, en quinconce, où nichaient les oiseaux. La mignardise des plantes au sol, l'infinie profondeur du ciel en haut, et, entre les deux, la parfaite régularité des trous d'un bleu mystérieux et d'un jaune éclatant. Impression de participer au Tout, d'être entière. Satisfaction. Silence, parce que l'essentiel est exprimé.

Tout cela je l'avais réellement vécu, ce colombier existe quelque part en Provence, je ne sais où mais je pourrais le retrouver.

Dans mon rêve je revivais chaque détail de ces moments, je me remémorais minutieusement l'endroit, les sentiments, les émotions et surtout cette impression que j'avais de faire les choses en cachette, d'être hors la loi de ma mère, de profiter d'une liberté totale mais précaire. En quelque sorte je savais en rêvant que cet instant était exceptionnel.

J'étais donc dans la tour, éblouie par sa force simple, par sa paix et sa beauté. Dans mon rêve André disparaissait, comme cela se passe dans les rêves : sans que cela soit explicable et sans que cela soit important. Ma solitude n'était pas dramatique, au contraire. Soudain de l'eau s'est mise à couler obliquement contre les parois, m'isolant au centre d'un tourbillon liquide qui ne me mouillait pas, ne me salissait pas. L'eau tournoyait très vite avant de disparaître par en bas, inexplicablement. C'était de la belle eau claire et vive à travers laquelle je voyais toujours, en transparence, les alvéoles bleus et jaunes et les oiseaux qui nichaient tranquillement. Le spectacle était magnifique. J'étais bien là. J'éprouvais l'impression d'être complète, la gêne que je ressentais dans la vie avait disparu.

Tout à coup je me suis rendu compte que cette eau splendide charriait des objets oblongs scintillants. J'ai vu que ces objets étaient des étuis d'argent finement ciselés, tous plus beaux les uns que les autres, tous différents et cependant tous unis par leur forme : une forme ronde plus ou moins allongée, un peu comme ces boudins que l'on obtient en roulant entre les mains de la pâte à modeler. J'ai su alors, avec une certitude qui me venait de je ne sais où, que ces longues boîtes d'argent contenaient des excréments, des crottes, dont elles épousaient parfaitement les contours. J'étais, en fait, en plein milieu d'une magnifique cuvette de cabinet. Tout cela me semblait tout à fait normal et heureux. Je n'étais absolument pas choquée ni par le plaisir que je prenais à me trouver dans un lieu pareil, ni par le fait que ces boîtes précieuses et belles puissent contenir une matière aussi ignoble.

Je m'étais réveillée joyeuse, satisfaite, je venais de faire un rêve splendide.

Et pourtant dans l'impasse, sur le divan, j'ai éprouvé une gêne très grande à exprimer par des mots le passage des étuis d'argent, à dire ce qu'ils contenaient.

Les mots! J'avais buté contre eux au plus profond de ma maladie, je les retrouvais maintenant, alors que j'étais presque guérie. Je me souvenais de « fibromateux » qui me faisait me recroqueviller en grelottant dans un coin de la salle de bains et, aujourd'hui, pour introduire « crotte » dans un récit que je voulais heureux et beau, et qui était heureux et beau, il m'avait fallu mobiliser mes forces et vaincre un trouble profond, une résistance abyssale.

Pendant plusieurs semaines, chez le docteur, je me suis mise à analyser les mots, à découvrir leur importance et leur variété. Je m'affrontais avec moi dans un conflit subtil où il ne s'agissait plus de conscience et d'inconscience, apparemment, puisque les mots et moi-même étions à la surface, visibles, clairs : quand je pensais table et que je voulais exprimer ma pensée, je disais table. Mais quand je pensais « crotte » j'avais de la difficulté à dire le mot « crotte », je cherchais à le cacher ou à le remplacer par un autre mot. Pourquoi ce mot-là ne passait-il pas? Quelle était cette nouvelle censure?

Je comprenais que les mots pouvaient être mes alliés ou mes ennemis mais que, de toute manière, ils m'étaient étrangers. Ils étaient des outils façonnés depuis longtemps et mis à ma disposition pour communiquer avec les autres. Le docteur et moi nous nous étions fabriqué un petit vocabulaire d'une dizaine de mots qui, pour nous deux, englobaient toute ma vie. Les hommes avaient inventé des millions de mots tous aussi importants que ceux que nous utilisions dans l'impasse et qui exprimaient l'univers dans sa totalité. Je n'avais jamais pensé à cela, je ne m'étais jamais rendu compte que tout échange de paroles était un fait précieux, représentait un choix. Les mots étaient des étuis, ils contenaient tous une matière vitale.

Les mots pouvaient être des véhicules inoffensifs, des autos-tamponneuses multicolores qui s'entrechoquaient dans la vie quotidienne, faisant jaillir des gerbes d'étincelles qui ne blessaient pas.

Les mots pouvaient être des particules vibratiles animant constamment l'existence, ou des cellules se phagocytant, ou des globules se liguant pour avaler goulûment des microbes et repousser les invasions étrangères.

Les mots pouvaient être des blessures ou des cicatrices de blessure, ils pouvaient ressembler à une dent gâtée dans un sourire de plaisir.

Les mots pouvaient aussi être des géants, des rocs profondément enfoncés dans la terre, solides, et grâce auxquels on franchissait des rapides.

Les mots pouvaient enfin être des monstres, les S.S. de l'inconscient, refoulant la pensée des vivants dans les prisons de l'oubli.

Chaque mot que j'avais de la peine à prononcer masquait en fait un domaine où je refusais d'aller. Chaque mot que j'avais du plaisir à prononcer désignait, au contraire, un domaine qui me convenait. Ainsi il était évident que je désirais l'harmonie et que je repoussais les excréments. Comment, dans mon rêve, l'harmonie et les excréments pouvaient-ils si bien aller ensemble?

Je me suis rendu compte alors qu'il y avait toute une partie de mon corps que je n'avais jamais acceptée, qui ne m'avait, en quelque sorte, jamais appartenu. La zone de mon entrejambe ne pouvait s'exprimer que par des mots honteux et n'avait jamais été l'objet de ma pensée consciente. Aucun mot ne contenait mon anus (ce terme ne passant que très difficilement et uniquement dans un contexte médical, scientifique, en lui-même il était donc une maladie). Tout mot que j'aurais prononcé et qui aurait contenu mon anus, aurait attiré immédiatement sur moi le scandale et la saleté, et surtout la confusion de mon esprit. Quant à ce qui transitait par là, il n'y avait guère que le « number two » de mon enfance que j'acceptais de prononcer.

J'étais une invalide et c'est en riant que j'ai fait cette découverte. Je me faisais penser à ces clowns qui claquent leurs grands souliers sur la piste du cirque et qui font rire les enfants parce qu'en même temps qu'ils disent, avec des mimiques prétentieuses : « Mais c'est que je souis très zintelligente, moa! », ils ont une petite lumière rouge qui s'allume à leur derrière. En fait ils sont grotesques parce qu'ils ignorent ce qui se passe en bas de leur dos.

J'ai retrouvé le rire. Je me moquais de moi et c'était délicieux. J'avais vécu jusqu'à l'âge de trente-six ans avec, dans mon corps, un orifice horriblement nommé anus, je n'avais pas de cul! C'était une bouffonnerie! Je comprenais mieux pourquoi je n'avais jamais aimé Rabelais. Dans le fond, j'avais un devant et rien d'autre, j'étais plate comme une dame de jeu de cartes. Une reine avec une grosse poitrine, de larges hanches, une couronne sur la tête, une rose à la main, hiératique et sans derrière!

Le bonheur de rire! La beauté du rire de mes enfants, les éclats de rire de Jean-Pierre : « Moins tu es folle, plus tu es folle! », des rires dans la rue, mon rire! Ce que cela représentait de paix, de bien-être, de confiance, de tendresse! Cool!

Comme à chaque fois que l'analyse m'avait fait faire un grand pas en avant je suis restée plusieurs semaines à manipuler mes trouvailles, à les admirer. Je mesurais l'immensité du terrain parcouru, c'était vertigineux. Avais-je jamais réellement ri avant? Avais-je jamais soupesé le poids des mots, soupçonné leur importance? J'avais écrit des livres avec des mots qui étaient des objets, je les rangeais selon un ordre que je trouvais cohérent, convenable et esthétique. Je n'avais pas vu qu'ils contenaient de la matière vivante. Je les avais installés sur mes pages exactement de la même manière que j'installais, chez moi, les meubles et les objets dont je ne pouvais pas me défaire et que j'emmenais dans tous mes déplacements.

A chaque fois que nous arrivions dans un nouveau poste je ne pouvais recommencer à vivre que lorsque les précieuses caisses étaient arrivées. Je les ouvrais devant les enfants et, ainsi que l'avait fait ma mère avec moi, je leur apprenais des mots morts qui désignaient une histoire morte, une famille morte, une pensée morte, une beauté morte. Je leur montrais la tête de Minerve sur les poinçons de l'argenterie, la rose sur les étains, les perles des meubles Louis XVI, les fils tirés du linge, la transparence de la porcelaine, les reliures des livres et leur tranche dorée, et aussi le portrait d'un aïeul, le face-à-main d'une arrière-grand-mère, le carnet de bal d'une vieille tante, la table à couture en bois de rose d'une ancienne cousine, etc. Reliques. Des caisses comme des cercueils. Et des cadavres que j'exhumais de la paille pour que mes enfants vivent parmi eux, comme je l'avais fait moi-même. Pour mes enfants je faisais briller et tinter le cristal : « Quand du verre fait ce bruit-là c'est du cristal. » C'était ça du cristal : un verre luxueux qui fait un certain bruit. Ce bruit indiquait la valeur, le précieux de l'objet.

Tous ces mots servaient à désigner la valeur des choses mais pas leur vie. La hiérarchie des valeurs était établie depuis longtemps, elle était transmise de génération en génération : une succession de mots qui me servaient de squelette et de cervelle. Elle contenait non seulement la valeur des objets mais aussi la valeur des gens, des sentiments, des sensations, des pensées, des pays, des races et des religions. L'univers entier était étiqueté, rangé, classé, définitivement. Surtout ne pas raisonner, ne pas réfléchir, ne pas remettre en cause, ce serait du temps perdu puisqu'il était impossible d'aboutir à une autre classification. Les valeurs bourgeoises étaient les seules qui étaient bonnes, belles, intelligentes, elles étaient les meilleures. A tel point que je ne savais même pas qu'elles s'appelaient valeurs bourgeoises. Pour moi elles étaient les valeurs, tout court.

Et là-dedans n'entraient ni mon trou de balle ni

mes défécations, pas plus que les poumons de l'homme qui avait soufflé le vase de cristal ravissant. Pas plus que les petits pieds meurtris de l'arrière-grand-tante qui valsaient, valsaient sans arrêt pour que le carnet de bal soit rempli et transmis plus tard avec vénération et admiration : « C'était une grande dame, une femme du monde belle et vertueuse. » Pas plus que les yeux des brodeuses crevés par les chiffres et les dentelles des draps de relevailles, des nappes de mariage et des linceuls. Pas plus que les ventres lacérés des femmes qui, génération après génération, mettaient au monde l'humanité.

Toutes ces choses n'existaient pas puisqu'on n'avait pas le droit d'employer les mots qui les désignaient. Tout cela n'avait pas de valeur. Tout cela, à la rigueur, ne pouvait être que dérisoire, c'est-à-dire sujet à la moquerie méprisante et dédaigneuse. Et s'il fallait ranger à tout prix dans l'échelle des valeurs (puisqu'elle était complète) les poumons usés du souffleur de verre, les pieds gonflés de l'arrière-grand-tante, les yeux crevés de la brodeuse, le ventre déformé des femmes et mon derrière, c'était aux échelons les plus bas qu'il fallait les mettre, ceux de la pitié, de la commisération, de la charité, ou alors ceux de la plaisanterie, de la raillerie, de la risée, du sarcasme, de la grossièreté, parce que tout cela était insignifiant, minime, négligeable, pauvre, petit, piètre, ridicule, vain et sale !

J'étais une dame rouge dans un château de cartes. Suffisait de dire le mot « merde », de penser sans honte et sans dégoût à ce que ce mot contenait, pour que le château s'écroule !

XV

Ainsi, grâce au beau rêve du colombier, ai-je appris que tout est important, même les excréments et même le château de cartes dans les oubliettes duquel je vivais depuis si longtemps. J'ai découvert, le cœur serré, que dans ces oubliettes il y avait aussi ma mère. J'ai éprouvé de la peine pour elle, en même temps que la certitude qu'il était trop tard, que je ne pouvais rien faire pour la sortir de là. Je ne pouvais pas lui expliquer ce que j'étais en train d'apprendre, c'était un savoir trop neuf, incomplet encore. J'avais été dans une situation extrêmement périlleuse, il fallait que je m'en tire complètement, avec mes enfants. L'autobus était complet, il n'y avait pas de place pour ma mère à mes côtés.

Depuis son installation en France elle avait beaucoup vieilli. Son corps et son visage s'étaient incroyablement avachis. Elle se murait dans sa chambre. Quand elle en sortait c'était pour accomplir ses devoirs en traînant les pieds, avec tristesse et lassitude, le visage fermé, une sorte de flamme de colère dans le vert de ses yeux. On aurait dit qu'elle abandonnait, qu'elle renonçait, qu'elle lâchait prise tout en comprenant qu'elle était bernée, qu'on s'était moqué d'elle depuis toujours. Je suis certaine qu'elle a vu clairement ce clergé stupide, incapable de véritable amour, cette France égoïste et intéressée, prétentieuse, cette Algérie bien-aimée qui ne faisait pas de différence entre elle et les autres, les profiteurs. Leurrée. Trompée à mort. Je suis sûre qu'elle savait secrètement tout cela et qu'au milieu de son univers ravagé, annulé, il ne restait que moi avec ma force toute neuve qui lui sautait aux yeux et à laquelle elle tâchait maladroitement de s'agripper.

Mais, malgré la peine qu'elle m'inspirait maintenant, j'avais encore de la répugnance pour son ventre, j'évitais sa présence. Cette répugnance me gênait, j'aurais dû savoir la vaincre, non pas pour me rapprocher de ma mère mais, au contraire, pour être libérée d'elle, de ce qu'elle avait été pour moi. Ce dégoût nous liait toujours étroitement et je ne savais comment m'en défaire.

Je n'allais plus qu'une fois par semaine dans l'impasse et, très rapidement, les séances se sont espacées encore plus.

J'étais devenue quelqu'un de fort et de responsable, une femme solide sur laquelle on pouvait s'appuyer. A l'âge où les autres croient que leur vie commence à se terminer, j'avais la chance d'avoir à peine commencé la mienne. J'étais pleine d'enthousiasme et d'ardeur, tout me passionnait. Je me découvrais une vitalité insoupçonnée liée à une grande puissance de travail. J'aimais l'univers des livres. Après ma découverte des mots j'avais cessé d'écrire pour moi. Il fallait que je prenne un temps, je ne pouvais plus écrire comme avant. Alors je me suis occupée des livres des autres et cela m'a autant intéressée que mes propres livres. J'ai appris le papier, le carton, l'encre, la colle et puis la mise en page et la typographie.

La beauté des caractères d'imprimerie! Monde recueilli, inspiré, silencieux. Vingt-six majuscules, vingt-six minuscules, dix chiffres et la ponctuation. Petite galaxie parfaitement harmonieuse. Les mots, ces étuis pleins de vie, sont eux-mêmes contenus, quand ils sont écrits, dans les étuis des lettres. Chaque type de caractère a un style qui lui est propre et qu'il communique au mot qu'il dessine et à la matière qui est dans le mot. Chaque peuple invente des caractères qui lui ressemblent. Les Allemands ont des alphabets lourds et puissants faits pour des textes forts, des analyses rigoureuses, des démences dangereuses. Les Anglais ont des lettres précises et folles, faites pour la liberté bien calculée. Les Américains ont des caractères nouveaux et technocratiques faits et pensés par des robots. Les Latins ont des caractères ravissants faits pour la subtilité, l'amour et les larmes. Vivre là-dedans était un enchantement. Oui, vraiment, tout était devenu important, tout était intéressant.

Je ne parlais jamais de l'analyse parce que je me rendais compte que ce sujet agaçait les gens : « Des balivernes tes histoires. Les fous ça se soigne dans les asiles. Le reste c'est une salade de bonnes femmes, de pédés et de déséquilibrés. » Et pleuvaient alors un nombre incalculable de récits dans le genre : « Moi (ou Pierre ou Paul ou Jacqueline), j'ai fait une psychanalyse. Eh bien, ça m'a démoli ma vieille. Alors ne viens pas me parler de ça. J'ai mis cinq ans à m'en remettre ! » J'apprenais qu'ils avaient vu un médecin pendant deux mois, six mois, ou même deux ans. Un homme avec lequel ils avaient parlé de leur vie, qui les écoutait, leur donnait des conseils et leur faisait avaler un bon médicament nouveau pour les apaiser. Bref, ils n'avaient pas fait d'analyse du tout ou bien, s'ils en avaient fait une, ils l'avaient abandonnée au moment où c'était devenu dur, au moment où il ne s'était plus rien passé pendant des semaines et des mois. Quand, après avoir raconté le connu, ils s'étaient trouvés face à l'inconnu, ce mur lisse qui bouche l'horizon, ce désert infini apparemment infranchissable, ils avaient laissé tomber.

J'ai su qu'on ne pouvait parler de l'analyse que pour décrire un échec. Moi, je les choquais avec ma guérison, ma force neuve. « Tu n'étais pas malade, t'avais des vapeurs de minette. Elles nous font chier les nanas avec leurs faux problèmes! Ce sont des maladies de femmes tout ça, ce n'est pas sérieux. » Or je savais que la maladie mentale n'était pas une spécialité féminine. J'en avais assez croisé des hommes, dans l'impasse, au cours de toutes ces années! Autant que de femmes! La tête enfoncée dans leur pardessus ou leur blouson, le regard fermé, la peur plein la figure!

J'ai compris que les gens autour de moi vivaient dans leurs châteaux de cartes et que la plupart en étaient inconscients. Tous des frères! Moi qui me croyais seule, anormale, monstrueuse!

Sans le sang, sans la sueur, sans le cœur déchaîné, sans les tremblements, sans l'oppression des poumons, sans le brouillard qui bouchait mes yeux et mes oreilles, est-ce que j'aurais eu le courage de m'enfoncer encore et encore dans l'analyse? Je ne le crois pas. Si je n'avais pas eu la chance de tomber profondément dans la maladie, je n'aurais peut-être pas eu la force d'aller au bout de l'affrontement avec moi-même.

J'ai eu l'impression d'être une privilégiée.

C'est donc avec le sentiment d'appartenir à une élite, une sorte de société secrète, que je suis allée désormais dans l'impasse. Cela me gênait. Quand je rencontrais les yeux du quincaillier du coin et ceux des habitants de l'impasse, je savais qu'ils pensaient en me voyant me diriger vers la grille du fond : « Tiens, voilà la dingue du mardi soir », avec une sorte de raillerie mêlée de pitié et de crainte aussi. J'avais envie de leur dire « Non, je ne suis pas dingue et je ne l'ai jamais été. Ou alors, si je suis dingue, vous l'êtes aussi. »

Pour le leur faire comprendre et pour aider ceux qui vivaient dans l'enfer où j'avais vécu, je me promettais d'écrire un jour l'histoire de mon analyse, d'en faire un roman où je raconterais la guérison d'une femme qui me ressemblerait comme une sœur, sa naissance, sa lente mise au monde, son arrivée heureuse dans le jour et la nuit de la terre, sa joie de vivre, son émerveillement devant l'univers auquel elle appartient. Parce que l'analyse cela ne peut pas s'écrire. Il faudrait des milliers de pages répétées pour exprimer interminablement le rien, le vide, le vague, le lent, le mort, l'essentiel, le parfaitement simple. Et puis, dans cette immense monotonie, quelques lignes fulgurantes, les secondes lumineuses où apparaît la vérité entière dont on ne prend qu'une parcelle croyant la prendre toute. De nouveau, ensuite, pendant des milliers d'autres pages, le plat, l'indicible, la matière en gestation, la gestation de la pensée, l'informe, l'inestimable. De nouveau l'étincelle éblouissante de la vérité. Et ainsi de suite. Enorme livre boursouflé avec des pages blanches où seraient, justement, le rien et le tout. Fantastique volume fait de tout le papier du monde, de toute l'encre, de tous les mots, de toutes les lettres, de tous les idéogrammes.

Mais, pour faire mon roman, il fallait d'abord que mon analyse soit terminée, que je me sente capable de vivre entièrement en dehors de l'impasse. Et ce n'était pas le cas, mes rapports avec ma mère étaient encore trop mauvais. Il y avait cette nausée qu'elle me provoquait et qui me mettait mal à l'aise.

Je rêvais. Mes nuits étaient animées par la cinémathèque de mon oubli. Je me réveillais détendue, claire. Je sentais en moi une force tranquille qui allait me faire vivre avec intérêt chaque heure de ma journée. J'avais trouvé une cohérence baroque, illogique mais solide et qui m'allait comme un gant. Cette unité de mon être, cette cohésion entre mes nuits et mes jours, me permettait d'aller vers les autres, de les rencontrer, de les connaître, de les comprendre souvent et, parfois, de les aimer et d'être aimée. J'étais heureuse, j'avais confiance en moi, je savais que j'irais jusqu'au bout.

Deux cauchemars m'ont permis d'achever ma psychanalyse.

Dans le premier je rentrais chez moi, à Alger. C'était pourtant un appartement que je ne connaissais pas. Pas plus que l'immeuble, une construction du XIXe siècle comme on en trouve dans toutes les grandes villes de la Méditerranée, aussi bien au Pirée, qu'à Naples, à Nice, à Barcelone ou à Alger. Une maison bourgeoise aux belles proportions, en pierre de taille, haute de quatre ou cinq étages, avec des persiennes fermées, des jalousies entrouvertes, une entrée soutenue par deux cariatides laides et pudiques, et une cage d'escalier très sombre, toute tapissée de carreaux de faïence où se répétait jusqu'au toit une arabesque verte sur fond blanc. Une sorte de vaste puits fait pour donner de la fraîcheur aux appartements qui tournaient autour de lui. Dans mon enfance j'avais séjourné dans un immeuble semblable, j'en gardais un vague souvenir.

J'entrais donc chez moi. Dès la porte fermée ma mère était venue vers moi. Elle sortait d'une pièce située à gauche de l'entrée et dans laquelle se trouvaient d'autres femmes. Elle avait son visage des grands jours, son masque de tragédie :

— Viens avec nous, il faut te cacher. Trois fellagha sont entrés dans la maison.

Trois fellagha ne me faisaient pas peur. J'étais pour l'Algérie indépendante, ma mère le savait bien et je ne comprenais pas sa frayeur. Si, dans la rue, j'étais une Française comme les autres, une femme à abattre — dans une révolution on n'a pas le temps de faire de détail — ici ce n'était pas pareil : je pouvais parler, expliquer ma position, ils verraient bien que j'étais honnête, que je n'étais pas leur ennemie, que je ne cherchais pas à les tromper, que je comprenais vraiment leur cause.

Malgré les jérémiades de ma mère je suis donc allée vers la pièce où ils se tenaient. J'ai vu trois hommes qui parlaient à voix basse avec des airs de conspirateurs. A part cela ils n'avaient rien de spécial. Ils n'étaient ni effrayants, ni laids, ni excités. Ils ne portaient pas d'armes.

Mais je n'ai pas pu entrer en contact avec eux. Ma mère et les autres femmes me tiraient en arrière. J'étais liée à leur groupe de façon incompréhensible. Je n'étais pourtant pas leur prisonnière, c'était la fatalité qui m'attachait à elles d'une manière absurde que, d'ailleurs, je ne cherchais pas à mettre en cause. C'était comme ça, voilà tout.

Peu à peu je reculais et je me trouvais enfermée dans la pièce où se tenaient les autres femmes. Des méditerranéennes vêtues de noir, marmonnant des prières, tripotant des chapelets, se signant, chuchotant des « aïe, aïe, aïe », des « madre mia ! », des « mon Dieu, ma pauvre » et moi, au milieu d'elles, « santa madona », « mater dolorosa, ora pro nobis ».

Leur peur était devenue ma peur, je suais, je tremblais comme elles. Comme elles je m'en remettais à la providence divine. Nous étions là, serrées les unes contre les autres, des jeunes, des vieilles, des adolescentes, des enfants, des femmes mûres, des gourgandines et des laiderons, toutes avec la peur au ventre et des récits terribles en tête, des histoires de femmes violées et éventrées.

Au bout d'un long moment cette situation m'est devenue intolérable. Je ne pouvais plus rester dans cette soumission, cette passivité, cette inactivité. Il fallait que je fasse quelque chose. Il devait y avoir un moyen de nous sauver. J'ai pris la décision de tenter une sortie et d'aller prévenir les voisins du dessous qui avaient le téléphone.

A travers la porte je n'entendais aucun bruit venant du reste de l'appartement, rien n'indiquait que les fellagha étaient proches. ils devaient toujours être dans leur coin à comploter. Je décidai de partir. L'entrée était vide et sombre. Ça allait. Mais j'étais à peine arrivée sur le palier que j'ai su que les fellagha avaient deviné ma fuite et me poursuivaient. Je me suis mise à courir, à dévaler les marches de l'énorme escalier. Les fellagha étaient derrière moi, j'entendais leur dégringolade, je n'en finissais pas de descendre cet étage. Au moment où j'arrivai sur le palier du dessous un des hommes m'a saisie par-derrière, jetant un de ses bras autour de mon cou. Grâce à l'élan de ma course et à ma volonté j'ai pu l'entraîner tout près de la porte fermée des voisins mais, avant de pouvoir l'atteindre, je suis tombée à la renverse, le bras du fellagha m'étranglant presque. J'ai pu voir l'extrémité de mes souliers à quelques centimètres à peine de la porte. Je voulais essayer de me traîner encore pour flanquer des coups de pieds dans l'entrée des voisins. Ils seraient sortis, ils m'auraient sauvée. Mais je ne le pouvais pas, l'homme me paralysait. Je sentais son souffle contre ma nuque et j'entendais sa respiration activée par la course. A ce moment-là, de sa main libre il a brandi un couteau devant moi, une sorte de canif avec une lame minuscule, qu'il a approché de mon cou. Il allait m'égorger avec ça, c'était épouvantable. Et, en même temps que je me voyais perdue, que j'étais au comble de la terreur, je pensais : « C'est une arme inoffensive, il ne peut pas me faire de mal avec ce couteau-là. » Pourtant cela ne calmait pas ma frayeur et je me suis réveillée en sursaut, couverte de transpiration, complètement bouleversée.

Se remémorer les images d'un rêve comme on regarde un film et entendre sa propre voix raconter ce rêve, cela équivaut à vivre deux moments complètement différents et pourtant il s'agit de la même histoire. Ainsi je me suis entendue, avec étonnement, donner plein de détails sur le début du rêve, je m'appliquais à décrire minutieusement la maison, la cage d'escalier avec ses carreaux de faïence à arabesques. Le film, lui, serait passé en quelques secondes, un simple flash, là où mes mots s'attardaient, insistaient. Pourquoi?

Je me suis rappelé alors une cage d'escalier de mon enfance toute semblable à celle de mon cauchemar. C'était au début de la guerre, j'avais dix ans et depuis quelques jours ma mère avait décidé que j'irais en classe toute seule. C'était l'époque où, dans un vertige, je découvrais la rue, où je me heurtais aux ficus de la rue Michelet parce que je ne savais pas marcher seule. J'avais l'habitude qu'on me conduise, qu'on me tienne par la main, je ne savais pas regarder devant moi.

A la sortie de l'école un homme m'avait suivie sans que je m'en aperçoive. Je n'imaginais même pas que de tels hommes puissent exister. Je me souviens, c'était l'été, j'avais une robe de toile dont les larges rayures bleues et blanches faisaient de gros chevrons. Elle était très jolie. Elle m'allait bien et j'avais souvent regardé mon reflet dans les glaces des vitrines pour voir l'effet qu'elle produisait. Grâce à elle je me sentais fraîche dans la chaleur et alerte.

L'homme s'était glissé derrière moi dans l'immeuble et il m'avait rejointe dans les escaliers. Des escaliers tapissés de carreaux de faïence blanche à arabesques vertes. Dès que j'ai senti la présence de l'homme j'ai eu très peur, une peur inexplicable. C'était un monsieur d'une quarantaine d'années, très correctement vêtu d'un pardessus clair, une sorte d'imperméable. Il avait un visage banal avec des yeux bleus et des cheveux blondasses, rien d'extraordinaire Pourtant il me faisait horreur. Il s'est mis à me parler, il me demandait mon nom, il faisait des sourires mielleux, fourbes, il respirait fort. Je ne comprenais pas son regard, je le trouvais opaque. Il soufflait comme un bœuf. Ma voix ne parvenait pas à sortir de ma gorge, j'aurais pourtant voulu dire qu'il me laisse tranquille. Il a fait semblant de m'aider à porter mon cartable, histoire de me frôler. Cela, je l'ai très bien compris et j'ai refusé son aide d'un coup de coude. Alors il s'est approché de moi de telle sorte que je me suis trouvée coincée contre la rampe, je ne pouvais plus monter. Ensuite, avec des gestes dégoûtants, il s'est mis à caresser mon torse, cherchant des seins que je n'avais pas, et mes fesses dures, hautes et musculeuses comme en ont les enfants qui sont en train de grandir. Je n'ai pu supporté ce contact. En soufflant encore plus fort et d'une manière saccadée il s'est mis à farfouiller dans son pantalon, du côté de sa braguette. Alors j'ai bondi et, m'agrippant à mon cartable comme à un fusil, j'ai grimpé les escaliers quatre à quatre. L'homme, surpris par mon départ, a d'abord perdu du terrain puis il s'est ressaisi et s'est mis à monter lui aussi à toute vitesse mais en m'insultant maintenant : « Petite salope, petite putain, je vais te rentrer dedans. » J'étais une flèche de peur. Trois longs étages à escalader... La sonnette était haute, il fallait que je pose mon cartable et que je me hisse sur la pointe des pieds pour l'atteindre. Je n'en avais pas le temps. Je me suis ruée sur la porte et j'ai tambouriné contre elle tant que j'ai pu, de mes pieds et de mes poings. Mais l'homme m'avait rattrapée et pendant que je mettais toute mon énergie à taper contre les battants de bois, je sentais sa main dégueulasse qui avait repoussé ma culotte et ses doigts qui entraient dans mes fesses et se tortillaient là, dans cet endroit sacré, honteux, précieux, sale, dont on ne parlait jamais. Des bruits de pas dans le hall d'entrée. « Petite putain, je vais te rentrer dedans. » Mon Dieu il va me tuer, sauvez-moi ! L'homme continuait son travail, il m'écorchait, me blessait avec son doigt, il ne m'a lâchée qu'au dernier moment. Quand la porte s'est ouverte le salopard dévalait les escaliers, il était déjà loin. Et moi, dans les bras de Nany, j'étais secouée par une formidable crise de nerfs.

Je n'avais pas oublié l'aventure elle-même mais j'en avais oublié tous les détails. Mon cauchemar me les a rendus et avec eux, intacts, le dégoût, la nausée, que cet homme avait provoqués et la peur intense de ce doigt qui me fouillait. Ce doigt qui n'était qu'un doigt après tout, qui n'était pas une arme...

J'étais là sur le divan, agitée par les mots qui sortaient de ma bouche, habitée par une intense excitation intérieure, mais calme apparemment, presque endormie, comme le chat qui guette l'oiseau. Je sentais que j'étais sur une voie importante : le doigt de l'étranger, le canif du fellagha, cela ne pouvait pas me tuer et pourtant j'avais été terrorisée par la mort qu'ils pouvaient me donner. Quelle mort?

Il fallait que j'aille plus loin. Le chemin était devant moi, la direction elle-même était indiquée : peur d'une certaine mort, de la mort que l'homme donne à la femme. Peur ancienne ravivée en moi par le cauchemar. Peur éprouvée dans mon rêve par ma mère et peut-être aussi par les autres femmes.

Jusqu'à ce jour, et malgré l'analyse de mon rêve, je n'avais pas conscience d'avoir peur des hommes. Je m'agitais sur le divan du docteur, j'hésitais à prendre cette voie, je ne me sentais pas concernée par ce problème. D'accord, j'avais eu peur de l'homme dans l'escalier mais, depuis, jamais un homme ne m'avait effrayée, au contraire, d'eux étaient venus la seule tendresse, le seul amour qu'on m'ait jamais donnés. Je n'avais pas peur du sexe des hommes.

Le canif... Le doigt... Ma peur... La peur de ma mère... La peur des autres femmes... Peur d'une mort qui ne serait pas la mort physique? Mais quelle mort, bon sang!

Par où commencer? Ma mère qui était là, dans mon rêve, comme le porte-parole des autres femmes. Elle seule m'avait adressé la parole. Ma mère... Les hommes... Moi... Ma mère... Ma mère...

Elle avait divorcé à l'âge de vingt-huit ans et, pour pouvoir continuer à recevoir les sacrements, elle avait fait vœu de chasteté. Je ne crois pas qu'elle ait jamais rompu ce vœu. Elle était belle, intelligente, passionnée, inaccessible et... elle attirait les hommes. J'avais ressenti cette attraction tout au long de mon enfance. Je détestais ceux qui l'approchaient de trop près. J'étais jalouse mais je ne le savais pas. Je pensais que les hommes allaient la détourner de la bonne voie, celle qui mènerait au paradis...

... A la ferme, le grand salon, qui avait plus de vingt mètres de long, était une ancienne véranda que l'on avait fermée. Aussi ma chambre, avec ses deux fenêtres, donnait-elle d'un côté sur le jardin et de l'autre sur le grand salon, car on n'avait pas muré les anciennes ouvertures de la véranda. Elles servaient désormais de bibliothèque ou de vitrines.

Les nuits où je ne pouvais pas dormir à cause de la chaleur et de mes mauvaises pensées, il m'arrivait d'entendre une belle musique : la musique de ma mère. Je me levais et, sur la pointe des pieds, j'allais me tapir dans l'alcôve que formait la fausse fenêtre close par des rideaux du côté de ma chambre et encombrée d'objets et de bibelots du côté du salon. J'épiais ma mère. Elle était seule et elle arpentait la longue pièce. Si bien qu'à chacun de ses passages je pouvais voir nettement l'expression de son visage et cela me flanquait un coup au cœur. Ses traits étaient libres. Ses yeux presque fermés, sa bouche entrouverte, laissaient filtrer un plaisir, une satisfaction, intenses. Je la trouvais indécente.

Les tapis de haute laine buvaient le bruit de ses pas. Seule la musique régnait, elle venait d'un haut phonographe qui ressemblait à une église anglaise. Quand un disque était terminé ma mère en mettait un autre, je les aimais tous. C'était du jazz. Je ne comprenais pas quels liens il pouvait y avoir entre elle et ces rythmes. C'était de la musique qui venait du ventre, des reins, des cuisses, toute une région du corps que ma mère ne pouvait pas connaître, ne devait pas connaître. Il me semblait que je la surprenais en flagrant délit de péché, je n'aurais su dire pourquoi. Surtout quand elle faisait jouer deux chansons : « *Tea for two...* » et « *Night and day.* »... « Day and night ». Je connaissais les paroles par cœur... « Si tu pars au loin qu'importe, puisqu'en moi tendrement je t'emporte O mon amour... » Ces mots! La voix de la chanteuse noire, comme un miaulement âcre! J'étais bouleversée. Qu'étaient les hommes dans la vie de ma mère?...

— Serais-tu contente que Roland devienne ton papa?

— ...

C'était l'été à la Salamandre. Roland, ce fringant officier veuf dont elle venait de parler, était là tous les jours avec son uniforme, ses bottes, la peau du visage luisante comme une couenne bien rasée. Je le haïssais. Je n'en voulais pas pour père et surtout je n'en voulais pas pour homme de ma mère. Il me semblait qu'il lui faisait du mal. Je sentais qu'elle n'était pas heureuse. L'anxiété, l'agitation qui s'étaient emparées d'elle depuis que Roland avait fait son apparition dans notre vie me troublaient. Et pourtant elle affichait un enjouement d'amoureuse comblée.

Sur la plage je m'éloignais souvent du groupe des enfants et des nurses et je faisais semblant d'aller jouer derrière le parasol à l'ombre duquel ma mère et ses amies bavardaient. Ainsi je pouvais les écouter sans être vue. Il n'était question que du prochain mariage de Roland avec ma mère. C'était épouvantable, ma gorge se serrait à m'étouffer. Elles parlaient de vêtements, de cérémonies, de réceptions. Le mariage était pour octobre, après les vacances. Ainsi, elle faisait semblant de me demander mon avis alors que tout était déjà fixé! Je me suis mise à pleurnicher sans arrêt. « Cette enfant est nerveuse, je me demande ce qui lui prend. »

Heureusement nous partions pour l'Europe. Une fois là-bas je ne reverrais plus « le beau saint-cyrien » comme disait ma grand-mère, avec ses gants beurre frais, son stick et sa suffisance. Il me tapotait machinalement les joues pour me dire bonjour. Je savais que je ne l'intéressais pas. Sans compter que sa femme était morte en lui laissant deux bébés dont ma mère raffolait, deux larves blondinettes que je détestais. Enfin j'ai pris le bateau seule avec ma mère. Nany et mon frère n'étaient pas là. Plus de Roland entre elle et moi.

Nous devions passer une nuit au grand hôtel de Port-Vendres avant de prendre le train pour Paris. Pourquoi un itinéraire si compliqué? Arrivées à l'hôtel, un groom vêtu d'un uniforme rouge, avec un drôle de chapeau sur la tête, une sorte de boîte à bonbons rouge et or, a pris nos bagages et nous a montré le chemin de nos chambres. Un escalier avec de hautes marches et, au milieu, un tapis fixé par des tringles de cuivre. Le groom monte devant ma mère, je ferme la marche. Des palmiers en pot le long de la rampe, un tournant. Je lève les yeux et je vois sur le palier, encadrant le tapis rouge, deux bottes cirées. Roland! Il était là! C'est pour cela qu'elle n'avait emmené que moi! Pour cela qu'elle avait changé de ligne! Ma gorge s'est contractée, un orage s'est mis à gronder dans mon corps. Non, pas lui, pas cet homme ici! J'ai commencé à me plaindre, j'avais mal au ventre, je vomissais. Je ne sais pourquoi ma mère m'avait installée sur un pot de chambre, en plein milieu de la pièce, devant cet homme! La situation était insupportable!

J'ai redoublé de hurlements et de larmes.

— Je vais appeler un médecin. Roland, je vous demande de partir. Ce ne serait pas correct qu'on vous trouve dans ma chambre.

— Moi qui me promettais une si belle soirée!

— Que voulez-vous mon ami, c'est comme ça avec les enfants.

Il m'a semblé ce soir-là qu'elle me soignait encore mieux que d'habitude. Elle paraissait soulagée, plus légère, elle chantonnait dans la salle de bains. Le lendemain matin nous sommes parties et je n'ai plus jamais revu Roland.

... Plus tard, j'avais huit ou neuf ans, un autre monsieur est devenu à son tour un habitué de la maison. Un bellâtre celui-là, plus âgé, le cheveu gris gominé, la chevalière au doigt, la bedaine naissante, parisien : Gaël de Puizan. Mi-homme du monde, mi-homme d'affaires.

Même scénario : « Gaël sera peut-être un jour ton père, si tu le veux. »

Le monsieur avait su se faire plus pressant, il avait dû réclamer un rendez-vous en dehors de la maison familiale. Encore une fois elle m'a emmenée seule avec elle sans me dire le véritable but de la promenade. Nous marchions le long d'une route de campagne française. Elle me tenait par la main. Elle sentait bon, elle avait particulièrement soigné sa toilette et la mienne.

J'étais assez grande pour comprendre exactement de quelle nature était le trouble qui l'avait agitée quand elle avait vu une voiture arriver au loin, ralentir et stopper à notre hauteur. Gaël la conduisait, il était seul. Je n'oublierai jamais la manière dont il m'a regardée. Ah s'il avait pu me renvoyer! Il a compris ce que ma présence signifiait et j'ai su que je servais de paravent à ma mère, d'écran entre elle et ses amoureux.

Là, sur le divan, je devinais que la religion de ma mère avait bon dos, que ce n'était pas seulement elle qui la déchirait, qui l'empêchait d'aller vers ces hommes dont elle avait sûrement envie. Elle avait peur d'autre chose. La peur du cauchemar.

J'ai commencé à penser comme je ne l'avais jamais fait à ce que c'était que d'être une femme. J'ai pensé à nos corps, le mien, celui de ma mère, celui des autres. Toutes pareilles, toutes trouées. J'appartenais à cette gigantesque horde d'êtres percés, livrés aux envahisseurs. Rien ne protège mon trou, aucune paupière, aucune bouche, aucune narine, aucun guichet, aucun labyrinthe, aucun sphincter. Il se cache au creux d'une chair douce qui ne répond pas à ma volonté, qui est incapable de la défendre naturellement. Même pas un mot pour le protéger. Dans notre vocabulaire les mots qui désignent cette partie précise du corps de la femme sont laids, vulgaires, sales, grossiers, grotesques ou techniques.

Jamais je n'avais pensé à la protection que constituait l'hymen, au vide qui se créait quand la fine membrane cédait en saignant sous les coups de boutoir des hommes, livrant désormais passage à n'importe quoi... au doigt, au canif. Pourrait-il naître de là une peur essentielle, vieille comme l'humanité, inconsciemment subie, oubliée? Une peur que les femmes seraient seules à ressentir, qu'elles seraient seules à comprendre, qu'elles se transmettraient instinctivement, qui serait leur secret? Une peur que l'on attribuerait à l'introduction violante des hommes, mais qui serait, en fait, bien plus vaste et profonde que cela. Une peur inventée par les femmes, enseignée aux femmes par les autres femmes. Peur de notre vulnérabilité, de l'incapacité absolue où nous sommes de nous fermer complètement. Quelle femme peut empêcher son enfant de glisser hors d'elle en la déchirant? Quelle femme peut empêcher un homme qui le veut vraiment de la pénétrer et de déposer en elle sa semence étrangère? Aucune.

Quand quelque chose se passe au cours d'une séance de psychanalyse, cela se passe très vite. Depuis l'instant où les arabesques du rêve avaient appelé les arabesques de la réalité, jusqu'à la question : pourquoi avoir peur de ce qui ne fait pas mal? et la vision ensuite d'un être troué, quelques minutes à peine s'étaient écoulées.

Pourquoi ne pas avoir choisi d'analyser les cariatides de l'immeuble de mon rêve, ou ses volets, plutôt que la cage d'escalier. Pourquoi m'attacher au canif plutôt qu'au fellagha, ou aux femmes vêtues de noir, etc.? Pourquoi avoir choisi certains détails et pas les autres? Parce que je sentais l'inconscient peser là où je suis allée. Dans le rêve seul le petit canif était une énigme pour moi et, dans ma narration chez le docteur, seule mon insistance sur la description de la cage d'escalier était surprenante. Mon inconscient s'était signalé dans ces deux points précis, l'un pendant le sommeil, l'autre en état de veille. J'avais pris une grande habitude de le côtoyer. Je savais parfaitement maintenant quand il manifestait sa présence et quand j'entrais en contact avec lui.

J'étais là, allongée, le docteur se taisait comme d'habitude. Encore une fois je me trouvais en possession d'une nouvelle trouvaille. Mais, pour la première fois, cette trouvaille me laissait perplexe. Je la sentais étrangère au traitement psychanalytique.

Ce n'était pas dans le bureau bien calfeutré du petit docteur qu'elle me servirait. Il fallait que je m'en aille.

Cela faisait sept ans que je venais ici. Sept ans pour exister! Sept ans pour me trouver! Sept ans qui s'étaient écoulés en un lent mouvement parfaitement équilibré. J'avais trouvé la santé d'abord. Puis mon caractère m'était apparu peu à peu, j'avais découvert mon individualité, j'étais devenue une personne. Puis, grâce à mon anus, j'avais compris que tout était important et que ce que l'on appelle sale, petit, honteux, pauvre, ne l'était pas en réalité, que c'était l'échelle des valeurs utilisée par mon milieu social qui avait jeté un voile hypocrite sur certaines personnes, certaines pensées, certaines choses, faisant ainsi mieux ressortir le propre, le grand, le brillant et le riche. Maintenant je découvrais mon vagin et je savais qu'il en serait désormais avec lui comme avec mon anus : nous allions vivre ensemble comme je vivais avec mes cheveux, mes doigts de pied, la peau de mon dos, toutes les parties de mon corps, comme je vivais avec ma violence, ma dissimulation, ma sensualité, mon autorité, ma volonté, mon courage, ma gaieté. Harmonieusement, sans honte, sans dégoût, sans discrimination.

J'étais certaine que ce serait hors de l'impasse que je découvrirais le véritable sens de ma trouvaille. J'ai dit au revoir au petit docteur ce jour-là en sachant que bientôt je ne reviendrais plus.

C'est en effet à l'extérieur, dans la rue, dans les magasins, au bureau, à la maison, que j'ai compris ce que c'était que d'avoir un vagin, d'être une femme. Jusque-là je n'avais jamais mis en cause la notion de féminité, cette qualité spécifique de certains êtres humains qui ont des seins, des cheveux longs, des visages maquillés, des robes et d'autres avantages coquins et mignons dont on parle peu ou pas du tout. Certains êtres qui évoluent dans les tons pastels, le rose surtout, le bleu pâle, le blanc, le mauve, le jaune poussin, le vert mousse. Certaines personnes dont le rôle sur la terre est d'être la servante du seigneur le divertissement du guerrier, et la maman. Parées, parfumées, ornées comme des châsses, fragiles, précieuses, délicates, illogiques, avec des cervelles d'oiseau, disponibles, le trou toujours ouvert, toujours prêt à recevoir et à donner.

C'était faux! Moi, je savais ce que c'était qu'une femme. J'en étais une. Je savais ce que c'était que de se lever le matin avant les autres, de préparer le petit déjeuner, d'écouter les enfants qui veulent tous dire quelque chose en même temps, vite. Les repassages de l'aube, les raccommodages du petit matin, les devoirs et les leçons de l'aurore. Puis la maison vide et une heure à travailler comme une forcenée pour faire un minimum de ménage, trier le linge sale, humecter le linge propre, préparer les légumes des repas de la journée, récurer les W.-C. Se laver, se coiffer, se maquiller, s'arranger — si on ne le fait pas, on a mauvaise conscience : « Une femme doit toujours être propre et agréable à regarder. » Accompagner les plus petits à la crèche ou à la maternelle. Ne pas oublier le panier pour faire les courses tout à l'heure. Aller au travail. Le seul travail qui compte, celui pour lequel on est payée, celui sans lequel ce serait la misère noire. Revenir pour le repas de midi. Les plus vieux restent à la cantine, la plus jeune est là. Il faut lui donner de l'affection, qu'elle sente la présence chaude de sa mère. Les plus vieux s'occuperont d'elle dans la soirée. Pourvu qu'ils ne fassent pas de bêtises, qu'ils ne jouent pas avec les allumettes, qu'ils ne traversent pas sans regarder. Repartir avec les paniers. Les ordres des supérieurs reçus et exécutés le plus vite possible, le mieux possible. Les courses du soir. Pas un sou dans la poche. Ça ne fait rien. Se débrouiller pour faire tout de même un repas appétissant et bon : « Un bon repas ça fait passer toutes les misères. » Les paniers qui tirent les bras. La fatigue qui commence à ronger la tête et les reins. Aucune importance : « Les femmes doivent payer par de la peine le bonheur de mettre des enfants au monde. » Rentrer. Ecouter tout le monde. Préparer le dîner. Etendre le linge. Laver les enfants, surveiller leur travail. Mettre sur la table la bonne soupe fumante. Faire rissoler les beignets aux pommes pendant qu'ils finissent leurs nouilles. Les jambes lourdes. Le sommeil plein la cervelle. La vaisselle. Voir comme autant de reproches les marques de doigts sur les murs et les portes, les vitres poussiéreuses, le tricot qui n'avance pas : « Comme on fait son lit on se couche, ma fille. A femme sale, maison sale. » Je ferai tout ça dimanche, je ferai tout ça dimanche. Le lendemain ça recommence : tirer les meubles, à quatre pattes pour nettoyer le sol, porter les paniers, soulever les petits, courir, compter et recompter sans cesse les quelques sous sans lesquels on ne peut rien acheter. Regarder dans la vitrine la belle robe qui vaut plus d'un mois de salaire... Et se faire baiser quand on n'a envie que de dormir, de se reposer. Avoir mauvaise conscience à cause de cela, jouer le jeu, regretter de ne plus pouvoir en profiter, craindre une autre grossesse. Chasser ces mauvaises pensées égoïstes : « Il faut être autant épouse que mère si tu veux avoir un bon mari. » Combien de jours avant mes règles? Est-ce que je ne me suis pas trompée dans mes calculs, est-ce qu'il a fait attention? Combien de jours avant la fin du mois? Est-ce que j'aurai assez d'argent? Est-ce que j'y arriverai? Mon Dieu, un enfant qui crie! c'est la plus petite. Pourvu qu'elle ne soit pas malade, j'ai déjà trop manqué cette année au bureau avec la rougeole de l'aîné et la grippe de l'autre, je vais finir par me faire mal voir. Jaillir du sommeil, se dresser dans la nuit. La nuit des immeubles de béton, les pleurs, au loin, d'autres enfants qui font des cauchemars, la chasse des voisins qui rentrent tard, les éclats de voix au troisième du monsieur qui est soûl et qui gueule après sa femme. Dormir. Dormir.

C'est ça avoir un vagin. C'est ça être une femme : servir un homme et aimer des enfants jusqu'à la vieillesse. Jusqu'à ce qu'on vous conduise à l'asile où l'infirmière vous recevra en vous parlant petit nègre, comme on parle aux enfants, aux innocents, en gâtifiant : « Elle va être bien là la mémé ! C'est pas vrai la mémé ? »

C'est vrai que, dans la vie de la vieille femme, il y a eu souvent l'arc-en-ciel du rire de ses enfants, le vieil or de l'amour, parfois le rose de la tendresse. Mais il y a eu surtout le rouge de son sang, le noir de sa fatigue, le marron-caca et le jaune-pisse des couches et des slips de ses petits et de son homme. Et puis le gris de la lassitude et le beige de la résignation.

Ah oui, vraiment, la conscience de ma spécificité féminine m'en avait fait découvrir de belles ! Le château de cartes dont je me moquais il n'y a pas si longtemps, dont je croyais m'être débarrassée en lançant (un peu maladroitement) des « merde » et des « crottes » et des « chieries », ce château que je croyais abattu, tenait toujours bon, ses bases étaient intactes ! C'est maintenant seulement que je me rendais compte que je n'avais jamais vraiment lu un journal, jamais vraiment écouté les nouvelles, que j'avais pris la guerre d'Algérie pour une affaire sentimentale, une triste histoire de famille digne des Atrides. Et pourquoi cela ? Parce que je n'avais aucun rôle à jouer dans cette société où j'étais née et où j'étais devenue folle. Aucun rôle sinon donner des garçons pour faire marcher les guerres et les gouvernements et des filles pour faire, à leur tour, des garçons aux garçons. Trente-sept ans de soumission absolue. Trente-sept ans à accepter l'inégalité et l'injustice sans broncher, sans même les voir !

C'était effrayant ! Par où commencer ? Est-ce que je ne perdais pas de nouveau la tête ?

Un creux. Un grand creux. La nécessité de reprendre des séances plus régulières. De nouveau une vague de colère contre le petit docteur :

— Je me suis sortie du carcan de la pensée bourgeoise pour retomber dans un autre carcan, celui de l'analyse. C'est la même chose : un système qui emprisonne les gens et dont vous êtes un des gardes-chiourme.

— Au moins en êtes-vous consciente.

Il avait raison ce crétin! Si je ne voulais pas y aller je n'avais qu'à ne pas y aller. Toutes ces histoires de justice et d'injustice, d'égalité et d'inégalité, c'était à moi de les régler. Est-ce que je pouvais être une femme comme avant? Non. Cesser ma progression maintenant c'était accepter de retrouver la folle entre le bidet et la baignoire, me recroqueviller avec elle, en elle, et me livrer définitivement à la chose. Pour rien au monde!

Alors que faire? Comment m'y prendre?

Quelle agitation, quelle solitude, quelle maladresse, quel désarroi!

Un autre cauchemar est venu me délivrer.

J'étais sur une plage avec Jean-Pierre et nos meilleurs amis. Encore André et Barbara et aussi Henri et Yvette, un autre couple dont l'intégrité n'acceptait jamais le moindre compromis. Henri surtout nous faisait parfois rire et forçait notre affection par son honnêteté tatillonne et intransigeante. Il avait été chassé d'Algérie par l'O.A.S.

Nous étions donc là, tous les six, sur une magnifique plage de l'Océan large et blonde (une plage semblable à celle où Jean-Pierre avait emmené une femme, un jour), battue par de grandes vagues. Il faisait un temps splendide. La mer était forte mais pas méchante, le soleil faisait étinceler l'écume sur la crête des lames qui se brisaient. Nous nous amusions à sauter, à plonger dans l'eau vive et tourbillonnante, couverte d'une mousse légère qui se diluait en dentelle irrégulière. J'aime la mer, m'y enfoncer, y nager, m'y ébrouer, m'y rouler comme un chien dans la poussière.

J'étais heureuse là, dans l'eau, avec Jean-Pierre et mes amis. Nous affrontions les vagues, nous descendions vers elles, elles se dressaient, plus hautes que nous et, au dernier moment, nous y plongions. Je connaissais ce jeu depuis mon enfance, j'y étais très habile. Plus habile que les autres qui poussaient des cris, buvaient la tasse en riant ou fuyaient devant le gros rouleau d'eau qui se tenait debout comme un mur avant de s'effondrer sur nous.

Soudain, une splendide lame, plus haute que les autres, m'a soulevée et m'a fait basculer en elle cul par-dessus tête, m'a roulée dans une profusion de bulles et de remous et m'a finalement abandonnée, un peu brutalement, en haut de la plage, tout près du sable sec. J'étais là, abasourdie, ravie, essayant de retrouver mon souffle. Je sentais avec délice le sable qui glissait sous moi, entraîné par le reflux de la vague, creusant sous mon dos et mon bassin une véritable baignoire. C'est alors que j'ai vu, avec horreur, un immense serpent enroulé autour d'une de mes cuisses et dont la tête se dressait haut entre mes jambes. C'était un magnifique serpent avec des reflets bleus et verts, un peu comme du bronze. Il se dressait simplement, il ne m'attaquait pas mais il me terrifiait et, de mes deux mains, j'essayais en vain de le repousser, il était dur et vigoureux et je ne pouvais rien faire pour m'en délivrer. Les amis s'étaient regroupés autour de moi et riaient :

— C'est un serpent inoffensif. N'aie pas peur. Il a plus peur que toi.

En effet le serpent avait disparu comme il était

venu, sans me faire le moindre mal. Mais je restais bouleversée, mal à mon aise, inquiète. De retour à la maison j'ai raconté mon histoire à un vieil ouvrier qui travaillait dans le jardin.

— Vous n'avez rien à craindre de ces serpents-là. Il y en a plein partout dans le pays, ils ne vous attaqueront jamais. D'ailleurs ils n'ont pas de venin.

Tout de même, je n'arrivais pas à retrouver mon calme et je me suis allongée sur un lit recouvert de velours bleu-vert assez sombre. J'étais couchée sur le côté, ma tête appuyée sur ma main (la position de Jean-Pierre quand il lisait mes premières pages) et, dans mon rêve, j'analysais ma peur. Le serpent : la peur du sexe masculin. Aucune raison d'avoir peur du serpent : aucune raison d'avoir peur du sexe des hommes. D'ailleurs je n'en avais pas peur. Il n'y avait donc aucune raison pour que j'aie peur du serpent.

Soudain je vois, contre mon coude, lové sur lui-même, bleu-vert comme le dessus-de-lit, un serpent semblable à celui de la plage, la tête dressée, la gueule ouverte. Ce coup-là ce n'était pas entre mes cuisses qu'il se trouvait mais tout près de ma tête. Ça le rendait encore plus dangereux. Un seul coup de son dard à ma tempe et je suis morte. La panique, l'épouvante! Le serpent si près de moi, sa bouche béante et son fisson qui gigote, qui entre et qui sort sans arrêt. Il me semble que la peur me paralyse, m'empêche de fuir. Je suis là sans rien faire, terrorisée, incapable de bouger, interminablement. Pourtant, tout à coup, d'un mouvement rapide, mon bras se détend, j'attrape le serpent par le cou, juste sous la bouche, et je serre. En même temps je me mets debout. Le serpent se débat au bout de mon bras, sa queue fouette l'air. Où aller? Que faire? Je n'aurai pas la force de serrer longtemps comme ça. Et il n'a pas l'air d'étouffer, il se tortille même comme un forcené. Ma peur est intense. Je pense que ma hardiesse va me coûter cher, que le serpent, cette fois, va se venger.

Je cours vers la salle de bains. Jean-Pierre est dans la baignoire. Il me regarde gravement entrer, moi, avec le serpent à bout de bras et l'effroi dans mes yeux, dans tout mon être. Je vais vers lui. Je suis avec lui dans l'eau tiède et bienfaisante du bain. Alors il met ses doigts en face des miens sur le cou du serpent. Il tire jusqu'à ce que la gueule se déchire. Il tire encore jusqu'à ce que le serpent se divise en deux belles lanières, deux rubans de bronze souple. Calme.

Ben oui! C'était pas plus difficile que ça! Pas plus compliqué que ça à comprendre! Cette peur qui me paralysait, qui paralysait ma mère et les femmes en noir, ce n'était pas la peur du phallus, du vit, du chibre, c'était la peur du pouvoir de l'homme. Suffisait de le partager ce pouvoir pour que la peur s'éloigne. J'étais certaine que c'était ça la signification de mon rêve.

Et, pour ma part, si je voulais jouer un rôle dans la société, il fallait que je commence par ce qui était à ma portée, ce que je connaissais le mieux : Jean-Pierre et les enfants, nous cinq, une famile, un microcosme, le ferment d'une société.

Cette solution c'était la mienne, j'en étais certaine. Il y avait certainement d'autres manières de s'y prendre mais je savais que celle-là seule me convenait. L'analyse m'avait donné l'habitude de penser d'une certaine façon, de m'enfoncer dans mes idées, l'une appelant l'autre, jusqu'à ce que j'arrive au plus simple, au plus direct. Et, le plus simple, pour moi qui venais de découvrir le mot « politique » et une petite partie de son contenu, qui venais de comprendre, au bout de sept années de mise au monde, jusqu'à quel point ma vie était relative à une société organisée, le plus simple c'était de commencer par construire de véritables relations entre Jean-Pierre et moi et entre Jean-Pierre, les enfants et moi.

Quel travail! L'hypocrisie et le mensonge grouillaient partout. Les mots et les gestes les plus quotidiens étaient des masques, des déguisements, des chienlits. Et notre imagination là-dedans où était-elle passée? Amputée! Même celle des enfants s'était presque totalement effacée pour laisser la place à l'imagination toute faite dont on les affublait à l'école et à la maison. Car, en leur parlant comme je leur parlais, en les habillant comme je les habillais, en vivant comme je les faisais vivre, je leur imposais ma loi, mes idées, mes goûts. Je me suis rendu compte que je les écoutais peu et mal et que, par conséquent, je les connaissais mal. Grâce à eux j'ai recommencé à apprendre à marcher, à parler, à écrire, à lire, à compter, à rire, à aimer, à jouer.

C'était exaltant, mes journées étaient trop courtes!

Quelle pagaille! Toutes les portes ouvertes, toutes les amarres larguées. QUEL BONHEUR!

Ce coup-là le château de cartes s'écroulait vraiment.

XVI

Pendant cette dernière année de mon analyse ma mère vivait son agonie. Je ne m'en doutais pas.

Sur le brouillon de mon manuscrit j'ai fait un lapsus, j'ai écrit « ma mère vivait son analyse » au lieu de « ma mère vivait son agonie ». Ce n'est évidemment pas par hasard si j'ai fait cette confusion. Car je pense qu'une analyse bien conduite doit mener à la mort d'une personne et à la naissance de cette même personne nantie de sa propre liberté, de sa propre vérité. Il y a entre celle que j'étais et celle que je suis devenue une distance inestimable, si grande qu'il n'est même plus possible d'établir une comparaison entre ces deux femmes. Et cette distance ne fait que s'accroître car une analyse ne se termine jamais, elle devient une manière de vivre. Pourtant la folle et moi nous ne sommes qu'une seule et même personne, nous nous ressemblons, nous nous aimons, nous vivons bien ensemble.

Ainsi, quand ma mère s'est trouvée projetée, à soixante ans passés, hors de son univers, quand, à cause de la guerre d'Algérie, elle a dû remettre en question toute sa vie, elle a préféré mourir. Le bouleversement était trop grand, elle ne se sentait pas capable de l'assumer, c'était trop tard pour elle. Je crois que c'est lorsqu'elle a inconsciemment analysé le contenu du mot « paternalisme » que tout a basculé pour elle. Elle disait souvent avec irritation : « Il vaut tout de même mieux être paternaliste que rien du tout, comme ceux qui nous donnent des leçons aujourd'hui. Les Arabes, moi, il y a quarante ans que je les soigne. Ils ne peuvent pas en dire autant ceux qui nous traitent de paternalistes. » Elle avait très bien compris que dans ce mot terrible se trouvait la condamnation de ce qui avait été sa raison d'être, son excuse, sa justification : la charité chrétienne. Quand elle se défendait c'était comme si elle criait grâce.

Lorsque ma mère et ma grand-mère étaient venues vivre en France, nous avions habité le même immeuble de banlieue, deux appartements sur le même palier communiquant par le salon.

Ma psychanalyse avait commencé depuis plus d'un an mais j'étais encore si malade, si endormie dans mon cocon, que j'avais bien pris ces retrouvailles, je me réjouissais même de la présence de ma mère. Elle m'aiderait à m'occuper des enfants et à tenir la maison. Sans compter que ma grand-mère arrondirait certainement les fins de mois difficiles.

Au début du traitement le docteur m'avait prévenue : « J'ai le devoir de vous avertir qu'une psychanalyse risque de bouleverser totalement votre vie. » Et j'avais pensé : quel bouleversement pouvait-il se produire dans ma vie? J'allais peut-être divorcer car c'était à partir de mon mariage que la chose s'était installée. Tant pis, je divorcerais. On verrait bien. A part ça je ne voyais pas ce que l'on pouvait changer d'autre dans ma vie...

Deux ou trois ans sont passés comme cela, dans cette cohabitation quasi totale. Deux ou trois ans au cours desquels j'ai commencé à prendre conscience que je venais au monde. Deux ou trois ans au cours desquels j'ai exprimé, dans l'impasse, ma haine sourde pour ma mère, sentiment que j'avais jusque-là tenu caché comme une tare. Du coup, mes rapports avec elle ont changé de sens. Maintenant que l'analyse me rendait plus forte, plus sage et plus responsable, je découvrais la fragilité de ma mère, son innocence et son côté victime. Elle qui n'avait pas avec moi des rapports importants — uniquement les rapports stéréotypés d'une mère dont la fille a passé la trentaine et est, elle-même, officiellement « mère de famille nombreuse », avec la carte de 30 % de réduction sur les voyages en train — a senti le changement. Pourtant nous ne nous parlions pas. Elle ne m'a jamais parlé sauf pour me raconter son avortement raté, quant à moi il y avait belle lurette que j'avais abandonné la recherche de la communication avec elle. Je suis certaine que si, à cette époque, j'avais voulu la rejoindre, je l'aurais pu. Dans le calme qui suit le combat, dans le désenchantement et la lassitude de la bataille perdue, dans la grisaille de la France, ce pays-chef détesté auquel elle avait sacrifié son soleil bien-aimé, elle était en proie à un tel désordre que le moment était propice pour une rencontre. Mais je n'en avais plus envie. Je ne faisais que constater sa faiblesse, son ignorance. Je la trouvais pitoyable, je n'avais pas le temps de m'occuper d'elle, j'avais trop à faire à me délivrer de la chose.

Or la chose était justement le seul lien qui nous unissait. Elle la connaissait, elle me l'avait transmise. Au plus fort de ma maladie elle la voyait briller comme un trésor et elle s'approchait de moi avec respect et peut-être même avec amour. Mes tremblements, ma sueur, mon sang, mon mutisme ne la rebutaient pas. Elle s'y intéressait comme elle ne s'était jamais intéressée à aucune autre de mes manifestations. Et quand il est devenu évident que l'emprise de la chose sur moi se faisait moins puissante, quand elle a senti que la chose perdait pied, son désarroi est devenu encore plus grand. Non seulement l'Algérie lui échappait mais la folle aussi, son enfant malade, son bébé anormal, son fœtus torturé. Alors, par un effort considérable et imprévisible, elle a changé d'attitude, elle a essayé de se mettre dans mon sillage, de s'accrocher à moi comme un wagon. Je ne l'ai pas laissée faire. Pourquoi a-t-elle fait cette tentative? Par instinct de conservation? Par intérêt? Par amour? Je ne le saurai jamais.

Ma grand-mère est morte. Elle seule pouvait rendre vivable la cohabitation avec ma mère. Une fois ma grand-mère disparue, une fois disparues sa drôlerie, sa jeunesse, sa curiosité, sa sagesse, l'affrontement seule à seule entre ma mère et moi ne pouvait être que mortel. Il fallait que l'une de nous deux y laisse sa peau. Si ma grand-mère était morte quelques années plus tôt, c'est-à-dire avant le début de l'analyse, je pense que c'est moi qui aurais succombé.

La situation s'est traînée encore quelque temps, moi ne supportant plus l'influence de ma mère sur mes enfants mais n'osant pas le dire et n'osant pas non plus l'abandonner, sachant dans quel dénuement matériel elle se trouvait. J'ai essayé, à l'époque, de lui faire monnayer ses diplômes : qu'elle soigne les gens contre de l'argent au lieu de les soigner gratuitement. Elle a opposé à cette proposition une résistance formidable, c'était comme si je lui avais demandé de se prostituer. Elle voulait bien continuer à soigner les pauvres, à les torcher, à les veiller des nuits entières, à les accoucher, à les consoler, mais elle ne voulait pas être payée pour cela. Sortir du bénévolat qu'elle avait pratiqué toute sa vie, c'était une telle honte, un tel scandale : « Dans notre famille cela ne se fait pas », qu'elle préférait, disait-elle, mendier. Se faire payer pour les soins qu'elle donnait c'était se priver de sa dernière prérogative et aussi de son dernier talisman. Il n'en était donc pas question.

Comment un être aussi intelligent pouvait-il être

aussi bête? Par quelle aberration, quelle peur, pouvait-elle obéir à des règles aussi stupides? Les riches doivent donner aux pauvres afin de plaire à Dieu; leur charité est un encens qui monte au paradis et parfume suavement la barbe divine! Les maîtres doivent donner l'exemple et rester dignes dans l'adversité. Etre un maître ce n'est pas un état de fait mais un état d'âme.

— Ecoutez, vous n'avez plus un sou, plus rien, vous n'avez plus que la retraite des vieux, vous le savez bien. Vous n'êtes plus riche, vous êtes pauvre. Vous êtes même parmi les plus pauvres des pauvres.

— Je n'ai jamais été riche, ma fille, et pourtant je n'ai jamais soigné pour de l'argent. Ce n'est pas maintenant que je commencerai.

Quelle connerie! Quelle couillonnade! Quelle farce! Et par-dessus le marché elle était fière de sa misère, elle faisait exprès de traîner ses souliers éculés, sa robe maculée de taches, ses gros bas indémaillables, son chandail mité. Mais, pour qu'on ne s'y trompe pas, elle jouait beaucoup de ses mains de reine avec, au petit doigt de la dextre, une minuscule chevalière d'or frappée aux armes de sa famille, à l'annulaire une alliance de diamants et, du côté de la senestre, une émeraude sertie de brillants. L'image même de la dignité bourgeoise offensée! Le Carnaval!

En être arrivée là, elle qui était si peu bourgeoise dans le fond! Elle qui détestait sans le savoir les privilèges de l'argent. Elle qui aurait dû user ses belles mains, si on l'avait laissée faire, à travailler la matière : elle aimait toucher la terre, la pierre, le bois, la peau. Elle était sensuelle. Elle ignorait qu'elle aurait dû vivre pour une certaine construction esthétique qui lui aurait été propre et qui ne sera jamais définie. Aurait-elle été potière? Architecte? Ciseleuse? Chirurgienne? Ou jardinière?

La cassure entre nous est venue après la découverte de ma violence. L'appartement de banlieue m'était devenu insupportable. C'était trop grand, trop cher, trop loin, trop prétentieux. Je ne pouvais plus vivre dans ce cube bétonné d'hypocrisie et de faux-semblants. Pour jouir de la bourgeoisie il faut des tentures épaisses, des alcôves profondes, de hautes pièces sombres, des secrets bien gardés. A quelle stupide comédie se livraient donc ceux qui vivaient là entre ces murs de pacotille, derrière ces baies indiscrètes? Des singes abusés, des dindons encagés, des oies bernées, des ânes de cirque, voilà tout ce qu'on avait fait d'eux! Ces pavillons cossus qui m'entouraient, ces jardins à saules pleureurs, à cèdres et à gazon, ces portails de fer forgé, ces barrières gentiment blanches, ce calme à peine troublé par des cris d'enfants bien élevés et des sonates de Chopin, ce n'était plus pour moi, je rendais ma place!

Ma décision était prise. C'est sans trouble, sans honte que je suis allée trouver ma mère dans sa chambre.

Elle était là sur son lit, entourée des reliques de ses morts : des photos, des portraits, des objets. Sur sa table de nuit se trouvaient un cendrier plein de mégots et un verre de liquide rouge (j'ai pensé à du sirop de cassis).

— Je tenais à vous dire que j'ai pris une grave décision : nous allons nous quitter. D'une part je ne veux plus vivre ici et d'autre part je veux vivre seule avec mes enfants. Je veux les élever à ma manière... Vous avez l'été pour vous retourner... Je suis la plus pauvre de la famille, quelqu'un d'autre doit pouvoir vous accueillir mieux que moi.

Elle n'a rien dit. Elle a baissé la tête et elle s'est mise à pleurer doucement. Je suis sortie, c'était fini.

Je ne pensais qu'à construire ma vie, j'y étais absolument déterminée. Elle avait bien compris qu'aucun chantage au sentiment, ou à la santé, ou à la misère, ou à la vieillesse ne m'aurait fait changer mes plans. Elle savait bien surtout ce qu'avaient été ma petite enfance, mon enfance, mon adolescence, son indifférence à mon égard et sa hargne parfois. Elle n'avait rien à dire.

Peut-être a-t-elle pensé au début que je n'y arriverais pas, que je ne tiendrais pas le coup physiquement, que je devrais faire appel à elle. Mais cela s'est bien passé pour moi. Peut-être même que les difficultés de ma nouvelle vie ont hâté les progrès de l'analyse.

Elle avait trouvé asile chez une de ses amies dont le mari était un grand malade. Elle avait retrouvé là toute une ambiance algéroise et des raisons de se dévouer pour ce vieux monsieur qui était en quelque sorte, pour elle, l'incarnation de l'Algérie des Français. Je pensais que cette séparation avait été bénéfique pour elle aussi. Je la voyais de temps en temps, je lui téléphonais presque tous les jours en fin de matinée.

Puis le vieux monsieur est mort et elle en a été très affectée.

Pour moi, tout cela se passait dans un autre univers, celui que j'avais quitté et auquel je n'étais plus reliée que par les quelques phrases que j'échangeais avec ma mère au téléphone. Je n'avais plus aucune curiosité pour ce monde que j'avais abandonné avec dégoût. J'en savais assez sur lui, je n'aurais pas voulu lui consacrer une seule heure de mon temps. J'avais trop à apprendre, trop à voir, trop à faire ailleurs. Chaque matin j'ouvrais les yeux avec un goût de vivre et une curiosité formidables. Je croyais en avoir fini pour toujours avec mon passé.

C'est pour cela que je n'ai rien compris quand j'ai entendu au bout du fil, un matin de bonne heure, la voix de la personne chez laquelle ma mère habitait.

— Voilà... Je voulais vous dire : je ne veux plus garder votre mère chez moi dans l'état où elle est...

Il faut vous en occuper, ce n'est pas à moi à le faire... J'ai aussi prévenu avant vous votre parent médecin. Il passera tout à l'heure en fin de matinée. Ce serait bien que vous soyez là car, je vous préviens, je ne la garderai pas vingt-quatre heures de plus.

— J'y serai.

Je n'avais pas osé demander ce qu'avait ma mère. Je le verrai bien tout à l'heure. La voix de la femme était tranchante, visiblement elle n'en pouvait plus.

A onze heures et demie j'étais là. Le parent était là aussi avec son stéthoscope et son appareil à prendre la tension. Ma mère était assise sur le bord de son lit en désordre. Comme elle avait vieilli en quelques semaines! Elle était épouvantable à voir. Dans son visage ravagé il n'y avait même plus de regard. Je pense que ses yeux ne devaient plus servir qu'à éviter les obstacles, et encore. Son corps n'était qu'un gros tas affaissé recouvert d'une chemise de nuit crasseuse en pilou rose à fleurettes bleues et blanches. Ses pieds sales et gonflés se balançaient dans le vide.

Le parent m'avait vue entrer mais il n'avait rien dit, il avait continué son auscultation. Puis il avait pris la tension.

— Vingt-cinq! Tu te rends compte, tu as vingt-cinq de tension!

Elle a répondu lentement, comme si elle se donnait du mal pour parler :

— Je m'en doutais, c'est nerveux.

— Nerveux ou pas nerveux il faut te mettre à un régime sévère et cesser de fumer pour commencer. Regarde-moi ça tous ces mégots!

Il regardait avec dégoût la table de nuit pleine de cendres et de cigarettes écrasées.

— Il faut cesser tous tes excès, tu me comprends?

Elle hochait la tête comme une vieille piquée, avec un air de dire : « Parle toujours, tu m'intéresses. »

— La seule manière de te soigner énergiquement c'est d'entrer en clinique. D'ailleurs Paulette ne veut plus de toi chez elle. Tu lui fais peur et je la comprends. Regarde-moi dans quel état tu t'es mise.

Elle s'est redressée, elle a pris son air d'impératrice et elle a dit sur un ton qui n'admettait pas de réplique :

— Il n'est pas question que j'aille en clinique. Je n'y resterais pas. D'ailleurs je n'en ai pas besoin. Puisqu'il faut que je m'en aille, j'irai me reposer chez ma fille.

J'étais foudroyée. Non, pas chez moi! Jean-Pierre était rentré en France. Nous avions trouvé un trois pièces dans le XIVe arrondissement où nous vivions donc à cinq. Nous y étions très bien. Nous n'avions pas besoin de plus d'espace pour discuter le soir entre nous et refaire la famille à notre façon. Nous étions heureux. Ma mère n'avait pas de place chez moi ni physiquement ni autrement. Surtout dans l'état où elle se trouvait. Elle avait des frères, un fils, qui avaient des maisons plus grandes que la mienne, qui étaient « servis », qui n'avaient pas de jeunes enfants. Pourquoi voulait-elle venir chez moi?

Le parent avait dû sentir mon recul, mon refus, aussi a-t-il dit :

— Tu serais mieux chez ton fils.

— Non, j'irai chez ma fille. Je ne veux aller nulle part ailleurs.

Je n'aimais pas la façon dont cet homme lui parlait, ce ton grondeur, comme si elle était gâteuse. Dès mon premier regard, en entrant tout à l'heure, j'avais vu qu'elle était en proie à la chose, que, dans le gros tas de ses chairs, elle livrait un combat désespérant.

— C'est bon. Vous viendrez à la maison mais vous ne pourrez pas rester longtemps. C'est très petit chez moi, vous le savez. Je n'ai même pas de lit pour vous, un des enfants devra coucher par terre, ou Jean-Pierre.

Son visage a changé tout à coup, elle m'a regardée avec un véritable regard : elle était contente de partir avec moi !

Je lui ai répondu avec mes yeux : vous ne vivrez pas avec nous, il n'en est pas question, je ne peux pas m'occuper de vous. Et puis j'ai dit :

— Vous êtes certaine que vous ne voulez pas aller chez mon frère ? Vous y seriez mieux.

— Non, chez toi.

De nouveau elle n'avait plus de regard.

Il a fallu faire ses bagages tout de suite et partir sur-le-champ. J'avais la rage au cœur.

Quatre jours se sont écoulés. A part le jour de son installation, qui était un dimanche, je ne l'avais pas beaucoup vue. Elle restait seule toute la journée. Le matin, les enfants partaient pour le lycée où ils étaient demi-pensionnaires. Puis Jean-Pierre et moi nous allions travailler. Nous ne rentrions que le soir. Je lui laissais dans la cuisine de quoi faire un repas léger à midi, mais elle n'y touchait pas. Je lui avais indiqué qu'il y avait une église toute proche où elle pourrait facilement entendre la messe.

— Je n'y mets plus les pieds. Je n'y crois plus à leurs sornettes. Le Christ est bafoué.

Je savais par le concierge que personne ne lui rendait visite dans la journée. Je n'avais pas bonne réputation dans sa famille et en venant vivre avec nous ma mère savait ce qu'elle faisait : elle s'aliénait. Personne n'avait essayé de me joindre ni chez moi le soir, ni à mon bureau pour prendre de ses nouvelles. Je ne savais pas comment m'occuper d'elle, je n'avais pas de temps et pas d'argent. Je ne voulais pas qu'elle reste là mais la mettre à l'asile ne me paraissait pas pensable, cela aurait été un mensonge supplémentaire, une lâcheté inadmissible de sa part, de ma part, de la part des siens. Elle savait qu'il fallait qu'elle se soigne. Elle n'avait que soixante-cinq ans et elle n'était pas vieille malgré les apparences.

Pendant ces quatre jours je l'ai vue prostrée sur son lit défait dans le salon. Elle ne bougeait pas, elle ne parlait pas, elle regardait ses pieds sales. Elle ne se lavait plus. Ses affaires de toilette étaient restées dans sa valise et elle n'était pas allée dans la salle de bains, j'en étais certaine. Je connaissais tous ces symptômes par cœur. Je savais qu'avec la chose il n'y avait plus ni jours ni nuits, que « toilette » ne voulait rien dire, pas plus que « dormir », « enfants », « salon », ou n'importe quoi. La bataille est trop âpre, l'agitation intérieure trop grande pour que quoi que ce soit d'autre existe. On évolue dans un monde à soi inquiétant, sournois, parfois terriblement agressif, toujours pesant, qui mobilise toutes les forces, toute la volonté. Il faut faire attention. Attention!

Je ne supportais pas de la voir comme ça. J'étais affolée de savoir que les enfants restaient seuls avec elle en fin d'après-midi, entre leur retour de classe et notre arrivée. Elle n'avait pas cet instinct qui me poussait à me cacher. Elle s'en foutait, elle, elle s'exhibait au contraire, comme si elle prenait du plaisir à étaler ses plaies. Je la haïssais.

Je suis allée dans l'impasse pour analyser ma haine.

Le soir du quatrième jour je devais assister à une conférence. Je suis donc sortie après le dîner avec un sentiment de lâcheté parce que je laissais Jean-Pierre seul avec elle dans notre maison ravagée par sa présence.

ILS ne me laisseront donc jamais en paix!

A mon retour il était près de minuit. La conférence avait été intéressante, je me réjouissais d'en parler avec Jean-Pierre. La porte d'entrée donnait directement dans le salon. A peine l'avais-je ouverte que le spectacle offert par ma mère à cet instant m'a bouleversée. En une fraction de seconde, une tempête d'une brutalité et d'une sauvagerie formidable m'a emportée, fracassant ma tête, dilapidant mon esprit dans les tourbillons de la démence retrouvée.

Elle était là, en face de moi, assise sur son lit comme d'habitude. Sa chemise de nuit relevée sur son ventre, si bien que je voyais son sexe pelé. Elle avait fait sous elle et sa merde dégoulinait jusque par terre. Sur la table, près d'elle, il y avait deux bouteilles carrées de rhum, l'une était vide, l'autre était à moitié pleine, un grand verre à côté était rempli. Elle se balançait d'avant en arrière comme pour se bercer.

Au bruit que j'avais fait en entrant elle avait levé la tête et elle me regardait. Elle était ignoble : les poches sous ses yeux tombaient sur ses joues, ses joues tombaient sur son cou et sa bouche grande ouverte pendait jusque sur sa poitrine. Elle m'avait reconnue. Elle me regardait, elle regardait sa crotte, puis elle a été chercher dans les tréfonds d'elle, je ne sais où, une expression. Je ressentais tout ce qu'elle était en train de vivre, je savais l'effort qu'elle faisait pour trouver, dans le fatras de ses images intérieures, les gestes, les signes qui servent à communiquer pour ceux de l'extérieur. La surprise est d'abord venue sur son visage mais ce n'était pas cela qu'elle voulait. Elle l'a laissée sur sa face pendant qu'elle replongeait à l'intérieur pour chercher encore. Enfin elle a trouvé. Alors j'ai vu sa figure se transformer, les replis de sa peau ont changé de sens, se sont étirés. Elle souriait !

Puis elle s'est mise à parler. Elle farfouillait dans les mots, elle n'arrivait pas à articuler. Finalement j'ai compris :

— J'ai... fait... une... bê... tise.

Ses yeux allaient de ses excréments à moi avec un air coquin et elle a replacé son sourire sur sa face ravagée.

Si je ne l'ai pas tuée à cet instant c'est que je ne

tuerai jamais personne, c'est que l'analyse tenait bon, que, même dans le paroxysme de colère où j'étais plongée, j'arrivais à tenir ma violence. J'étais parfaitement consciente de la folie dévastatrice qui était là, dans tout mon corps, à fleur de peau, qui vibrait comme un gong, au rythme rapide des pulsations de mon cœur. Sans la pratique longuement exercée de l'analyse, sans ces sept années de travail minutieux pour parvenir à me comprendre, j'aurais sauté sur elle, je l'aurais battue, j'aurais cassé les murs, crevé le plafond, j'aurais gueulé, gueulé comme une folle furieuse que je serais devenue.

Au lieu de cela j'ai avancé dans sa direction, j'ai fait trois pas. Je pensais qu'il fallait que je la cingle. Non pas pour lui faire du mal mais pour la faire remonter à la surface, pour qu'elle prenne conscience de son état, pour qu'elle décide de se battre, qu'elle trouve le courage de se prendre en main toute seule, sinon elle n'en sortirait pas. S'il lui restait trois grammes de conscience elle devait s'attendre à ce que je fasse celle qui n'avait rien vu, ni la merde, ni l'alcool. Alors j'ai dit d'une voix forte mais calme :

— Ma pauvre mère, vous êtes soûle comme une bourrique.

J'avais prononcé ces mots comme si je trouvais normal qu'elle ait trop bu et qu'elle se soit fait dessus.

Ça avait marché, je l'avais touchée. J'ai vu une sorte de remue-ménage se faire dans son corps, ses traits se sont redressés, son dos aussi et, en prenant sur elle pour essayer d'articuler clairement, car elle était très ivre, elle m'a lâché :

— Ma fille... on ne... parle pas... comme ça... à sa mère.

Puis elle est tombée à la renverse, en travers de son lit. Elle dormait déjà en ronflottant quand je me suis approchée d'elle. Elle devait être apaisée de m'avoir enfin fait partager son secret. Elle pensait que j'allais la délivrer, elle s'abandonnait à moi.

J'ai couru dans notre chambre où Jean-Pierre m'attendait en travaillant. Il n'avait rien entendu. Le salon était séparé du reste de la maison par une sorte d'antichambre elle-même close par une porte. Je me suis jetée sur mon lit, je n'en pouvais plus. Quel choc de l'avoir vue dans cet état! Je n'avais jamais rien regardé de plus horrible, de plus révoltant. Jean-Pierre a compris qu'il s'était passé quelque chose entre ma mère et moi. Il ne m'a posé aucune question mais il s'est mis à me parler doucement :

— Ça ne peut plus durer. Tu vas tomber malade de nouveau. Il n'y a aucune raison pour que tu sois exclusivement responsable de ta mère. Tu dois, pour ton bien, pour celui des enfants, pour le mien, trouver immédiatement une solution cette nuit même. Ça ne peut plus traîner.

— Mais je vais LES réveiller.

— Et pourquoi serais-tu la seule à passer des nuits blanches?

J'ai appelé toute sa famille proche, ses frères, son fils. J'ai expliqué ce qui se passait et que le lendemain c'était jeudi, que je ne voulais pas que mes enfants passent toute une journée seuls avec elle dans l'état où elle était. Le parent médecin a déclaré :

— Elle doit suivre une cure de désintoxication.

— Parce que tu savais qu'elle buvait?

— Evidemment, Paulette me l'avait dit. Tu sais, elle boit depuis la mort du vieux monsieur, c'était comme si elle perdait l'Algérie une seconde fois... Et même avant, lever le coude ne lui faisait pas peur.

— Pourquoi l'avez-vous laissée faire?

— Tu sais, c'est un sujet gênant... Elle n'en parlait pas, je n'allais pas lui en parler, je ne pouvais pas imaginer qu'elle se laisserait aller à ce point. Avec sa tension elle risque la mort.

— Mais tu es médecin, tu savais qu'elle avait une tension très élevée.

— Pas à ce point, l'alcool à haute dose, comme elle en a pris ces derniers jours, ça n'a rien arrangé.

— Elle le savait? Elle savait qu'elle risquait de se tuer?

— Bien sûr. N'importe quelle personne ayant fait un minimum d'études médicales le sait. Elle le savait mieux que n'importe qui. Elle en a assez soigné des vieux ivrognes dans ses dispensaires de la Croix-Rouge.

— Il faut faire quelque chose tout de suite.

Il a poussé un grand soupir d'énervement.

— D'accord... Avec la famille rien n'est facile... Je vais la faire hospitaliser demain dans une clinique spécialisée. Je m'en occupe. Je te rappelle.

Je ne pouvais enlever cette vision de mon esprit : ma mère comme une ignoble vieille clocharde. Ma mère si belle, si rigoureuse, si stricte, si maîtresse d'elle-même! Quel désespoir l'avait poussée là! Mais qu'est-ce qu'ILS en avaient fait! Les asiles psychiatriques en étaient pleins de ces gens-là. Il y en avait aussi dans les rues, dans les maisons, des jeunes, des vieux, des hommes, des femmes, qui craquaient, qui, à un moment ou à un autre, ne supportaient plus le dressage. Quelle calamité s'était abattue sur nos peuples!

Le téléphone dans la nuit, strident, hystérique!

— Allô.

— Allô. Bon, tu as rendez-vous demain matin... enfin, tout à l'heure, tu sais l'heure qu'il est... à dix heures, avec le docteur X, à telle adresse. Il faut qu'il la voie avant de l'hospitaliser mais il ne pourra la prendre en charge qu'après-demain, il n'a plus de chambres libres.

— Elle ne restera pas ici demain.

— Ça c'est ton affaire, arrange-toi, moi, je ne peux rien faire de plus. Demande à ton frère.

Jean-Pierre est revenu dans notre chambre. Il avait un air grave.

— Tu l'as vue?

— Oui. Je l'ai couchée normalement. J'ai tout nettoyé. Ne t'en fais pas, elle va bien, elle dort tranquillement.

— Tu as fait ça?

— C'est normal, c'est ta mère, tu en as assez vu comme ça... Et puis elle est tellement paumée, elle m'a fait pitié. Se suicider au rhum... Il faut le faire!

Le lendemain Jean-Pierre est resté avec moi. Nous avions prévenu mon frère que nous mènerions ma mère chez lui en sortant de chez le docteur et qu'il aurait probablement à la conduire en clinique le surlendemain.

J'ai préparé ses affaires, c'était vite fait, elle n'avait même pas ouvert une de ses valises. Elle avait un cabas très lourd dans lequel j'ai trouvé des bouteilles vides soigneusement emmitouflées pour qu'elles ne fassent pas de bruit. Où comptait-elle les abandonner? Elle m'a vue occupée à ces préparatifs.

— Qu'est-ce que tu fais?

— Je prépare vos affaires. Nous allons vous conduire chez le docteur puis chez mon frère.

— Je veux rester ici.

— Vous ne le pouvez pas.

Avait-elle réellement oublié la scène de la nuit précédente ou ne voulait-elle pas se la rappeler? Rien dans son attitude ne prouvait qu'il s'était passé quelque chose entre nous, qu'elle s'était montrée à moi sous un jour cru, et que je lui avais adressé la parole avec une brutalité qui n'était pas dans nos habitudes. Elle était absente, avachie, sans regard de nouveau, profondément désespérée.

Chez le docteur nous avons attendu longtemps sans rien dire. Elle s'est plainte plusieurs fois : « J'ai soif, j'ai soif. » Nous avons demandé un verre d'eau. Puis le docteur l'a reçue. Elle tenait absolument à ce que nous soyons présents à son entretien. Le docteur aurait préféré la voir seule, nous aurions préféré attendre dehors, mais non, elle insistait, alors nous sommes entrés avec elle. Elle s'est assise devant le bureau et nous sommes restés en retrait, dans son dos, sur deux chaises.

Après quelques questions préliminaires sur son âge, ses états de santé antérieurs, sa tension, les remèdes qu'elle prenait, etc., le docteur lui a enfin demandé de parler de sa vie.

Je venais d'être très frappée par le fait qu'elle ne s'était pas redressée en voyant le spécialiste. La médecine, pour elle, c'était quelque chose de joyeux et de fort. Elle-même était un excellent médecin, son diagnostic était très sûr et ses mains étaient d'une habileté extraordinaire pour palper, soigner, apaiser. Elle avait le don de ça, elle le savait, c'était sa fierté et, en général, dès qu'elle se trouvait en face d'un représentant du corps médical on sentait qu'elle était à son affaire. Ce jour-là en voyant le spécialiste son attitude n'avait pas changé. Elle était restée prostrée, elle avait traîné les pieds en changeant de pièce, ses lèvres sèches pendaient au milieu de sa face.

Pourtant, quand le docteur lui a demandé de raconter son existence elle a commencé à s'animer. Elle s'est mise à parler plus vite et plus distinctement. Jusque-là c'était plutôt une bouillie de mots qui sortait de sa bouche. Elle disait son départ d'Algérie, la France. Elle disait qu'elle n'aimait pas la France, ni les Français, ni le général de Gaulle. Qu'elle n'aimait pas non plus l'O.A.S. Non, tout ça c'était détestable. Ce qui lui manquait c'était l'Algérie d'avant, les longues files de malades en guenilles qui attendaient d'être soignés par elle, les gâteaux qu'ils lui donnaient pour la remercier, les bouquets de tulipes sauvages.

Puis elle s'est mise à remonter plus haut dans le temps, comment elle avait commencé à soigner les gens, ses tournées dans les dispensaires de la casbah tous les matins, ses randonnées avec les camionnettes médicales qui sillonnaient les douars de l'intérieur pour vacciner, panser, piquer, ausculter les pauvres gens.

Puis elle est allée encore plus loin, avant, avant : son mariage, sa petite fille morte.

Jamais je ne l'avais entendue parler simplement de ce sujet, de cet homme qui la choquait et l'attirait en même temps, de son enfant bien-aimée qui ressemblait à cet homme. Je la trouvais indécente dans son discours, alors qu'hier soir quand je l'avais vue assise les jambes écartées dans sa merde, je ne l'avais pas trouvée indécente. Jusqu'à cet instant elle avait été ma mère uniquement ma mère, pas une personne.

J'ai baissé la tête. J'ai pensé à son nom. Pour moi elle n'avait pas de nom c'était : ma mère. Dans ce cabinet de médecin parisien je rencontrais pour la première fois Solange de Talbiac (quel nom d'opérette !), dite « Soso » pour les amis. « Soso » dans le soleil, à l'ombre de sa grande capeline, de minuscules perles de sueur sur sa lèvre supérieure parce que sa peau de rousse ne supportait pas la chaleur. « Soso » dans le jardin de ses parents, avec une brassée de fleurs dans ses bras, avec sa robe de mousseline blanche qui s'accrochait aux romarins de l'allée, avec, dans le ventre, le désir insoupçonné de l'homme qui venait vers elle, le beau Français qui sentait l'aventure à plein nez. « Soso » douce, toute jeune, innocente. Les yeux verts de « Soso » si beaux, si purs, si avides de bonheur, si ignorants...

L'émotion m'étouffait. Je la trouvais tellement touchante la femme qui parlait, si naïve et si désespérante aussi : c'était trop tard.

Elle continuait à raconter la maladie de son mari, la mort de son premier enfant. Elle donnait plein de détails sur l'évolution de leur mal. Elle disait « mon mari a fait ceci », « mon mari a dit cela », « mon mari est allé là »... Jamais je ne l'avais entendue parler de mon père en ces termes.

Elle pleurait en se souvenant. Ses larmes coulaient sur son visage au fur et à mesure qu'elle faisait revivre ces vieilles images qui n'avaient pas jauni.

Ensuite elle a parlé de mon frère, de la peur qu'elle avait eue de le voir touché à son tour par le bacille de Koch. Heureusement à cette époque le B.C.G. existait déjà ! Elle parlait du traitement de la tuberculose, des progrès faits par la science dans ce domaine. Elle en revenait à la scoliose de son fils...

Pas un mot de son divorce, pas un mot de sa religion, pas un mot de moi. Sa vie s'était arrêtée à la naissance de son fils, en 1924. Elle avait vingt-trois ans. Je n'en faisais pas partie. En sortant de cette séance j'étais épuisée, esquintée, comme si on m'avait rouée de coups. Jean-Pierre et moi nous la soutenions dans la rue. Elle se laissait aller avec confiance dans nos bras. Elle était soulagée par son long monologue. Le docteur lui avait dit en partant : « Votre dépression n'est pas grave, je me fais fort de vous en sortir en quinze jours, trois semaines au plus. » A moi, il m'avait dit dans le couloir : « Elle n'est pas profondément intoxiquée. Elle s'en sortira. » Je n'étais pas de son avis, je la voyais perdue.

Nous l'avons laissée chez mon frère. Jean-Pierre a prévenu que j'allais partir le jour même me reposer à la campagne, qu'il ne fallait pas compter sur moi pendant quelques jours. Une fois dehors il m'a dit : « Tu n'as qu'à avertir le standard de ton bureau qu'on ne te dérange pas. Tu as ton compte. Ne t'occupe plus de tout ça pour le moment. S'il y a quelque chose à faire je m'en chargerai. »

Le lendemain, il était près de midi, un ami est venu dans la pièce où je travaillais. Il a mis sa main sur mon épaule et il m'a dit maladroitement, parce qu'il ne savait pas comment s'y prendre, parce que ce n'était pas facile de dire ça : « Ta mère est morte. On vient de te téléphoner pour te prévenir. »

Ma mère est morte ! Le monde éclate !

Une ambulance devait venir la prendre à onze heures pour la conduire à la clinique. Quand l'ambulancier s'est présenté, on est allé la chercher dans la chambre où elle avait dormi. Elle était par terre. Il y avait déjà dix ou douze heures qu'elle était morte. Elle était recroquevillée. La rigidité cadavérique avait figé l'horreur sur son corps et sur son visage. On ne pouvait plus l'allonger dans une attitude sainte, lui composer une figure sereine. Elle grimaçait terriblement la douleur et la peur. C'était épouvantable.

Ma mère est morte ! Le monde est fou ! C'est l'Apocalypse !

Dans la rue il faisait froid mais il y avait du soleil, plein de soleil.

Je ne LES verrai plus. Je n'irai pas à l'enterrement, ni au cimetière. Je refuse de me livrer une fois de plus à leur mascarade. C'est fini pour toujours.

Comme Adieu je leur laisse la grimace d'horreur de ma mère devant une vie fausse du commencement jusqu'à la fin, son faciès torturé par toutes les amputations qu'elle avait subies, son masque de Grand-Guignol.

La secousse avait été forte. J'avais dû retourner plus souvent dans l'impasse.

Au bouleversement des premiers jours suivant la mort de ma mère, avait succédé une impression de soulagement et de liberté. Comme si tout était en ordre. Elle en avait fini et moi aussi. Elle était libre et moi aussi. Elle était guérie et moi aussi.

Pourtant quelque chose n'allait pas. Je ne me sentais pas tout à fait aussi libre que je le disais.

J'ai traîné pendant quelques mois une vague impression de n'avoir pas été au bout de quelque chose, de n'avoir pas été tout à fait honnête avec moi-même. Je me disais qu'il fallait que j'aille au cimetière au moins une fois. En même temps je trouvais cette idée stupide. Il n'y avait rien au cimetière. Rien.

Ça me tiraillait, ça m'encombrait cette histoire. Alors un matin j'ai pris l'auto et j'y suis allée. Le printemps était là, il faisait beau. C'était en province, tout près de Paris.

Je n'ai eu aucun mal à retrouver l'endroit et la tombe. J'y étais venue il n'y a pas si longtemps pour enterrer ma grand-mère. C'était un tout petit cimetière de campagne au pied d'une colline légèrement boisée, juste au départ d'une grande plaine de la Brie. La « Douce France » en plein. Ça ne lui allait pas du tout à ma mère. Pour elle il aurait fallu la rocaille rougeâtre et sèche du pays, des oliviers, des figuiers de Barbarie... Enfin, cela n'avait pas d'importance, les gens n'habitent pas leur cadavre.

J'étais plantée là, dans ce lieu inutile et ingrat. Quatre épineux chétifs poussaient près de la grille d'entrée qui grinçait fort quand on la poussait. Un crucifix se dressait non loin de moi dans le ciel gai, une vieille croix du début du siècle qui faisait plus penser à Toulouse-Lautrec ou à Van Gogh qu'à Jésus.

Qu'est-ce que j'étais venue faire ici? Il n'y avait même pas de nom sur la tombe.

On avait dû effectuer des travaux de maçonnerie par là, car le sol était couvert d'un sable clair, luisant, bien sec, que j'avais envie de toucher. Alors je me suis assise sur la dalle grisâtre — ce n'était pas une belle dalle comme celle qu'elle avait choisie pour la tombe de sa fille — et j'ai joué avec le sable. C'est beau le sable. C'est beau la plage. Surtout les jours qui suivent les tempêtes quand la mer vient de rejeter des quantités de coquillages et d'algues de toutes les couleurs et de toutes les formes.

Vous vous souvenez? Vous m'emmeniez à la chasse

au trésor avec vous. Les vagues avaient déposé leur petit butin en lignes de guirlandes festonnées sur le sable humide. Vous disiez que j'avais des yeux de lynx, que je savais trouver mieux que personne les nacres, les porcelaines, les escargots pointus, les oreilles de mer, les couteaux roses. Vous saviez tous leurs noms, comme vous saviez les noms des étoiles. Ensuite vous les perciez, vous les polissiez, vous les vernissiez et avec du fil de laiton et du carton vous les assembliez, vous les colliez et pour finir il sortait de vos mains un merveilleux bouquet. Je passais les longues soirées d'été à vous regarder faire avec admiration pendant que la mer poussait ses soupirs réguliers dans la nuit chaude.

Voilà que je me mettais à lui parler maintenant, comme elle le faisait avec son enfant au cimetière de Saint-Eugène. Qu'est-ce qui me prenait! Je me sentais un peu ridicule, heureusement que personne ne me voyait! J'avais l'air malin à marmonner toute seule dans ce cimetière.

Il faisait beau, le soleil me chauffait le dos. Je continuais à tracer avec mon index de grands serpents dans le sable, des S qui s'emmêlaient.

Soso, comme vous étiez belle un soir de bal où vous étiez venue me montrer votre robe dans ma chambre. J'étais déjà dans mon lit. Vous m'aviez éblouie. Je n'ai jamais rien vu de plus beau que vous, ce soir-là, dans votre longue robe blanche avec, à la taille, nouée dans le dos, une immense ceinture verte comme vos yeux. Vous tourniez sur vous-même pour déployer l'ampleur de la jupe. Vous riiez.

Je vous aime. Oui, c'est ça, je vous aime. Je suis venue ici pour vous déclarer ça une fois pour toutes. Je n'ai pas honte de vous parler. Ça me fait du bien de vous le dire et de vous le répéter : je vous aime, je vous aime.

J'étais contente de sortir ça de moi : ces trois petits mots assemblés et refoulés des milliers de fois au long de ma vie. Ils s'étaient accumulés et avaient dû finir par former une boule légère qui rebondissait par-ci, par-là, dans ma tête, gênante, encombrante, insaisissable. Il avait fallu cette mort catastrophique, le séisme qu'elle avait provoqué en moi pour faire monter la boule à la surface de ma conscience et vaincre la dernière résistance, l'ultime défense. Il fallait que j'aille loin de l'impasse, que je m'isole face à ce lieu plat, si semblable à celui qui se présentait souvent à moi sur le divan, mais ensoleillé cette fois, pour oser entendre ma voix prononcer ces trois mots : « je » (moi, la folle, la pas folle, l'enfant, la femme), « vous » (ma mère, la belle, l'experte, l'orgueilleuse, la démente, la suicidée) « aime » (l'attachement, l'union, mais aussi la chaleur, le baiser, et encore la joie possible, le bonheur espéré).

Que c'était bon de l'aimer enfin dans la lumière, dans le printemps, ouvertement, après la bataille terrible que nous nous étions livrée! Deux aveugles armées jusqu'aux dents, toutes griffes dehors, dans les arènes de notre classe. Quels coups elle m'avait assenés, quel venin j'avais distillé! Quelle sauvagerie, quel massacre!

Si je n'étais pas devenue folle je n'en serais jamais sortie. Tandis qu'elle, elle a repoussé la folie jusqu'à la fin, jusqu'à son départ d'Algérie. C'était trop tard, la gangrène s'était mise dans sa moelle. Elle a eu peur de se révolter avec les mots et les gestes de la révolte, elle ne les savait pas, ON ne les lui avait jamais appris. Elle leur a même laissé la possibilité de prendre son suicide pour un vice caché. Il n'y a qu'à moi qu'elle a montré sa bouteille, son revolver de cirque!

XVII

L'impasse une dernière fois, ses petites maisons serrées les unes contre les autres, ses pavés disjoints, ses trottoirs crevés, la grille dans le fond, les marches dans le jardinet, la salle d'attente Henri II, le bureau, la gargouille au bout de sa poutre, le divan, le petit homme énigmatique.

— Docteur, je vais vous régler, je ne reviendrai plus. Je me sens capable de vivre seule maintenant. Je me sens forte. Ma mère m'avait transmis la chose, vous m'avez transmis l'analyse, c'est un équilibre parfait, je vous en remercie.

— Vous n'avez pas à me remercier, c'est vous qui êtes venue chercher ce que vous avez trouvé. Je ne pouvais rien faire sans vous.

— Au revoir docteur.

— Au revoir madame. Je serai à votre disposition quand vous le désirerez, je serai heureux d'avoir de vos nouvelles si vous jugez nécessaire de m'en donner.

Sacré petit bonhomme, il sera resté masqué jusqu'au bout!

La porte fermée dans mon dos. Devant moi l'impasse, la rue, la ville, le pays, la terre et un goût de vivre et de construire gros comme elle.

XVIII

Quelques jours plus tard c'était Mai 68.

Cet ouvrage a été réalisé sur
Système Cameron
par la SOCIÉTÉ NOUVELLE FIRMIN-DIDOT
Mesnil-sur-l'Estrée
le 7 décembre 1983
pour le compte de France Loisirs
123, boulevard de Grenelle, Paris

Imprimé en France
Dépôt légal : décembre 1983
N° d'édition : 8717
N° d'impression : 0468